学前儿童社会教育活动指导

主　编　王晓戎
副主编　南腊梅　党爱娣
参　编　郭　丽　程腊梅

陕西师范大学出版总社有限公司

图书代号 JC14N0393

图书在版编目(CIP)数据

学前儿童社会教育活动指导 / 王晓戎主编. —西安：陕西师范大学出版总社有限公司，2014.8

ISBN 978-7-5613-5995-2

Ⅰ.①学… Ⅱ.①王… Ⅲ.①学前儿童—社会教育—高等学校—教材 Ⅳ.①G611

中国版本图书馆 CIP 数据核字(2014)第 061498 号

学前儿童社会教育活动指导

王晓戎 主编

责任编辑／ 于盼盼 李 恒
责任校对／ 杜伟宣
封面设计／ 安 梁
出版发行／ 陕西师范大学出版总社有限公司
（西安市长安南路 199 号 邮编 710062）
网 址／ http://www.snupg.com
经 销／ 新华书店
印 刷／ 陕西金德佳印务有限公司
开 本／ 787mm×1092mm 1/16
印 张／ 13
字 数／ 280 千
版 次／ 2014 年 8 月第 1 版
印 次／ 2014 年 8 月第 1 次印刷
书 号／ ISBN 978-7-5613-5995-2
定 价／ 26.00 元

前言

本书基于学前教育改革的需要,以教育部新颁布的《教师教育课程改革标准(试行)》为依据,结合新下发的《幼儿教师专业标准(试行)》,以幼儿教师职业必备的专业知识和技能为着眼点,注入2012年教育部颁发的《3-6岁儿童学习与发展指南》的指导思想,依托西安文理学院教改项目的研究平台,为"基于应用型人才培养模式的学前教育活动设计课程教学体系改革研究"(课题编号:12C209)课题的成果之一。

本书努力呈现了当前国家对于幼儿教师教育课程改革提出的新要求和新思路,汇集部分教学改革与研究成果,以培养学生的教学实践能力和创新能力为目的,利于提高未来幼儿教师的职业胜任力。

本书共八章,讨论了学前儿童社会教育是什么、为什么、教什么、如何教、如何评价等几个问题。第一章阐释了学前儿童社会教育的内涵、性质与意义;第二章分析了学前儿童社会性发展的特点、影响因素及其主要理论;第三章介绍了学前儿童社会教育的发展与研究方法;第四章综述了学前儿童社会教育的目标与内容;第五章讨论了学前儿童社会教育实施的基本原则、方法与途径;第六章分析了学前儿童社会教育活动的设计与指导策略;第七章论述了如何评价学前儿童社会性发展与社会教育活动的效果;第八章分析了学前儿童常见的社会性行为问题及其干预策略。

本书具有以下特点:

(1)用理论介绍作指导,以案例示范来引领,以补充阅读去拓展,以实践练习来巩固;

(2)书中对儿童社会教育理论知识,以阐述基本问题为主,以指导实用为辅,力求由浅入深,通俗易懂;

(3)专业技能训练注重对学生的兴趣培养,指导明确,适合操作,易于学生在学习过程中理论联系实际,易学、乐学,能够学以致用。

(4)实践练习安排上,既有利于对理论知识的巩固,又有利于对实践技能的训练,形成了特色鲜明、实践性突出的教材风格。

通过对本书的学习,学习者能够达到以下目标:了解学前儿童社会性发展的基本知识及社会教育领域的教育目标和内容;掌握该领域教育活动设计和实施的基本方法及策略;学会评价学前儿童社会性发展水平,并能为促进儿童社会性发展提供相应的指导;学会科学判断并分析学前儿童常见的社会性问题行为，能够实施恰当的干预措施，为提高学前儿童社会性提供切实可行的帮助。

本书由王晓戎主编，设计总体框架并统审全稿。参与编写人员及其分工为：王晓戎（西安文理学院）编写第一章、第四章，参与编写第三章、第六章、第七章、第八章；南腊梅（咸阳师范学院）编写第二章、第七章；党爱娣（兰州城市学院）编写第五章、第八章；郭丽（宝鸡文理学院）编写第六章；程腊梅（运城幼儿师范高等专科学校）编写第三章。

本书在编写过程中得到了西安文理学院幼儿师范学院及其他兄弟院校领导和教师的关心与支持，同时也感谢陕西师范大学出版总社有限公司的王东升及其他编辑的支持与帮助。

另外，书中参考、借鉴了许多国内外同行的最新研究成果，在此一并表示感谢。

由于时间仓促和编写人员水平所限，本书还有诸多不完善之处，敬请各位专家、读者批评指正。

王晓戎

2014 年 1 月

目 录

第一章　学前儿童社会教育概述

学习目标

1. 领会学前儿童社会教育的含义。
2. 掌握学前儿童社会教育的研究对象。
3. 明晰个性、社会性、社会化的内涵及其相互关系。
4. 理解开展学前儿童社会教育的主要作用。

第一节　学前儿童社会教育的研究对象

一、学前儿童社会教育概念的界定

学前儿童社会教育的概念是对学前儿童社会教育课程实施的操作性表述，所以它应当说明学前儿童社会教育主要的实施者、教育依据、教育内容、方式以及应达到的教育目标。

(一)国内学者有关学前儿童社会教育含义的表述

国内有关学者从不同的角度对学前儿童社会教育作出了不同的表述。有学者认为：幼儿社会教育是教育者按照社会的价值取向，通过多种途径，不断向幼儿施加多方面的教育影响，使其逐渐适应社会环境的过程。

还有学者将学前儿童社会教育含义表述为：主要是指对幼儿进行社会认知、社会情感、社会行为等方面的教育。具体来讲，是指帮助幼儿正确地认识自己、他人和社会（社会环境、社会活动、社会规范、社会文化），形成积极的自然情感和社会情感，掌握与同伴、成人相互交往以及与周围环境相互作用的方式，以便使幼儿能有效地在社会中生存与发展的教育。

另有学者将学前儿童社会教育定义为：以儿童的社会生活事物及其相关的人文社会知识为基本内容，以社会及人类文明的积极价值为引导，在尊重儿童生活、遵循儿童社会性发展的规律与特点的基础上，由教育者通过多种途径，创设有教育意义的环境和活动，陶冶儿童性灵，培育有着良好社会理解力、社会情感、品德与行动能力的完整、健康的儿童。

在第三种定义中，教育者主要是指幼儿园的教师及工作者，他们是进行幼儿社会教育的主导性力量。虽然家长也十分重要，但在学校教育中家长是教育的合作对象，而不是主要行动者。教育的依据是社会及人类文明的积极价值与儿童社会性发展规律，前者是外在根据，后者是内在根据，学前儿童发展是内外因素相互作用的结果。教育的基本内容是儿童的社

会生活事物及相关的人文社会知识内容。它包括儿童日常生活中的广泛生活事件，也包括粗浅的、与生活事件相关的人文社会知识内容。因此，学前儿童社会教育的内容是基于儿童生活事物的人文社会知识，它是具有启蒙性、基础性、具体性的知识。在教育目标上，强调陶冶儿童性灵，培育有着良好社会认知、社会情感、品德与行动能力的完整、健康的儿童。儿童的性灵是指儿童的性情与心灵，它是人生而拥有的丰富、微妙、敏感的精神潜能，这是儿童的生命发展的基础。社会理解力是指在人际交往中理解他人并采取明智行为的能力，包括洞察别人心思、理解别人需要的能力，与人相处、建立友善关系的能力，适应环境的能力，自我认识及自我反省的能力。社会情感主要是指同情与理解他人的情感，品德是内化于个体的社会道德。良好的品德主要包括爱、尊敬、同情、责任、自制、勇敢等。社会行动能力是一种将社会认知与理解化为具体行动的能力。它主要包括调查、了解与分析社会生活的能力，根据信息决策的能力，参与社会生活的能力。

综观不同学者的表述，结合国家教委1996年颁布的《幼儿园工作规程》、2001年颁布的《幼儿园教育指导纲要（试行）》、2012年教育部颁发的《3－6岁儿童学习与发展指南》中的有关要求，本书将学前儿童社会教育界定为：学前儿童社会教育主要是指以儿童成长的相关社会生活及其人文社会知识为主要内容，以社会价值与儿童社会性发展规律为依据，由教育者通过多种途径，创设有教育意义的环境和活动，培育具有良好的社会认知、社会情感、品德与行动能力的完整、健康的儿童教育。

（二）学前儿童社会教育与相关教育概念的关系分析

学前儿童社会教育作为一个新的课程领域，它的内涵还需要在与一些相关的教育概念的比较与辨别中，才能得到更深刻的阐释。

1. 学前儿童社会教育与常识教育

我国1981年颁布的《幼儿园教育纲要（试行草案）》中列有“常识”一科。内容主要包括生活常识、环境常识、自然常识、文化常识与政治常识等。具体内容是认识关于衣、食、住、行等各项物品，以及家庭、邻里、主要社会服务机构、社会组织、本地名胜、纪念日、节日、国旗、国歌、国徽等等。常识教育的着力点是对环境的认识，对儿童的发展来说也主要是环境认知方面的发展，与社会性有关的是社会认知方面的发展。学前儿童社会教育显然大大扩展了教育内容，它不仅涉及儿童社会认知的培养，还涉及社会情感、社会行为技能、道德品质的培养。2001年颁发的《幼儿园教育指导纲要（试行）》课程标准以“社会领域”取代“常识”，也主要是出于打破常识教育中以认知为主的取向，强调情意与认知的平衡，实现对儿童更为全面的培育。

2. 学前儿童社会教育与思想品德教育

1996年正式实行的《幼儿园工作规程》中使用幼儿德育的提法。2001年《幼儿园教育指导纲要（试行）》从儿童学习与发展的角度，将原来的思想品德与社会常识及一些和儿童情意发展相关的内容整合为社会领域课程，学前儿童社会教育的名称也由此而来。现今的学前儿童社会教育包含了思想品德教育，只是认为思想品德是社会性发展到一定程度的产物，儿童社会性发展影响思想品德发展，要在儿童社会性发展的基础上来进行思想品德教育。虽然将思想品德教育置于社会性发展的基础上来加以考虑，能更好地关注到儿童思想品德

发展的身心基础,但也不能以儿童社会性的教育代替品德教育,品德涉及的是是非善恶的价值问题,社会性涉及的是生存与生活的问题,一个是精神与道德问题,一个是社会问题,各有不同的指向。

3. 学前儿童社会教育与生活教育

学前儿童社会教育是基于儿童生活,为了儿童生活的教育。《幼儿园教育指导纲要(试行)》指出:幼儿园应为幼儿提供健康、丰富的生活和活动环境,满足他们多方面发展的需要,使他们在快乐的童年生活中获得有益于身心发展的经验。在社会领域的内容和要求中指出,"要在共同的生活和活动中,以多种方式引导幼儿认识、体验并理解基本的社会行为规则,学习自律和尊重他人";"引导幼儿参加各种集体活动,体验与教师、同伴等共同生活的乐趣,帮助他们正确认识自己和他人,养成对他人、社会亲近、合作的态度,学习初步的人际交往技能"。可以认为,关注幼儿生活,以生活的内容落实幼儿园的教育是《幼儿园教育指导纲要(试行)》的基本指导思想。

4. 学前儿童社会教育与人文教育

学前儿童社会教育的核心是让儿童成为真正的善良与智慧的人的教育,人文知识是社会教育的一个重要内容,社会教育应当通过人文知识的传授、人文精神的陶冶来实现对人性的拓展,让儿童成为真善美皆备的和谐、健康的人,因而人文性应当是学前儿童社会教育的重要特性之一。但相对于人文教育,社会教育有更多的内涵与内容,人文教育侧重精神层面的陶冶,而社会教育还需要注重行为习惯的培养与社会技能的训练。

从学前儿童社会教育与相关教育概念的辨析中我们可以看出,学前儿童社会教育是一个综合性的、有着丰富内涵特性的教育领域,它兼具常识性、道德性、生活性与人文性,只有综合地理解,才能恰当把握学前儿童社会教育的真正内涵。

二、学前儿童社会教育的研究对象

学前儿童社会教育是研究学前儿童社会性发展的现象、规律及其教育原理、方法与途径的学科,是以发展儿童的社会性为主要目标,以增进儿童的社会认知、激发社会情感、引导社会行为技能为主要内容的教育。要想真正了解学前儿童社会教育的研究对象,必须掌握个性、社会性和社会化这三个概念及其相互关系。

(一)个性

个性主要是指在生物基础上受社会生活条件制约而形成的独特而稳定的、具有调控能力的、具有倾向性的各种心理特征的总和。个性结构是多层次、多侧面的,由复杂的心理特征的独特结合构成的整体。

学前儿童个性发展的心理结构主要包括自我调控、个性倾向性和个性心理特征等三个系统。自我调控系统是个性形成和发展的前提,是个性发展和成熟的动力基础。这主要是指自我认知对个体心理和行为的调节、控制系统,使人的活动具有目的性、自觉性、计划性和能动性,包括自我认知、自我情感体验和自我调控三个方面。个性倾向性系统是个性结构中最活跃的因素,是人活动的内在动力,标志着个性活动的方向性和指向性。这主要是指决定一个人的态度和对现实的积极性、选择性的动力系统,包括需要、动机、兴趣、理想、信念、价

值观、人生观和世界观。个性心理特征系统是指个人稳定的心理特点,包括性格系统、气质系统和能力系统。

(二)社会化

社会化是指个体由自然人成长、发展为社会人的过程,是个体与他人交往,接受社会影响,学习掌握社会角色和行为规范,形成适应社会环境的人格、社会心理行为方式和生活技能的过程。社会化是一个将社会规范逐步内化的过程,是经过个体与社会环境的相互作用而实现的。在学前教育中,通常所说的儿童社会化,是指儿童在一定的社会条件下逐步独立地掌握社会规范,正确处理人际关系,从而适应社会生活的心理发展过程。

个体社会化的主要载体是家庭、学校、大众传播媒介和参照群体。家庭在个体社会化过程中位置独特、作用突出。童年期是社会化的关键时期,家庭中的亲子关系和家长的言传身教,对儿童的语言、情感、角色经验知识、技能与行为规范方面的习得均会起到潜移默化的作用。学校教育促使学生掌握知识,激发其学习动机,为其提供广泛的社会互动机会。学校还具有独特的亚文化、价值标准、礼仪与传统。大众传播媒介对人的社会化作用与日俱增。参照群体是能为个体的态度、行为与自我评价提供比较或参照标准的群体,其特点是个体可以不具备这个群体的成员资格,但这个群体却能为个体提供行为参照。参照群体的作用机制是规范和比较,前者向个体提供指导行为的参照框架,后者则向个体提供自我判断的标准。

个体是通过活动与周围的社会生活条件发生关系的,而社会、教育对个体的要求也是通过个体的活动提出的。与此同时,个体也随时随地地对当前的社会环境以其自身的独特方式做出种种反应,反作用于环境,从而表现出个体本身的积极主动性。这个过程就是社会化的过程,即个体在一定的社会环境影响下,通过与环境的相互作用,不断地掌握社会规范,正确处理人际关系,学习社会角色与道德规范,朝着社会要求的方向不断发展并逐渐达到这种要求的过程。

在不同的历史条件下,某一个社会具体的价值、道德和行为标准等是不尽相同的。因此,在不同的历史时期,个体社会化的具体标准和要求存在较大的差异。个体社会化具有一系列特点,其表现为:第一,个体的社会化有其遗传素质基础;第二,个体的社会化通过个体同与之有关系的其他个人及团体的相互作用而实现;第三,个体的社会化是共同性与个别性的统一;第四,个体的社会化贯穿其一生。

【案例】

3 岁的苗苗是个性格温顺内向的孩子,上了幼儿园后,苗苗对周围的环境极不适应,总是一个人坐在角落发呆,不爱参加集体游戏,而小朋友们也觉得她是个“怪人”,不愿与她亲近。一个学期就要过去了,她还是交不到朋友,爸爸妈妈为此伤透了脑筋。原来,在苗苗一两岁的时候,妈妈因为嫌外面空气污染严重,很少抱孩子出门玩。再往后抱着苗苗出门的时候,妈妈也不太愿意让别人碰孩子,一是怕孩子沾染上细菌,二是怕孩子以后没有警惕性,被陌生人拐跑。这样做的结果就是苗苗见到陌生人常常吓得哇哇大哭。苗苗两岁时,家里请了个小保姆带她。保姆人很老实,不太爱说话。爸爸妈妈平时工作也挺忙,很少和孩子在一起,家里更是很少有外人来做客。慢慢地,苗苗就学会了自己待在家里玩,很少出去了。

案例中的苗苗因为缺乏与周围人及环境互动的机会,交往能力欠缺,社会适应困难。成

人必须为幼儿创造与周围人及环境互动的氛围，促进儿童掌握社会规范，形成社会技能，学习社会角色，提高儿童社会化水平。

社会化与个性化相辅相成，是儿童心理发展过程的两个不同侧面。儿童的社会化是一个积极主动的发展过程。由于每个人都具有自己独特的活动、经验和不同的遗传基础，因此每一个儿童都以自身的认知结构和经验系统去接受社会化，都以自己特有的风格、速率和程度进行社会化。从这个意义上说，儿童的社会化本质上是儿童心理的社会分化，即个性化。儿童社会化使其个性良好地适应社会生活，个体的社会化程度越高，对社会生活的适应性也就越强。

（三）社会性

社会性是指社会中的个体在社会化过程中为适应社会所表现出来的心理和行为特征。广义上可以理解为人在社会生活过程中所形成的全部社会特征的总和，是与个体的生物性相对而言的。狭义的社会性可以理解为个体在其生物性基础上形成和发展起来的适应社会环境、与人交往、竞争和合作，以及影响他人和团体的心理特征和行为方式。从儿童发展心理学和学前教育学的观点来看，学前儿童社会性发展既受心理因素的制约，又受社会因素的制约。它是指儿童在其生物特性基础上，与社会生活环境相互作用，逐渐掌握社会规范，形成社会技能，学习社会角色，获得社会性需要、态度、价值，发展社会行为，并以独特的个性与人相互交往、相互影响，适应周围社会环境，由自然人发展为社会人的社会化过程中所形成的儿童心理特征。

学前儿童社会性发展的心理结构主要包括社会认知、社会情感、社会行为技能、自我意识、道德品质和社会适应等方面。学前儿童社会性的形成和发展是在个体的社会生活中，通过接受教育和社会影响而逐步习得的，其社会性的形成和发展是一个终身的历程，在不同的年龄阶段中有着不同的任务和内容，社会性的品质和发展的关键期也不同。但总的来说，儿童期是社会性发展的上升时期，学前期更是社会性发展的关键时期。

我国学者杨丽珠等(1994)的一项研究表明，我国儿童的社会性主要由以下七个因素构成：①社会技能，包括遵守群体规则、侵犯性行为的自我控制、诚实、行为坚持性、竞争与合作等；②自我概念，包括独立性、自我归因、自我评价、自我形象、自尊心和自信心、独立解决问题的能力等；③意志品质，包括自控能力、面临两难情境时的果断性、克服困难的能力、自我服务能力等；④道德品质，包括移情、利他心、同情和怜悯、互惠和分享、遵守社会规则、同情和依恋等；⑤社会认知，包括对行为动机和后果的分辨能力、对同伴意见的理解和采纳能力、角色承担能力、对成人要求的理解和采纳能力、对社会和道德规则的理解能力等；⑥社会适应，包括对新环境的适应能力、对陌生人的适应能力、对同伴交往的适应能力等；⑦社会情绪，包括特殊情况下的情绪状态、与同伴交往时的情绪状态等。

【案例】

“飞人”乔丹的故事

乔丹小时候个子就很高，在他快要上小学的时候，乔妈妈因担心儿子高与别人打架，就严肃地告诉儿子在学校不许打人。但听话的乔丹因此成为班里同学欺负嘲笑的对象，他们打他、推搡他、抢他的东西，大家做游戏也不带他。受了委屈的乔丹经常哭着回家。有一天，

他哭得很委屈，他的父亲正好在家，就问他怎么回事。乔丹说同学打他，还笑话他是个大笨蛋。父亲问他就甘愿这样让同学欺负吗？乔丹说妈妈说不许打人。父亲让他想一想，能不能用别的办法反抗别人的欺负而不需要用打架来解决问题。第二天，乔丹高高兴兴地回家，并告诉父母：同学们一起玩篮球时，又有同学要欺负他，但他没有打这个同学，只是使劲把他按住，让他动不了，并不得不认输，结果大家都愿意跟他一起玩了，也没人再说他是大笨蛋了；还是爸爸说得对，不打架不是任人欺负，别人欺负你，就要想个好办法反抗，让别人知道你只是不想打架，并不是害怕更不是笨蛋。

幼儿社会性发展的过程中，幼儿要掌握参与社会生活必需的知识技能（比如语言、各种生活经验等），要学习与周围不同的人进行交往，建立丰富的情感联系，并要在成人引导下，在自己的实际活动中逐渐将社会规范和价值标准内化，以指导自己的社会行为。

学前儿童社会性的发展是儿童社会化的产物，而个性是个体生物因素和社会化的综合结果。因此，二者有着本质的区别。具体地说，个性是学前儿童个体经常出现的、比较固定的、本质的心理特征的总和，社会性则是个体在与社会生活环境相互作用的过程中所表现出来的心理与行为特性。同时，学前儿童的社会性和个性又有显著的联系。学前儿童的个性和社会性发展所涉及的领域是不同的，两者只有协同发展，才能有益于儿童健康成长，更好更快地适应社会。

三、学前儿童社会教育的学科性质

学前儿童社会教育的学科性质是指学前儿童社会教育作为一门学科的属性与本质。学前儿童社会教育是一门介于儿童发展心理学与学前教育学之间具有边缘性质的学科，主要研究学前儿童社会性发展的现象、规律及其教育原理、方法与途径，它是一门兼有理论性、应用性与实践性的复杂学科。

从理论性来看，它需要探讨学前儿童社会性发展的规律，以及根据这种规律应当建构的教育原理。学前儿童社会性是指作为社会成员的个体，为参与社会生活在与环境互动中所表现出的心理和行为特征，其发展和儿童的身体发展、认知发展有着不同的特点与规律。正是这种不同，决定了儿童的社会性学习是不同于身体运动技能与纯粹的知识掌握的学习，与此相对应，学前儿童社会教育原理也和其他领域是不一样的。这正是学前儿童社会教育需要探究的内容。

从应用性来看，学前儿童社会教育是一门教法课程，它的目的不只是让学习者明白儿童社会性发展的规律及其教育原理，还需要让学习者明白如何根据这些规律与原理来组织教育和教学，探究学前儿童社会教育原理在教育实践中运用的策略与方法。

从实践性来看，学习者掌握学前儿童社会教育的相关理论知识并不是用来直接传递给幼儿的，而是将这些理论知识化为自己的品格与行动智慧，才能有助于运用这些理论去施加有效的教育帮助。由此，学前儿童社会教育提供的不仅仅是理论知识、应用知识，还是一种实践性的知识。

第二节 学前儿童社会教育的作用

幼儿社会领域的学习与发展过程是其社会性不断完善并奠定健全人格基础的过程。人际交往和社会适应是幼儿社会学习的主要内容,也是其社会性发展的基本途径。幼儿在与成人和同伴交往的过程中,不断学习如何与人友好相处,也在学习如何看待自己、对待他人,不断发展适应社会生活的能力。良好的社会性发展对幼儿身心健康和其他各方面的发展都具有重要影响。(摘自2012年教育部颁发的《3-6岁儿童学习与发展指南》)

一、学前儿童社会教育的作用

幼儿期是人的社会性发展的重要时期。在这个时期,学前儿童作为一个发展中的人,他虽然还没有能力承担起社会责任,但他必须按照一个合格的社会成员的要求受到培养,否则儿童就面临无法适应社会的危险,更谈不上去改变与创造社会了。学前儿童社会教育可以引导幼儿学习怎样与人相处、怎样看待自己、怎样对待别人;逐渐认识周围的社会环境;逐渐内化社会行为规范;逐渐形成对所在群体及其文化的认同感和归属感;不断发展适应社会生活的能力,这是一个合格的社会成员必须具备的公民素质。

(一)学前儿童社会教育可以提高儿童社会化水平,培养合格的社会成员

社会化是指个体由自然人成长、发展为社会人的过程,是个体与他人交往,接受社会影响,学习掌握社会角色和行为规范,形成适应社会环境的人格、社会心理行为方式和生活技能的过程。社会化涉及社会及个体两个方面。从社会视角看,社会化是社会对个体进行教化的过程;从个体视角看,社会化是个体与其他社会成员互动,成为合格的社会成员的过程。

社会化的重要功能是培养合格的社会成员,使每个社会成员都获得适合自己身份、地位的社会角色。每一种社会角色都有相应的权利、义务及行为规范,社会化内容之一就是让个体获得并履行社会角色及相应的行为规范。

学前儿童社会领域的学习与发展的实质在于促进幼儿社会化,形成良好的个性品质。每个儿童从出生起就处于一定的社会环境和社会关系中。社会环境和社会关系是儿童身心发展的基本条件,也构成了其身心发展的重要内容。社会是个体发展的不尽源泉和广阔舞台;社会化是个体学习与发展的基本过程。

【案例】

美国学者K.戴维斯曾报告过发生在美国的一个名字叫安娜的孩子的经历。安娜是一个私生子,外祖父不愿让外人知道她的存在,一直将她藏在阁楼里,不让她见人。安娜只能得到维持生命的种种物质,没有和人的交往,也没有社会活动。当她6岁被人们发现时,不会讲话,不会走路,没有与人交往的能力,感情麻木,表情呆滞。后来她虽然掌握了一些单词和短语,但无法说出完整的句子。当她11岁离开人世时,只达到两三岁儿童的社会化水平。

可见一个儿童如果没有参与社会生活的经验，他就无法成长为一个真正完整的社会人。①

一个人要成为一个适应社会生活的成员，就需要在与他人的互动中学习相应的社会经验，如果这种学习被剥夺了，儿童将无法成长为一个有社会经验的社会人，而会永远停留在自然人或是生物人的水平上。对于学前儿童来说，他们对环境影响的接受大多处于不自觉的被动状态，此时环境的品质对学前儿童社会化的影响是巨大的，当环境影响是积极的时候，儿童可能实现的就是积极的社会化。学前儿童社会教育承担的一个重要任务就是按照社会生活的积极价值取向，为儿童营造有教育意义的环境，有意识地引导儿童实现积极的社会化，让儿童形成正面的价值观与良好的行为习惯，成为合格的社会成员。

（二）学前儿童社会教育可以促进儿童和谐发展，奠定儿童人生幸福的根基

《幼儿园工作规程（试行）》中明确指出，“幼儿园的任务是实行保育与教育相结合的原则，对幼儿实施体、智、德、美诸方面全面发展的教育，促进其身心和谐发展。”幼儿期是人的个性初具雏形的时期。这一时期形成的对人对事对己的态度、个性品质和行为风格，不仅直接影响其童年生活的快乐与幸福感，影响其身心健康以及知识、能力和智慧的形成，更可能影响其一生的学习、工作和生活。

学前儿童处在一个极具可塑性的阶段，存在智力发展的关键期和加速期，此时若重视学前儿童智力的恰当开发，对儿童的终身发展自是有益之举，但如果没有情感支撑与道德引导的“聪明”，有可能成为造恶之“聪明”。更为重要的是，唯智力至上会使儿童的身心处于一种发展不平衡的状态，对孩子的身心健康带来危害，会使他们本来完整的天性走向畸形与片面。因此，在发展儿童智力的同时，必须同时关注情意与德行的教育。另外，幼儿社会性发展同样存在关键期。国内外研究表明，儿童心理的发展，开始发生形成的时间以及成熟的时期是不同的，个体从出生到成熟的心理发展有关键的转变年龄，即关键期。所谓关键期，是指某种心理现象发展质的飞跃期，在这期间，儿童对某种外界刺激特别敏感，某种心理现象形成发展特别迅速。幼儿阶段是儿童社会性发展的关键期。例如，研究表明，2～4岁是幼儿秩序性发展的关键期，3～5岁是幼儿自我控制发展的关键期，4岁是幼儿同伴交往发展的关键期，5岁是幼儿由生理需要向社会性需要发展的关键期。我们要抓住关键期，促进幼儿社会性的发展。

通过恰当的教育，为儿童社会性与道德发展奠定一个良好基础是学前儿童社会教育的重要任务。作为全面发展重要组成部分的学前儿童社会教育，是通过促进儿童的认知、情感和意志在一生中的协调发展来实现这一任务的。

学前儿童的社会性发展有利于其心理的统整发展。社会性发展得较好的儿童，适应能力和自制力都比较强，在初入园的时候，他们能比其他幼儿更快地熟悉老师和同伴。平时，他们更容易与老师、同伴融洽相处，有更多的机会与老师、同伴交往，从他们那里得到信息，开阔自己的眼界。在与同伴的合作游戏中，提高自己的能力。社会性发展得较好的儿童，往往心态积极，情绪稳定，自信心强，比其他儿童表现得更有毅力，能最大限度地发挥出自己的能力。如在做手工或进行科学探索活动时，他们能保持较长时间专注地“工作”，遇到小小的困难时，他们也能寻找原因，尽量克服困难，而不轻易放弃。

① 李幼穗：《儿童社会性发展及其培养》，华东师范大学出版社2004年版，第32—33页。

社会性发展对人的一生发展影响很大。早期经验对个体一生的发展具有重要的作用。儿童一出生，就需要与母亲或看护人相互交往，这种亲子之情是儿童最初的社会化情感。婴儿经常从父母那里得到抚爱，就会比较温和、友爱，形成信赖感；如果婴儿失去母亲的积极关注与照料，母爱剥夺对儿童心理有直接不良影响。心理学家斯皮兹对孤儿院的儿童进行研究发现，这里的儿童虽然能得到充分的生理需求，却得不到必要的亲子之情，他们表现出痴呆、冷漠、孤僻、智力水平低下。因此，今天的教育能否为幼儿获得积极的情感、态度，良好的社会品质及学会共同生活打好基础，将决定其明天的幸福和社会的发展。

【案例】

获得诺贝尔奖的老科学家的故事

1978 年，75 位诺贝尔奖获得者在巴黎聚会。

人们对于诺贝尔奖获得者非常崇敬，有个记者问其中一位："在您的一生里，您认为最重要的东西是在哪所大学、哪所实验室里学到的呢？"

这位白发苍苍的诺贝尔奖获得者平静地回答："是在幼儿园。"

记者感到非常惊奇，又问道："为什么是在幼儿园呢？您认为您在幼儿园里学到了什么呢？"

诺贝尔奖获得者微笑着回答："在幼儿园里，我学会了很多很多。比如，把自己的东西分一半给小伙伴们；不是自己的东西不要拿；东西要放整齐；饭前要洗手；午饭后要休息；做了错事要表示歉意；学习要多思考，要仔细观察大自然。我认为，我学到的全部东西就是这些。"

所有在场的人对这位诺贝尔奖获得者的回答报以热烈的掌声。

事实上，大多数科学家认为，他们终生所学到的最主要的东西，就是幼儿园老师教给他们的良好习惯。

著名的教育家叶圣陶说过："什么是教育？简单一句话，就是养成良好的习惯。"

二、学前儿童社会教育与相关课程领域的关系

《幼儿园教育指导纲要（试行）》指出幼儿的教育内容是全面的、启蒙性的，健康、语言、社会、科学、艺术 5 个领域的划分是相对的。各领域的内容相互渗透，从不同的角度促进幼儿情感、态度、能力、知识、技能等方面的发展。同样，各领域都从不同的角度促进儿童社会性的发展。

1. 学前儿童社会教育与语言教育的关系

语言教育是社会教育的基础。语言是社会交往的工具，通过掌握语言，儿童才能表达思想情感，才会与人正常沟通，才能促进儿童社会化。社会教育依托语言、故事与文学，使儿童感受优美语言的同时，还可陶冶儿童的情感与心灵，使其模仿文学作品中的良好行为、学习优秀品质，故事与文学是进行社会教育有利的资源和媒介。教育者要引导儿童从利人利己的角度正确运用语言，教会孩子认真倾听、礼貌说话、真诚表达，使儿童为适应社会并成为受社会机构欢迎的人奠定基础。

2. 学前儿童社会教育与科学教育的关系

科学教育的主要任务是引导儿童认识事物和探索科学，但人类在认识事物和利用科学的基础上，更要科学地保护人类赖以生存的世界，要让孩子们意识到人类与世界的关系。科学技术的开发及利用，如果缺乏人文关怀的理念与支持，它有可能变成伤害人类自身的利剑。因此，引导儿童在认识世界与探索科学的基础上，形成初步的社会责任意识与人文关怀理念。

3. 学前儿童社会教育与健康教育的关系

学前儿童社会教育与健康教育存在共同关注的问题，即促进儿童情绪稳定与心理健康。体育活动需要儿童大胆主动、克服困难，因此，可以培养儿童勇敢、坚强、善于合作的个性品质。当儿童与他人能够建立良好关系时，他就能获得稳定与愉快的情绪，形成安全感与信赖感，这就为儿童形成良好社会性打下基础。可见社会教育与健康教育是相互渗透、相辅相成的。

4. 学前儿童社会教育与艺术教育的关系

儿童艺术教育既要让孩子学会感受与创造美的事物，又要让孩子体验与领会人性之美。艺术教育的目的在于培养能够运用艺术的语言表达丰富美好的情感和进行心灵交流的健康个体。当孩子学会用画笔或是音乐表达出他内心美好的体会和感动时，艺术就产生了。同样，当感受到美与善时，他就已经接受了社会教育。由此，教育要尽可能用艺术化的方式让孩子体会到各种美与善，这些美与善会随着孩子年龄的增长，而不断丰富孩子的内涵，这正是艺术教育对于儿童社会性发展的重要意义所在。

作为课程领域的学前儿童社会教育是在综合与变革以前的幼儿园社会常识教育与幼儿德育内容的基础上出现的一个新的课程领域。这个课程领域主要关注的是儿童的社会性发展，这种发展主要表现为社会认知、社会情感、社会行为技能以及道德品质的发展，因此，学前儿童社会教育无法绝然独立于其他领域，它和其他领域有着非常密切的联系，它规定着所有课程领域的价值方向，并且以核心位置存在于所有课程领域之中，各领域又从不同的角度促进儿童社会性的发展。

拓展阅读

【阅读一】

教育中人的个性与社会性发展的统一

几乎每一个幼儿园的教师，都给孩子们上过“拔萝卜”这一课。这个故事，可以让孩子们懂得人与人之间要互相帮助，现在有人对此提出了异议：为什么不让儿童想一想，如果让他一个人拔萝卜，没有别人帮忙，该怎么办呢？

这个异议提得很好，因为它触及了一个深层次的教育上的认识问题，那就是如何处理教育中的人的个性与社会性的统一发展问题。

一、中国传统教育偏向发展人的社会性

在中国的传统教育中，只注重对人提共同的要求，个人是集体的附属物，不需要有个性，也不允许有个性。

新中国成立以来，我国的教育发生了根本性的变化，取得了伟大的成就。但从总体上看，教育还是偏重人的社会性，忽视人的个性。比如，现行的高考制度用一个标准、一种尺度取人，不利于学生德、智、体、美、劳全面发展。

二、西方国家的教育偏向于发展人的个性

在西方国家，资本主义的教育提倡人的全面发展、个性完善，教学内容针对生产实践，重实用学科。教学方法，主张顺应自然，适应学生的心理过程，挖掘学生的内在潜力，培根提出“知识就是力量”，鼓励人们充分发挥人的主体作用去认识、征服自然；尼采发出“上帝已经死了”的呼声，鼓励人们认识和肯定自我。

以“个人主义”为主体的文化传统，确实促进了个人的主体积极性和创造性的发挥，另一方面又导致了许多社会和道德问题：人与人之间关系紧张，人们的精神衰落。面对极端的个人主义导致的精神危机，西方社会已开始探索教育的新路子，开始大力强化教育的社会价值取向。

三、21世纪的中国教育必须走的道路

当前，我国教育界已注意到只偏重发展人的社会性，忽视发展人的个性的教育，已不能适应中国改革开放的需要。这种“社会本位”的教育观，失误在于把教育的社会功能当成了教育本体，压倒了教育中个人的价值，束缚了个人天赋的发挥和个性的发展，反过来也扭曲了教育的社会功能。而西方那种“个体本位”的教育观，失误在于把教育的培养目标当成了教育本体，结果导致了人类普遍的文化范式的遗失和丢弃。

21世纪的教育必将走发展人的个性与社会性统一的道路。为了使人的个性与社会性得到统一的发展，我们必须注意以下几点：

1. 向外国学习

西方教育，重视人的个性的发展，有许多值得我们借鉴的地方。例如，在美国，高校的价值目标之一，就是以多样化来满足每个求学者个人的需要、利益、兴趣，这方面做得比较成功。21世纪的教育必须面向世界。一个国家的教育要发展，必然要同其他国家互通有无、取长补短。我们要站在历史的高度，对西方教育采取“拿来主义”精神，吸取其精华，抛弃其糟粕，在前进的过程中，既不夜郎自大，也不崇洋媚外。

2. 向历史学习

我国传统教育中有我们必须继承和发扬的部分。例如，重视对学生加强集体主义教育，坚持个人的利益服务集体利益，重视社会价值取向的传统，是我国教育的优势。这一点，西方已经认识到“西方人为了消除个人主义产生的精神危机，开始把目光转向以‘群体主义’文化传统为主体的东方，一些有识之士纷至沓来，到东方寻求答案”。

3. 切实搞好教育改革

通过改革促使教育实现发展人的个性与社会性统一。

首先要树立正确的考试观。传统的学科考试过分强调死记硬背的知识，忽视学生的动

手能力、应用能力、创造能力,要改变这种状况,必须树立正确的考试观。必须明确考试不是为了排名次,而是为了给教师、家长以及学生本人提供一个依据,发现学习中存在的缺点和弱点,以便采取适当的措施,使每个学生都充分发挥潜能,更好地发展。学生学习是为了进步,而不是为了应付考试,只有这样才能产生兴趣,养成积极主动的习惯。

其次要树立正确的学生观。在教育过程中,学生不仅是教育活动的客体,而且是教育活动的主体,然而目前的学校教育并没有真正把学生置于主体地位。实际上学生的主体地位并没得到真正的体现。例如,传统的班级授课制,虽然可以提高教学效率,有利于多出人才,但集体教育,统一要求,不利于学生个性的发展。因此,必须对班级授课制进行适当变革,通过适当分组活动,讲授、谈话、实验、演示、参观等教学方法综合运用,把学生的积极性、主动性调动起来,使学生学得愉快。

还要重视开展课外、校外活动。通过丰富多彩的活动,培养学生的群体意识,使学生学会处理人际关系,增强对社会、对集体的负责精神,培养自主自律、自尊自爱、团结互助、合作共事的品德。丰富多彩的活动,还有利于培养学生的兴趣、爱好、性格、意志等非智力因素,为了使人的个性与社会性得到统一的发展,我们的教育要鼓励个人发挥才能,而不助长个人主义;要密切关注每一个人的独特性,而不忽视创造也是一种集体生活;教育要培养既对自己负责,也对社会负责的全面发展的高素质的人才。①

【阅读二】

情　商

近年来,美国心理学家提出"情商"(EQ)的新概念,具体包括情绪的自控性、人际关系的处理能力、挫折的承受力、自我了解程度及对他人的理解与宽容。

最新研究显示:一个人的成功,只有20%归诸智商的高低,80%取决于情商。情商高的人生活比较快乐,能维持积极的人生观,不管做什么,成功的机会都比较大。心理学家认为,情商与智商不同,它不是天生注定的,而是由下列五种学习的能力组成的:

(1)了解自己的情绪。一个人总有某些个性上的盲点,常常自我反省,能立刻察觉自己的情绪,了解产生情绪的原因。

(2)控制自己的情绪、化解自己的不良情绪是情商的一个重点。

(3)激励自己、能够整顿情绪,让自己朝着一定的目标努力。

(4)了解别人的情绪、理解别人的感受、察觉别人的真正需要,具有同情心理。

(5)维系融洽的人际关系,能够理解并适应别人的情绪。

未来的时代,仅凭知识和聪明并不一定能成大事,还要具有良好的心理素质。培养情商应从以下几方面着手:

(1)学习批评的艺术。情商高的批评者,会留心对方的情绪反应,先明确提出明显需要改进的问题,并进一步针对问题提供解决方案,使受批评者不会产生受挫感。

(2)学习说出心底的感觉,由于人们各自的生活环境不同,彼此之间对问题的看法难免

① 郑桂芳:《教育中人的个性与社会性发展的统一》,载《邢台师范高专学报》1999第3期。

存在偏见，最好的方法是让别人说出心底的感觉与想法。

(3)从小学习正确的情绪反应，就能够提早在脑海中形成正确的情绪习惯。

【阅读三】

美国教育实例：培养儿童的独立性

培养儿童的独立性，首先要培养儿童的独立思考。美国人就特别推崇儿童的独立思考。

在美国，我最喜欢看的电视节目之一，是黑人笑星比尔·考斯彼主持的《孩子说的出人意料的东西》。这个节目在让你捧腹的同时，也让你深思。

有一次，比尔问一个七八岁的女孩："你长大以后想当什么？"女孩很自信地答道："总统。"全场观众哗然。比尔做了一个滑稽的吃惊状，然后问："那你说说看，为什么美国至今没有女总统？"女孩想都不用想就回答："因为男人不投她的票。"全场一片笑声。比尔说："你肯定是因为男人不投她的票吗？"女孩不屑地答道："当然肯定。"比尔意味深长地笑笑，对全场观众说："请投她票的男人举手。"伴随着笑声，有不少男人举手。比尔得意地说："你看，有不少男人投你的票呀。"女孩不为所动，淡淡地说："还不到三分之一。"比尔做出不相信又不高兴的样子，对观众说道："请在场的所有男人把手举起来。"言下之意，不举手的就不是男人，哪个男人"敢"不举手。在哄堂大笑中，男人们的手一片林立。比尔故作严肃地说："请投她票的男人仍然举手，不投的放下手。"比尔这一招厉害：在众目睽睽之下，要大男人们把已经举起的手，再放下来，确实不太容易。这样一来，虽然仍有人放手下来，但投她票的男人多了许多。比尔得意扬扬地说道："怎么样？'总统女士'，这回可是有三分之二的男人投你的票啦。"沸腾的场面突然静了下来，人们要看这个女孩还能说什么。女孩露出了一丝与童稚不太相称的轻蔑的笑意："他们不诚实，他们心里并不愿投我的票。"许多人目瞪口呆。然后是一片掌声，一片惊叹……

这是典型的美式独立思考。

没有独立思考的孩子，就没有独立性。要培养孩子的独立思考能力，就要提供一些机会给孩子自己去思考、去感觉：什么对，什么错，什么应该做，什么不应该做……①

思考与练习

一、填空题

1. 学前儿童社会教育主要以儿童成长相关的________及其人文________为主要内容，以儿童社会性发展的________与________为依据。

2. 学前儿童社会教育是一门兼有理论性、________与________的复杂学科。

3. 学前儿童社会教育是以________为主要目标，以增进学前儿童社会认知、激发________、

① 摘自 http://www.06abc.com/topic/20090413/27763.html。标题有修改。

培养社会行为技能为主要内容的教育。

二、简答题

1. 简述个性、社会性和社会化的含义及其之间关系。

2. 简述学前儿童社会教育与其他领域课程的关系。

3. 简述学前儿童社会教育的学科性质。

三、论述题

结合实际论述学前儿童社会教育的意义。

四、案例题

案例1:一位西方的教育家给三名不同年龄的儿童出示了一个瓶子,瓶里放了三只球,分别用线系好,瓶口大小正好和球的大小一样。教育家把系着三个球的三根线分别交给三个孩子,并告诉他们:现在你们都掉在井里,10秒钟必须出来,否则10秒钟之后井水就会把你们淹没,但是你们每次只能出来一个。教育家刚说完,只见三个孩子中年龄最大的女孩指挥年龄最小的孩子先出来,年龄居中的小男孩第二个出来,年龄最大的女孩自己最后出来,用时只有7秒钟。教育家感到很意外就问小男孩子:"你为什么不想办法先出来?"男孩指着年龄最小的女孩说:"她最小,应该让她先出来。"又问年龄最大的女孩:"那你呢?"女孩回答说:"我最大,我应该让弟弟妹妹先出去。"教育家大为感动地说:"我在许多国家和地区都做过这个小实验,孩子们没有一次是在规定时间内出来的。因为孩子争着都想让自己的球先出来,于是挤成一团,结果谁都出不来。只有你们用了不到10秒钟,因为你们不仅有秩序,而且懂得年龄大的孩子让年龄小的孩子。"

请分析这个故事对教育者的启示。

案例2:强强今年三岁了,他是一个聪明可爱的男孩,爸爸是理工类大学的博士,妈妈是某大学的文科教师,爷爷奶奶也都是高级知识分子,到了强强该上幼儿园的年龄了,附近幼儿园的招生老师询问强强的爷爷,想给孩子报名入园吗?爷爷说:"就你们幼儿园教的那点东西吧,我看了,实在太少。我们家里人给宝宝制订个成长计划,可以讲得更多、更好,保证比幼儿园学得多,所以,我们不打算让强强入幼儿园。强强在家吃得好,睡得香,学得多,去幼儿园耽误时间,孩子不愿意去还得哇哇大哭,我们也跟着着急上火。再说你们老师光知道领孩子玩游戏,学得实在太少。我们的孩子自己教能是个超常儿童呢!"

请分析强强爷爷的观点存在的问题,并说明原因。

第二章　学前儿童社会性发展及其影响因素

学习目标

1. 理解并掌握学前儿童社会认知、社会情感及社会行为发展的特点。
2. 理解幼儿个性、家庭、幼儿园和社区等对学前儿童社会性发展的影响作用。
3. 了解几种学前儿童社会性发展的主要理论。

学前儿童的社会性是在其生物特性的基础上，与社会生活环境相互作用，逐渐掌握社会规范，形成社会技能，学习社会角色，由自然人发展为社会人的社会化过程中所形成的儿童心理特征。社会性发展是学前儿童心理发展的重要方面，它对儿童的人格、心理健康、智力发展等具有重要的影响。因此，只有掌握学前儿童社会性发展的特点以及影响因素，才能更好地促进学前儿童全面、健康地发展。

第一节　学前儿童社会性发展的特点

对于学前儿童社会性发展包括的内容，不同的研究者有不同的分类。本教材结合学前儿童心理发展的特点，将学前儿童社会性发展的特点分为社会认知、社会情感和社会行为三个方面。学前儿童的社会性发展是一个在社会认知、情感、行为相互作用、相互影响下逐步形成的整体过程，之所以这样划分，只是为了更好地研究和学习。

一、学前儿童社会认知发展的特点

社会认知是指人对社会性客体之间关系，如对人（他人和自我）、人际关系、社会群体、社会角色、社会规范和社会生活事件的认知，以及对这种认知与人的社会行为之间的关系的理解和判断。学前儿童社会认知的发展除受一般认知水平的影响外，还和儿童的社会互动经验密切相关。学前儿童社会认知的具体内容主要包括对自己的认识（即自我意识）、对他人的认知和对社会环境、规范的认知三个方面。下面逐一来论述学前儿童社会认知的发展特点。

（一）学前儿童自我意识发展的特点

1. 学前儿童自我意识的产生与形成

自我意识也称自我，是个体对自己存在的觉察，即自己认识自己的一切，包括认识自己的生理状况（如身高、体重、形态等）、心理特征（如兴趣爱好、能力、性格、气质等）以及自己

与他人的关系(如自己与周围人相处的关系、自己在集体中的位置与作用等)。从形式上看,自我意识是由知、情、意三方面统一构成的高级反映形式。包括自我认知(自我形象、自我概念、自我评价)、自我情感体验(自尊感、自信心、自豪感)、自我调控(自我监督、自我控制、自我完善)等。

我国学者总结了学前儿童自我意识的产生和形成标准:一是儿童从动作对象中能够区分自己的动作,并逐步意识到自己的动作、动作的目的和动机,这就产生了初级的自我意识;二是儿童能把自己和自己的动作分开,知道自己是活动的主体;三是儿童能使用自己的名字,即儿童能用自己的名字或他人对自己的称呼如"宝宝"来称呼自己,这说明儿童产生了概括自己的愿望和关于动作表象的自我感觉;四是儿童能使用第一人称"我"来代表自己。这表明:儿童已经完成从自己的表象向抽象的发展,儿童的自我意识初步形成。

婴儿期是自我意识发生的时期。刚出生的婴儿是没有自我意识的,甚至到了四五个月还是物我不分,还不能把自己和周围世界区分开来,往往把自身和周围的东西看成是同样的物体,往往像摆弄玩具一样玩弄自己的手、脚,甚至经常吮吸自己的手指,啃自己的脚指头。到了婴儿末期,婴儿才能把自己的身体与其他物体区分开来,才能意识到自己的存在。比如,儿童知道自己推小车,小车就会向前跑。

幼儿前期(2 岁左右)是自我意识形成的时期。此时的儿童开始了与周围人的交往,能进一步把自己和别人区分开来,于是开始了自我意识的发展。但儿童最初在提到自己时,还往往像谈论别人那样,如说"飞飞饿了""明明要出去玩"等,用成人称呼他的名字来代替"我"。当儿童开始使用代名词"我"时,儿童的自我意识才真正形成,儿童开始从把自己当客体转变为把自己当主体来认识。从此,儿童的独立性大大增强,经常会说"我自己吃饭""我自己穿衣服"等。这说明儿童已经能明确地把自己和别人区分开来。

幼儿前期儿童的发展特点,可总结为以下三个方面:一是儿童能把自己和别人明显地区分开来,能够在镜中识别自我;二是能够准确地使用代词"我",是儿童自我意识形成的标志,这时儿童已将自己完全从环境中分离出来;三是儿童开始出现"自尊心",当受到嘲笑、戏弄时,他们会表现出哭闹和反抗行为。

2. 幼儿自我意识的发展

幼儿期是儿童自我意识进一步形成和发展的时期。幼儿自我意识的发展主要表现在对自己性别的认识,知道"我是谁""我几岁""我是男孩还是女孩",可自我观察到自己的身体特征、动作、能力、爱好,能分辨自己的物品。

(1)性别角色的发展特点。性别角色是指属于特定性别的个体在一定的社会和群体中占有适当位置,以及被该社会和群体规定了的行为模式。换言之,性别角色是指特定社会对男性和女性社会成员所期待的适当行为的总和。儿童的性别发展主要经历以下三个阶段。

第一阶段(2～3 岁):知道自己的性别,并初步掌握性别知识。这时的儿童能正确回答自己的性别,但还不能根据性别标签来挑选与自己性别相适应的物体。而且对性别的认识一般根据外部的、表面的特征,如头发长度、服饰等,如果一个人的服饰或发型改变后,儿童则认为他的性别改变了。

第二阶段(3～4 岁):自我中心地认识性别角色。这一阶段的儿童对性别的稳定性有一

定认识,儿童对自己的性别不随其年龄、情境的变化而改变这一特征有一定认识。但儿童对性别角色认识的稳定性较差,如他们有时认为男孩也可以穿裙子,只要自己喜欢就行。

第三阶段(5~7岁):刻板地认识性别角色。这时儿童认为一个人的外表不论发生什么变化,其性别都保持不变,儿童基本获得性别恒常性,并达到稳定水平。

(2)自我控制的发展特点。自我控制是个体对自身的心理与行为的主动掌握,是个体不受外界因素的影响,自觉地选择目标,控制自己的情感和行为,从而保证目标的实现。

研究表明,2岁儿童开始出现自我控制能力,但水平较低,具有明显的冲动性,主要依靠外界压力而实现。随着年龄的增长,儿童对自己行为的控制力以及根据外界要求调节自己行为的能力都有显著提高,3~5岁是儿童自我控制能力发展的关键期。其中,3~4岁发展较快,4~5岁发展迅速。这是因为3岁儿童的大脑皮质抑制机能尚未完善,兴奋过程占优势,表现为活泼好动,自我控制水平较低。随着年龄的增长,儿童大脑皮质的抑制机能逐渐完善,兴奋与抑制过程逐渐平衡;同时,随着认知能力的发展和外在的各种教育因素的介入,儿童对行为规则的理解与掌握逐步深入与内化,形成自觉的规则意识,并且不断约束与控制自己的行为。而言语指导和行为训练在儿童自我控制能力的发展中起着重要作用,儿童从接受外部言语指导及外部诱因逐渐发展到根据自身要求和内部诱因来控制行为,从不自觉行为发展到自觉行为。

(3)自我评价的发展特点。自我评价是个体对自己个性心理特征及外部行为表现的判断与评估。学前儿童的自我评价是随着年龄的增长而发展的,2岁儿童开始产生自我形象,能够把主体和客体分开,在人际交往中以及在他人评价过程中学会自我评价。学前儿童自我评价能力与他的认知水平和情绪情感的发展水平密切相关,3~4岁的儿童自我评价能力的发展比4~5岁的儿童快得多。具体来说,学前儿童的自我评价呈现出以下发展趋势:

①从主要轻信、依赖成人的评价到自己独立的自我评价。幼儿前期大部分幼儿还不能做出独立的自我评价,他们对自己的评价往往是成人对其评价的简单重复。如幼儿评价自己是好孩子,是因为"老师或爸爸妈妈说我是好孩子"。幼儿末期儿童能独立地对自己进行评价,有时对成人对他们的不准确、不恰当的评价会提出申辩或表示反感。

②从带有主观情绪性的自我评价到比较客观的自我评价。幼儿在评价自己和他人时往往带有很大的主观性,一般倾向于对自己进行过高的评价。如被问及谁是最好的值日生时,他们会回答自己和自己的好朋友是最好的值日生。随着年龄的增长,自我评价的主观情绪成分会逐渐减少,客观性会增加,自我评价会从具体情况出发,做出更客观、恰当的评价。

③从笼统的、局部的、表面的自我评价到具体细致的、整体的、内在的自我评价。学前儿童的自我评价往往是笼统、局部、表面性的,如被问到"你的什么表现说明你是好孩子"时,大部分幼儿无言以对,或者说"我上课坐得端正,我很听话"。

(二)学前儿童对他人认知的发展特点

学前儿童对他人和群体的认知是从辨别他人的外部特征和外部行为表现开始的,发现他人的穿着、发型、高矮、胖瘦等与自己的不同,知道他人的称呼和模仿其行为,最后才把他人看作是各种各样、有独立人格的人,把其与其他群体区分开来。学前儿童对他人的认知,表现最明显的是对同伴及同伴关系的认知。同伴是指儿童与之相处的具有相同社会认知能

力的人。同伴关系是指年龄相同或相近的儿童之间的一种共同活动并相互协作的关系，或者主要指同龄人间或心理发展水平相当的个体间交往过程中建立和发展起来的一种人际关系。学前儿童的同伴关系的发展趋势如下：

(1)客体中心阶段(10个月以前)：关注玩具，对方是玩具。这一阶段幼儿把同伴当成和玩具一样的客体，和同伴交往时关注的主要是玩具或物体，而不是婴儿本身。

(2)简单交往阶段(10个月~1.5岁)：对同伴行为有反应，试图控制对方行为。这一时期幼儿对同伴的行为能做出反应，比如互相微笑、握手等，往往通过各种方式企图影响另一个同伴的行为，比如通过大叫阻止其拿自己的玩具等。

(3)互补性交往阶段(1.5~2岁)：同伴间的交往趋于互补，出现了模仿行为、争抢和打架等行为。比如一个跑一个追，一个喊叫另一个跟着喊叫等，有时还会出现争抢玩具的行为。

(4)言语交往阶段(2~6岁)：言语交往和游戏成为同伴交往的主要形式。随着儿童认知能力和言语技能的发展，儿童之间能互相交流看法，分享有关活动的知识，共同商议游戏规则，一起进行合作游戏。一般来说，2~3岁儿童之间进行孤独或平行游戏比较多见；3~4岁儿童大部分是互相平行的游戏；4~5岁儿童之间结伙和合作的游戏比较多；5~6岁儿童基本上都是合作游戏。

(三)学前儿童对社会环境和规范认知的发展特点

学前儿童对社会环境的认知，主要包括对家庭、幼儿园、社区机构、家乡、自己的民族和国家，以及世界其他一些国家的认知。学前儿童对规范的认知主要包括基本的道德规范、文明礼貌规范、公共场所行为规范、群体活动规范、人际交往规范、谨慎规范等。学前儿童对社会环境和规范认知发展的总趋势是由近及远，由熟悉到陌生，由简单到复杂，由直接到间接，逐步扩展和深化。如学前儿童对规则规范的认知首先表现出对权威的服从，他认为规则是由权威制定的，是必须遵守的，至于规则制定的真正目的他并不是很清楚。学前儿童由在他人监督下遵守规则发展为主动地遵守规则。

二、学前儿童社会情感的发展特点

社会情感是人们在社会活动中因自己的需要能否满足而产生的主观感受，它是人们心理活动的重要组成部分。当外在事物符合人的需要时，人们则会表现出愉快、满意、喜悦等肯定的情绪；反之，就表现出忧伤、不满、漠然等否定的情绪。学前儿童社会情感的教育就是要引导他们在社会认知的过程中，形成积极的情感体验，学会认知、调控自己的情绪、情感。学前儿童情感的发展主要包括学前儿童情绪的发展、依恋的发展、道德感的发展。

(一)学前儿童情绪的发展

刚出生的婴儿已经有了情绪反应，比如落地后的哇哇大哭就是由于身体不适或者饥饿而产生的消极情绪反应；3个月左右的婴儿已经出现社会性的微笑；2~3岁儿童说话时也会带有表情和动作；3岁左右的儿童能比较准确地表达自己的感情，也能正确理解别人表露的情感，做出相应的反应。学前儿童的情绪发展有以下特点：

1. 从生物性向社会化发展

学前儿童早期的情绪表现与其生理需要的满足有关,比如吃完奶后的微笑是其吃饱了身体舒服的反应。随着年龄的增长,有好朋友和他一块玩,他会对其微笑,这时微笑的社会性成分较多。

2. 从情境性向深刻发展

学前儿童的情绪受外部环境的影响较大,如儿童正在哭泣,他很快被动画片中快乐的氛围所感染,变哭为笑了。到了中大班,幼儿的情绪与环境之间的关系更复杂,在一种环境里,他们可能会有不同的情绪反应;同一种情绪也可能是由不同的原因引起的。这说明学前儿童对环境与情绪之间关系的理解趋于深刻。

3. 从冲动外露向冷静内隐发展

学前儿童刚开始对情绪的控制能力较弱,在外界因素的影响下会不加掩饰地表达自己的情绪。但随着其生活范围的扩大、人际交往经验的积累,他们对自己情绪调节的能力逐渐增强,学会了在特定场合掩饰自己的情绪。比如对于打防疫针,3 岁以内的儿童感觉到疼痛会哇哇大哭,有些儿童在看到穿白大褂的医生就会哭,可是随着年龄的增长,父母、老师的教育引导,再打防疫针时,虽然疼,但他们会忍着不哭,以示坚强和勇敢。

(二)学前儿童亲子依恋的发展

依恋表现为婴儿与主要照顾者(一般为母亲)特别亲近,不愿分离,他们之间存在着强烈、持久、亲密的情感联结。这种特殊的情感联结主要表现为一系列有固定倾向的行为:想接近某人;与该人分离时紧张不安,重聚时又很高兴;即使没有亲密接触,也喜欢朝向此人,愿意与之交往。

早期依恋的形成有助于培养婴儿对自己、父母、他人的信任感和安全感,产生积极的探索行为和勇敢的交往行为;还有助于儿童自我概念的形成、积极的情绪情感的发展和良好的社会行为的产生。美国心理学家鲍尔贝依据儿童行为的组织性、目的性与变通性的发展情况,把儿童依恋的产生与发展分为以下四个阶段:

1. 前依恋期(0 ~2 个月)

婴儿最初表现出的哭泣、微笑、咿呀呢喃等信号行为与依偎、要求拥抱等行为,是用来促进其与父母及其他照看者的亲近,并依此来获取慰藉和安全感。这一时期婴儿对所有人的反应是没有差别的,都以抓握、微笑等十分相同的方式对大多数人做出相似的反应。当他们饥饿或尿湿时,可以接受来自陌生人的关注与照顾。

2. 依恋关系建立期(2 ~7 个月)

这一时期婴儿表现出对母亲和熟悉的人更多的微笑、依偎、亲近、要求拥抱等行为,尤其对母亲更为依恋,特别愿意与之亲近,而对其他家庭成员的依恋就没有这样强烈。对陌生人的反应则更少,只有当陌生人主动向他微笑或逗笑时才会有所反应。当母亲离开时不太高兴,但也能忍耐暂时的分离。也有人称这个阶段为对人有选择的反应阶段。

3. 依恋关系明确期(7 个月至 2 岁)

这一时期儿童对特定个体的依恋真正确立,主要是对母亲或主要照顾者产生强烈、持久的依恋情感。这一阶段的儿童特别关注母亲的存在,当母亲与他在一起时,他会特别高兴,

而当母亲要离开时,他会哭闹着不让离开,当母亲再次出现时他会显得十分高兴。只有母亲在身边,儿童就能感觉到安全感,会很安心地玩耍,探索周围环境。对陌生人,他会表现出谨慎或恐惧,一般不愿搭理他们。这时,儿童对特定个体一致的依恋反应系统已经形成。

4. 目标调节的伙伴关系期(2 岁以后)

2 岁以后的儿童开始能理解父母的要求、愿望和情感,也能调节自己的行为,建立起双边的交往关系。此时的儿童虽然也不愿意与父母分离,但他们也能理解父母也有自己的事情要做,也要工作。与父母分离时,他们不会大哭大闹,并且相信父母下班后一定会回来和他们团聚。

3 岁以后,大部分幼儿进入幼儿园,他们逐渐把依恋的对象从父母身上转向老师和同伴。这时,儿童依恋行为的发展进入高级发展阶段——寻求老师和同伴的关注与赞许的反应阶段。尤其是年龄较大的儿童,对老师的依恋表现更明显,更多的寻求老师的注意与赞许。儿童对同伴的依恋主要是在游戏或学习的过程中形成的,比如共享玩具、食品或互相合作一起游戏等,这是幼儿同情心、友谊感等良好情感形成的前提。因此,对幼儿与老师、同伴在相互交往中形成的依恋之情要特别珍视并加以正确引导,使之健康成长。

(三)学前儿童道德感的发展

道德感是个体对自己或别人的言行举止是否符合社会道德标准而引起的情绪体验,它反映并影响着人的道德认知和道德行为。基本道德感的形成,是幼儿期情绪情感发展的一个重要特点。学前儿童道德感的发展经历道德感的萌芽、道德感的发展和道德评价的发展三个阶段。

1. 道德感的萌芽

3 岁前是儿童道德感的萌芽时期。1 岁儿童并没有真正意义的道德感,2、3 岁儿童才出现道德感的萌芽。如与其他小朋友友好相处,会引起友爱、互助、同情等情感,但这些体验是非常肤浅的、简单的。

2. 道德感的发展

在掌握道德观念的基础上,幼儿已经产生了初步的道德情感,如同情心、责任感、互助感等。在成人的教育下,随着自我意识的进一步发展,幼儿对他人和自己的行为是否符合道德标准产生了最初的体验。当自己和别人的言行符合道德规范受到表扬时,会产生高兴、满足、自豪的情感体验;当自己和别人的言行不符合道德规范受到批评时,幼儿便会产生难受、羞愧、内疚的情感体验。这时期幼儿的道德情感体验主要是成人要求、评价和强化的结果。受成人道德评价的影响,幼儿开始知道哪些行为是好的,哪些行为是不好的,逐渐知道为什么好,为什么不好。大班幼儿的道德感进一步发展和复杂化,爱同伴、爱集体等情感已经有了一定的稳定性。由于幼儿思维水平的限制,难以掌握抽象的道德概念,因此,幼儿期的道德感是不深刻的,大多是在模仿成人、执行成人的口头要求。

3. 道德评价的发展

幼儿道德评价的正确性随年龄的增长而增长,其道德评价的趋势是:从带有情绪性的评价到比较客观的评价;从复述成人的评价到提出自己的评价;从根据行为的效果评价到根据行为动机评价。比如在一个有趣的实验中,要求儿童判断两个故事中两个儿童的行为哪个

行为更坏些。故事一讲的是一个儿童不知道门后有一把椅子,椅子上有一个盘子,盘子里有15只杯子,他推门进去,门碰倒盘子,无意中把15只杯子打碎了。故事二讲的是一个儿童的妈妈外出,他想从碗柜里私自拿些点心吃,他爬上椅子去拿时,把一只杯子碰落掉到地上打碎了。研究结果发现,幼儿期的儿童认为造成损害程度大的是更坏的行为,所以认为打碎15只杯子的行为比做坏事时打碎一只杯子的行为更坏。可见,幼儿的道德判断是依据行为的结果来做出的。幼儿期以后,年龄较大的儿童逐渐从行为的"主观动机"去判断道德是非,会认为故事二中的行为更坏。因此,应当通过幼儿自身的行为使他知道应该怎样做,不应该怎样做,从而明白道理,养成良好的行为习惯。

三、学前儿童亲社会行为发展的特点

社会性行为是人们在交往活动中对他人或某一事件表现出的态度、言语和行为反应。根据其动机和目的,可以将社会性行为分为亲社会行为和反社会行为两类。亲社会行为是指人们在社会交往中所表现出来的谦让、帮助、合作、共享等有利于他人和社会的行为。反社会行为是指违反社会法律、法规或为社会所不能接受的行为。在学前儿童身上主要体现为一种不受欢迎但却经常发生的不良行为,通常表现为对他人打、抓、撞、骂、威胁等问题行为。(有关问题行为的相关内容在本书的第八章会专门论述,这里主要论述学前儿童亲社会行为发展的特点。)

儿童很早的时候就表现出亲社会行为,但这种行为是随着儿童的社会认知水平而发展变化的。观察发现,1岁以前,儿童已经能够通过微笑或发声表达对别人的友好。在人生的第二年,儿童的亲社会行为越来越明显地表现出来,他们常常把自己的玩具同其他小朋友分享,也能帮妈妈做些简单的事情。2岁以后,随着生活范围和交往经验的增多,儿童的亲社会行为进一步发展,他们逐渐能够根据一些不太明显的细微变化来识别他人的情绪体验,推断他人的处境并做出相应的抚慰或帮助行为。总的来说,学前儿童的亲社会行为主要表现在分享、助人、合作、安慰、谦让等几个方面,下面分别来论述它们的发展特点。

(一)学前儿童分享行为的发展特点

分享是亲社会行为的一种表现,是指儿童拿出自己拥有的物品同他人共享,使他人受益的行为。分享的对象物可以是食物、玩具、图书,也可以是快乐的心情。婴儿12个月时就表现出分享行为的萌芽,比如将玩具车放在大人的身上或大腿上开的行为就属于分享行为。儿童通过分享物品来保持同他人的积极交往。1~2岁儿童分享行为随年龄增长而增加得很快;2~3岁儿童的分享行为则随年龄增长而下降;3~6岁的儿童存在不同程度的分享行为,但行为的自觉性主动性程度有时会不同。有的是完全自愿的,有的是在成人和老师的启发下发生的。在分享食品和玩具的行为中,儿童更愿意和同伴分享玩具,不太愿意分享食物。瑞士苏黎世大学恩斯特·费尔主持的一项229名3~8岁儿童参与的分享糖果行为的实验结果表明,80%的7、8岁儿童愿意与另一名儿童平分糖果,而仅有9%的3、4岁儿童愿意与另一名儿童平分。这说明3、4岁儿童的更喜欢独占物品,随着年龄的增长,才慢慢变得大方起来。

(二)学前儿童助人行为发展的特点

助人就是对有困难者或需要帮助者提供各种形式的帮助。大部分的1.5岁的儿童已经愿意帮助成人做一些诸如整理杂志、叠衣服、扫地和整理床铺的家务。美国心理学家斯陶布(E. Staub)认为,儿童助人行为是随着年龄的增长而变化的,并且有其他儿童在场时,儿童会由于恐惧减少而增加助人行为。其研究结果表明,5~8岁期间儿童的助人行为是随着年龄的增长而增加的,有他人在场会促进儿童助人行为的发生。单独在场时,只有31.8%的儿童表现出助人行为,而两人在场时,则上升为61.8%。

(三)学前儿童合作行为发展的特点

合作是指两个或两个以上的个体为达到目标而协调活动,以促进一种既有利于自己又有利于他人的结果出现的行为。合作是一种基本的社会技能,也是一种重要的亲社会行为。瑞德克·耶如、赞·瓦克斯勒及查普曼(Radke, Zahn & Chapman,1983)认为,学前儿童的合作行为是在18~24个月开始迅速发生和分化的。绝大多数18~24个月儿童可以进行合作游戏,许多相关研究都证实了这点。布朗奈尔(Brownell,1989)发现,24个月的儿童与同伴能够相互协调行动以达到目标,18个月的儿童还比较困难,而24个月以后的儿童往往能更有效地进行社会性交往,更经常地进行合作性游戏。布朗奈尔等(Brownell &Carriger,1990)研究了64名12~15个月、18~21个月、21~27个月、30~33个月的儿童的合作与自我、他人区分的联系,结果发现儿童合作性的年龄差异。12个月的儿童基本不能解决合作性问题,50%左右的18个月儿童能偶然解决问题,大多数24、30个月的儿童能重复地解决问题。在合作性行为上,24、30个月儿童能相互协调,围绕任务采取相应的相互配合的行为。研究还发现具有高水平区分自我、他人能力的儿童更善于和同伴合作。由此可见,随着年龄的增长,交往经验的增多,学前儿童之间合作的目的性、稳定性逐渐增强,他们能够为实现共同目标而努力。

(四)学前儿童安慰行为发展的特点

安慰行为是指儿童觉察到他人的消极情绪状态,如烦恼、哭泣等,并试图通过语言或行动使他人消除消极情绪状态,变得高兴起来的亲社会行为。学前儿童的安慰行为出现得较早,在出生第二年就能对他人明显的难过神情做出哭泣的反应,而且会通过诸如拥抱、擦眼泪或轻轻拍打等动作对其表示安慰和关心。随着儿童年龄的增长,安慰行为的数量和质量都有所增加,安慰行为的频率更高,表达方式更丰富,如给正在哭泣的婴儿奶瓶或寻找看护人,也会通过“宝宝不哭”“妈妈一会就来”等语言安慰他们。随着儿童对他人情绪状态的理解能力的增强,其安慰行为也不断增多。

第二节　影响学前儿童社会性发展的因素

儿童社会性发展其实既是儿童社会化的过程，也是儿童成长为具有独立行为能力、适应社会的人的必经途径。儿童的社会性发展既受来自社会环境、社会群体、社会个体等外界因素的影响，又受儿童自身的遗传素质、个性等内在因素的影响，外因往往要通过内因起作用。这里主要讨论幼儿的个性、家庭、幼儿园、社区与大众传媒这四方面对学前儿童社会性发展的影响作用，从而为促进其健康的发展提供教育依据和建议。

一、幼儿个性对学前儿童社会性发展的影响

个性是一个人全部心理活动的总和，或者说是具有一定倾向性的各种心理特点或品质的独特组合。个性是在个体的各种心理过程、各种心理成分发生发展的基础上形成的。2 岁前的儿童，各种心理过程还没有完全发展起来，也不能形成个性；2 岁后，个性开始萌芽；3 ~6 岁是个性形成的开始时期，这个阶段有稳定倾向性的各种心理活动开始结合为整体，形成各人独特的个性雏形。这些儿童个性中的结构成分如气质、自我意识、性格、能力等都对学前儿童社会性的发展起着重要的作用。

（一）气质对学前儿童社会性发展的影响

气质是一个人所特有的心理活动的动力特征，是个性和社会性发展的生物基础，使人的整个心理活动带上个人独特的色彩，制约着心理活动发展的特点。气质和人的生理解剖特点直接相关，儿童生来就具有个人的气质特点。

传统的气质类型的划分以高级神经活动为标准，由古希腊医生希波克利特将气质划分为：抑郁质、胆汁质、黏液质、多血质。切斯（Chess，1976）等人在对婴儿进行大量追踪研究的基础上，根据其确立的气质九维度标准，将儿童的气质类型划分为以下几种类型：第一种是容易型，大约占 40%，这类儿童易于适应环境，生活习惯规律，情绪愉快，喜欢探索，主动与人交往；第二种是困难型，大约占 10%，这类儿童难以适应环境，生活无节律，负性情绪多，对新异刺激反应消极；第三种是迟缓型，大约占 15%，这类儿童适应环境缓慢，生活习惯逐渐变化，情绪通常不甚愉快，对新刺激慢慢感兴趣。另外还有 35% 的儿童属于中间型或过渡（交叉）型。这类儿童身上的气质维度表现得不太明显，可能介于前三种气质类型的中间，也可能兼具以上三种气质类型的某些特点。

首先，气质对学前儿童社会性发展的影响表现在其对儿童身体发育的影响。困难型气质的儿童，父母对其关注较多，更容易发现他们的疾病，容易型的儿童患病时容易受到父母的忽视和医生的误诊。前者遭受意外损伤和虐待的居多；后者则较容易挨饿。

其次，气质对儿童的社会认知也有非常重要的影响，主要体现在对儿童认知活动的影响。我国著名心理学家、北京师范大学林崇德教授经过多年的研究发现：多血质和胆汁质的儿童在解题速度以及灵活性方面明显高于抑郁质和黏液质的儿童，多血质和胆汁质的儿童

的情绪、情感的感受性较强，抑制力和控制力就比较弱，所以他们难以从事一些需要细致性和持久性的智力活动；反之，抑郁质和黏液质儿童的情绪、情感的感受性较弱，对自我的体验相当深刻，非常善于自我反省，所以他们的控制力和抑制力比多血质和胆汁质的儿童较强，因此他们比较适合从事一些需要细致和持久耐力的智力活动。

再次，气质也对学前儿童的性别角色产生影响。男孩和女孩由于生理结构和气质的差别，造成他们在社会化的过程中，获得了不同性别的价值观、动机和行为。男孩的性别角色知识发展的速度高于女孩，且其性别角色知识也远比女孩丰富和详细。在社会行为方面，女孩对比自己年龄小的儿童抚养行为显著多于男孩，而男孩的支配和攻击性行为多于女孩；男孩对父母的管教较多表现出抗议、不依从的行为，女孩则更多地表现出听话、顺从的行为。男女儿童对玩具的选择也表现出性别差异，男孩通常喜欢玩枪、汽车、建筑积木等玩具，而女孩则偏好洋娃娃和其他软体动物玩具。

最后，气质也与学前儿童的亲子关系有着密切的关系。容易型儿童的气质特点对亲子关系产生积极的影响。这类儿童活泼、愉快、爱玩，他们通常会受到成人极大的关注和喜欢，与父母的亲子关系比较融洽和亲密。困难型儿童的气质特点对亲子关系则产生消极的影响。这类儿童的主导心境是不愉快的，与成人的关系不亲密，有时父母对孩子的吵闹会感到束手无策，继而产生厌烦和倦怠心理。不同气质特点的儿童与父母之间的依恋模式也不一样。美国心理学家安思沃斯和她的同事们根据婴儿在“陌生情景”实验中的表现，将儿童的依恋分为性质不同的三种模式：焦虑－回避型依恋、安全型依恋、焦虑－抗拒型依恋。不同的依恋性质表现出不同的动力特征。安全型儿童情绪健康、稳定、自信、友善、乐于探索，反映了亲子关系的和谐性、情感的包容性；焦虑－回避型儿童似乎缺乏对爱的反应，倾向排斥、独立，情绪活动水平低，反映了亲子间情感联系的缺乏；焦虑－抗拒型儿童情绪不稳定，排斥与接纳并存，依附性较强，缺乏自信，反映亲子关系的矛盾性以及情感需要的冲突，儿童难以实现自我统一。总的来说，气质是影响儿童行为的动力特征的关键因素，在很大程度上赋予儿童依恋行为以特定的速度和强度，制约着儿童的反应方式和活动水平。

（二）自我意识对学前儿童社会性发展的影响

自我意识的发生发展也是个性形成的重要组成部分。自我意识是主体对自己的反映过程。认识的客体就是主体本身，“自我”既是反映者，又是被反映者。儿童在社会性发展的过程中，只有对自己有一定的认识和了解，才能逐渐地对自己的认知、态度、情感和行为做出适当的调节。可以说自我意识是学前儿童社会性发展的基础，学前儿童自我意识的不断发展，促进其社会性的发展。

（三）性格对学前儿童社会性发展的影响

性格是个性中最重要的心理特征，表现在对客体现实的稳固态度和惯常的行为方式中。性格主要受后天环境的影响而在出生头几年逐渐形成。不同的性格对儿童的社会化发展有着不同程度的影响。活泼开朗的儿童容易在幼儿园或其他场所得到大家的欢心，而沉默寡言的儿童则会被大家忽视。性子急的孩子饿了立刻大哭大闹，这使得成人不得不马上放下一切其他事情，急忙给他喂奶，以后可能形成不能等待别人、其要求必须立即满足的态度和

习惯。而对那些饿了只是细声哼哼的孩子,成人则可能把手头的事情做完,再去喂奶,这类儿童则可以培养成自制的性格特征。最初的性格特征对幼儿的个性形成起着重要的作用。性格比较顺从的婴幼儿,容易遵照成人的吩咐和集体规则行事,以后将仍然形成稳定的与人和睦相处、守纪律的性格;而最初形成的任性的萌芽,要求别人处处依从其意愿的婴幼儿,以后很可能形成任性的性格。因此,要重视对婴幼儿早期良好性格的培养,为其社会性的健康发展打下基础。

(四)能力对学前儿童社会性发展的影响

能力是个性心理特征之一。它是复杂的心理结构,在不同的活动中表现出来的能力,是由多种成分结合而成的。学前儿童的能力与诸多非智力因素(知识、性格等)有着密切的关系。掌握知识技能可以促进能力的发展,一个人对某个领域的知识技能掌握越多,他在这个领域内解决问题的能力就越强。如儿童对人际交往的相关知识、人际交往技巧的掌握能促进其与他人建立良好的关系,恰当地处理人际冲突,成为群体中受欢迎的儿童,从而更好地发展其社会性。由此可见,能力对学前儿童社会性的发展也起着重要的作用,应重视对儿童社会能力的培养。

二、家庭对学前儿童社会性发展的影响

家庭是儿童最初生活的场所,父母是他们的第一任老师,儿童的社会化开始于家庭。学前儿童大部分时间都在家庭中度过,家庭成员尤其是父母的抚养和教育,使儿童慢慢习得社会生活的基本行为规范,掌握基本的知识和技能,为其适应社会生活打下重要的基础。家庭对儿童社会化的影响是潜移默化的,家庭的结构、家庭的环境、亲子关系、家长的教养观念等都对儿童的社会性发展起着不同程度的影响。

(一)家庭结构对学前儿童社会性发展的影响

家庭结构是指家庭中的构成和人数。家庭结构类型主要有以下几种:一是核心家庭,即父母与未婚子女一起居住;二是主干家庭,即由祖辈、父辈、孙辈三代人构成的家庭类型;三是单亲家庭或离异家庭,即父母一方死亡,或者由于种种原因导致离异等造成的家庭结构缺损。前两种家庭结构也称“完整家庭”,后一种家庭结构也称“缺损家庭”。不同的家庭结构类型对儿童社会性发展起着不同的影响作用。我国学者吴凤岗的研究发现,核心家庭幼儿在独立性、自制力、敢为性、合群性、聪慧性、情绪特征、自尊心、文明礼貌及行为习惯等九个方面均好于主干家庭的幼儿。另一项研究表明,与完整家庭子女相比,离异家庭子女与同伴、父母关系较差,自我评价过高,自我控制能力较低,在情绪、品德、性格、学习等方面表现出问题的人数比例较高。

近几年来,世界各国均出现了家庭结构核心化和子女数目减少的趋势。在我国,由于计划生育政策的实施和生活成本的增大,独生子女剧增,家庭结构也发生了巨大的变化。独生子女的社会性发展体现出以下特征:第一,儿童社会知识面拓宽,知识占有量增多;第二,儿童自我意识不断上升,民主、平等的处事原则在心理萌芽;第三,儿童生活自理能力较低;第四,儿童同伴交往能力减弱,解决人际冲突的能力偏低。针对以上独生子女社会性发展中的

问题，父母应多提供孩子与同伴交往的机会，并引导他们理智地处理人际冲突，在生活中，要增强对孩子生活自理能力和独立解决问题能力的培养。

（二）家庭环境对学前儿童社会性发展的影响

家庭环境包括父母为子女成长所提供的物质条件和父母为子女所营造的家庭氛围。实践证明，优越的物质条件可以使儿童拥有充裕的学习用品和社会学习机会，孩子各方面的兴趣和爱好容易得到满足，因而产生积极情感的可能性就越大，这对儿童的自我意识、独立性及创造性的发展十分有益。

当然，这并不是说父母只要为孩子准备充足的物质条件就够了，从而忽视与他们的沟通交流以及父母的言传身教。其实，良好的家庭氛围对孩子的健康成长起着更重要的作用。我国著名作家吴祖光的孙子吴欢写得一手好字，别人问他："从来没见你练过字，怎么还写得如此好？"吴欢说："我从小就在爷爷的书桌上爬，至少我也是从那儿爬过来的。"耳濡目染、潜移默化就是家庭文化氛围对儿童的影响，父母要尽量为儿童创建一个爱读书、爱学习、求上进的家庭文化氛围，并要以身作则，用自己的言行为孩子树立良好的榜样。另外，家庭成员之间要相互尊重爱护，以诚相待，建立和谐、融洽的夫妻关系，为儿童的成长创建一个愉快、美满、幸福的家庭环境。实践证明，如果孩子生活在宁静愉快的家庭环境中，就会有安全感，乐观、信心十足、待人友善；如果生活在气氛紧张、冲突不断的家庭环境中，孩子就会缺乏安全感，总是担心家庭纷争的出现，害怕父母迁怒于自己而紧张、焦虑、忧心忡忡，就会对人不信任，和同伴的关系很难协调。

（三）亲子关系对学前儿童社会性发展的影响

国内外的相关研究证明，亲子关系和早期家庭教育是儿童社会化及人格发展的核心和主要动因，对儿童的成长有着决定性的影响。儿童的人际交往能力最初是在家庭中和父母交往的过程中形成的。如果父母与孩子形成一种友好、平等、民主、和睦的交往关系，孩子就会讲道理，与人和睦相处，容易受到同伴的欢迎。

在亲子关系中，母亲对孩子社会性发展会产生特殊的影响，可以说是影响儿童社会性发展的关键因素。母婴关系是儿童社会交往的基础，是儿童接触社会的媒介。包德温（A. L. Baldwin）等人研究了母亲对孩子的影响，认为母亲的教养态度和孩子性格的形成有密切的关系。如果母亲是专制、冷漠、支配的，孩子则是攻击、情绪不稳定、依赖、顺从的；如果母亲是干涉的，孩子则是幼稚、胆小、神经质、被动的；如果母亲是拒绝的，孩子则是反抗、冷漠、自高自大的；如果母亲是民主的，孩子则是合作、独立、温顺、社交的。①

父亲对儿童性别角色的社会化起着重要的作用。父亲为男孩提供了模仿的榜样，男性的勇敢、豁达、进取、坚强等品质通过父子交往传递给孩子，使其也具有相应的男性化品质。父亲为女孩提供了与异性交往的机会，父亲对女孩的关爱，使其获得安全感和特有的受保护性心理，获得对异性的基本看法，而且能发展其坚韧、果断和乐观自信的人格特征。因此，父母应多花时间同孩子交流、沟通，多倾听孩子的心声，成为孩子的良师益友。

---

① 叶奕乾，孔克勤：《个性心理学》，华东师范大学出版社1993年版，第186页。

（四）家长的教养观念对学前儿童社会性发展的影响

家长的教养观念是指家长在养育子女的过程中，对孩子的发展和教育等方面所持有的观念和看法。家长的教养观念通常体现在教养态度、对子女的期望、教养方式和教养行为中。而家长的教养方式是影响儿童社会性发展的重要因素，家长的教养方式可以分为民主型、专制型、溺爱型和忽视型四种。民主型父母对儿童的态度积极肯定，热情地对儿童的要求、愿望和行为进行反应，尊重儿童的意见和观点，鼓励他们表达自己的想法并参与讨论，他们对儿童的要求明确，并坚决执行，对儿童的不良行为加以抑制和纠正，对其良好行为加以支持和肯定。民主型教养方式是最理想的教养方式，可以增强儿童的独立性、自尊感、自信心、解决问题的能力和人际交往的能力。专制型的父母不允许儿童违背成人的意志，往往采取强硬措施要求儿童遵守有关规则，给予孩子的温暖和同情较少。这类教养方式下的儿童大多缺乏主动性，容易胆小、怯懦、抑郁，有自卑感，容易情绪化，不善于与人交往。溺爱型的父母对儿童充满积极肯定的情感，但缺乏控制，对儿童的不当行为也不加管束，甚至袒护纵容。这种教养方式下的孩子往往依赖性较强，具有较高的冲动性和攻击性，缺乏责任感，行为缺乏自制，人际关系不佳。忽视型父母对孩子漠不关心，对孩子的行为缺乏要求和控制，甚至不予理睬。这种教养方式下的儿童自信心较差，很少替别人考虑，对人缺乏热情和关心，甚至出现孤独、自闭倾向。因此，父母要不断提高自身素养，更新教养观念，加强亲子间的沟通，采取民主的方式和孩子相处，注重孩子的心理发展和各种能力的培养。

三、幼儿园对学前儿童社会性发展的影响

在幼儿期，除家庭外，学前儿童在幼儿园的时间最多，幼儿园对学前儿童的影响是最直接，也是最大的。大量研究表明，幼儿园的物理环境和空间使用状况对学前儿童的行为表现会有较大的影响；幼儿园的心理环境更是影响学前儿童社会性发展的重要因素。因此，我们应通过创设良好的幼儿园环境，促进学前儿童社会性的发展。

（一）幼儿园物理环境对学前儿童社会性发展的影响

幼儿园园舍、活动室、儿童活动材料等构成了幼儿园的物理环境，这些物质的选择、安排和布置等对儿童的社会性发展起到了重要的作用。国内外许多学者研究发现，幼儿园活动空间密度高于一定界限，可能导致学前儿童在自由选择的游戏活动中较多地产生消极的社会性行为；过分的刺激性色彩和过于复杂、夸张的布置，容易引起幼儿的注意力分散，或使幼儿感到烦躁。此外，活动材料的种类、样式、数量配置关系以及陈列方式等，也与幼儿的发展有密切的关系。在运用游戏、操作类材料的活动过程中，幼儿开展交流、合作、模仿、协商、互学等积极交往行为。在活动面积较大和活动材料丰富的情况下，儿童表现出来的侵犯性和破坏性行为都低于活动空间小、活动材料贫乏情况下的类似行为。类似于枪、棍状的玩具容易使儿童的攻击行为增多，而积木、积塑等玩具则有利于儿童的交流、合作、协商等行为的发生。

（二）幼儿园心理环境对学前儿童社会性发展的影响

幼儿园的心理环境主要指幼儿园的人际关系及一般的心理气氛等，具体体现在教师与

幼儿、幼儿与幼儿、教师与教师间的相互作用、交往方式等方面。幼儿园的心理环境虽然是无形的，却直接影响着学前儿童社会性的发展。儿童只有在支持性强、控制适度、温暖和睦、宽容友好的心理环境中，才能放松身心、心情愉快，交往积极、主动，容易产生合作、帮助等良好行为。

1. 师幼交往对学前儿童社会性发展的影响

教师是儿童在幼儿园的主要交往者，他们的言谈举止、情感态度、人生观、价值观等，都对儿童的态度、情感、行为有着广泛、深远的影响。教师通过与幼儿的交往，对其社会知识技能的获得、同伴交往、亲子交往等社会性发展过程有着积极的作用。

第一，师幼交往有利于增强学前儿童的安全感、自信心和环境适应能力。实践研究证明，在师幼交往过程中，教师对幼儿表现出温暖、关心、接纳等积极的情感态度，会使幼儿乐于接受教师的教导，有利于促进幼儿社会性发展。教师如果把幼儿当作具有独立人格的人，爱护他们的自尊心、尊重他们的人格，就会与他们建立起和谐、平等、互相依赖的师幼关系，进而帮助他们建立起安全感、归属感，促进他们与他人、与同伴的积极交往。在师幼交往中建立起的安全感也是学前儿童探索周围环境，积极学习，发挥其潜能的基础。国外相关研究还表明，师幼关系对幼儿社会适应性的发展有着重要的影响，甚至会影响学前儿童在入小学后前三年的适应能力和行为。当幼儿从熟悉的家庭走进陌生的幼儿园，面对家庭与幼儿园环境的巨大反差，幼儿产生了其一生中最大的“分离焦虑”，很多儿童都会不知所措，这时，如果教师能给幼儿以亲切感和安全感，对于幼儿尽快适应幼儿园环境有着非常重要的帮助作用。

第二，师幼交往有利于同伴交往能力的发展。在良好和谐的师幼交往过程中，学前儿童通过观察、模仿、学习，逐渐习得各种同伴交往的技巧，如分享、合作、协商等，这有利于学前儿童和同伴之间形成学习和发展的合作性学习氛围，从而与同伴建立积极、友好的关系。教师不经意的评价，如“他是坏孩子，我们不要跟他玩”都会对其与同伴的关系产生不良影响，可能导致没有孩子和他玩，甚至大家都孤立他。因此，教师应注意自己对幼儿的评价，应多以肯定和鼓励性评价为主。

第三，师幼交往有利于学前儿童自我概念的发展。学前儿童自我概念是其关于自身特点和本质的反映，是关于自己比较稳定的看法。教师通过每天管理和照顾儿童生活，向他们传授知识、技能等，在儿童心目中有着非常重要的地位，往往被儿童当成重要的权威。教师对其的评价会影响其对自己的认识和看法，如常常听到孩子说“我很聪明”或“我很笨”，当被问到为什么时，他会说“老师是这么说的”。在良好的师幼交往中，学前儿童可以加深对自己特征的了解，包括身体、心理以及社会特征的了解。相关研究发现，师幼交往对学前儿童自我评价、自我意识、自我概念的形成有重要的影响，特别是交往过程中教师的高期望、高评价起着决定性的作用，师幼交往的频率可能影响学前儿童自我概念的形成和自我意识的发展。

2. 同伴交往对学前儿童社会性发展的影响

在幼儿园中，除了师幼交往之外，同伴交往也是幼儿园生活中不可缺少、发生次数最多的交往方式。同伴交往在促进学前儿童社会性发展方面具有独特的作用，具体表现在以下

三个方面。

第一,同伴交往是促进儿童社会能力发展的重要途径。同伴交往与亲子交往、师幼交往有很大的不同,幼儿与成人之间的交往是对权威的尊重与服从,总是受到成人的控制与指挥,而与同伴之间的交往则更自由、平等、主动,幼儿可以自由地表达自己的意见,可以主动发起交往,选择交往的内容和方式。同伴交往在儿童社会能力发展中起着成人交往无法替代的作用。学前儿童在与同伴交往的过程中,逐渐学会站在他人的角度思考问题,克服自私、任性的弱点,掌握合作、交往、分享等方面的基本社会技能。为了顺利地完成某项活动,为了获得同伴的友谊,儿童会在与同伴交往中不断地控制、调整自己的不当行为,学着和同伴互相交流、达成共识。儿童也在与同伴的矛盾冲突中慢慢学会自己处理问题,不断积累经验。在同伴的影响和鼓励下,儿童身上的一些不友好的行为,如抢夺玩具、打人骂人等会逐渐消失,诸如分享、合作、协商等积极、友好的行为逐渐出现。正是在与同伴的交往过程中,儿童的社会观点采择能力、社会认知能力、社会交往技能等不断增强。

第二,稳定的同伴关系是满足儿童社会交往需要、获得社会支持和安全感的重要源泉。在与同伴交往过程中,儿童与同伴建立的稳定、良好的同伴关系和良好的亲子关系、师幼关系一样,能满足他们与人交往、建立亲密关系的社会需要,并且给其以安全感和归属感。安娜·弗洛伊德和索菲·唐(Anna Freud & Sophie Dan,1951)的研究证明了同伴关系可以弥补亲子关系的缺失。同伴的认可、赞扬,也让儿童感受到情感的支持,体验到自身的价值,更积极地去参与活动,表现自己。

第三,同伴交往经验有利于儿童自我概念和人格的发展。儿童在与同伴的交往过程中,通过对同伴的认识来认识自己,形成自我概念。同伴的行为和表现就像一面“镜子”,为儿童提供自我认识、自我评价的参照,在对照比较的过程中,儿童更好地认识自己。儿童在同伴交往中通过来自各种具有不同价值体系背景的儿童来检验自己的观念和情感等,从同伴交往中获得的经验对塑造其个性、价值观及人生态度都有独特的、重要的影响。

3. 教师与教师的交往对学前儿童社会性发展的影响

教师与教师之间的交往也对学前儿童社会性发展起着重要的作用。首先,教师之间的交往方式为学前儿童的社会交往提供了榜样。教师之间如果能相互帮助、相互关心、相互合作,儿童自然也会以教师为榜样,学会与同伴合作、互助等良好的社会行为。其次,教师之间形成的融洽交往氛围可以为班级、幼儿园创设良好的心理氛围。这种关心、温暖的心理气氛容易激发幼儿更多积极、友好的社会行为。在这种良好的环境中,幼儿耳濡目染,逐渐学会理解别人的情感和需求,并能以正确、恰当的方式与人相处。

四、社区与大众媒体对学前儿童社会性发展的影响

社区与大众媒体是影响学前儿童社会性发展的社会环境,它对生存在社会中的每个个体都有潜移默化的影响。每个人都离不开社会,都要从自然人转变为社会人。社会中的文化风俗、大众媒体、道德观念、机构设置等对人的发展都起着重要的作用。

(一)社区对学前儿童社会性发展的影响

社区是儿童生活居住的环境。不同的社区环境对儿童身心的发展作用不同。生活在农

村的孩子一般比较诚实、勤奋，但在与人交往时表现得比较胆小、拘谨；生活在城市的孩子往往以自我为中心，但在与人交往时比较主动、健谈。这和他们从小生活的环境有很大关系。很多农村父母在家里来客人后，害怕孩子在家添乱，就把孩子支开，而城市父母在家里来客人后，往往首先介绍孩子，鼓励孩子主动和客人打招呼、交谈。此外，城乡教育观念和教育条件的不同，也造成了城乡儿童社会性发展的差异。

实践还表明，居住在学校附近的儿童与居住在商业区附近的儿童对读书、经商的理解不同，居住在火车站附近的儿童对火车的认识就比其他儿童多，住在医院附近的儿童对于生老病死的认识要比其他儿童早得多。另外，儿童所在社区人员素质、社区配套设施、教育机构、教育资源等，都对儿童社会性的发展有所影响。

（二）大众媒体对学前儿童社会性发展的影响

大众媒体是传播信息的载体，主要包括电影、电视、广播、报纸、杂志、书籍、电子游戏机、录音带、录像带、互联网等。随着大众传播媒体的普及，可以说其是我们生存环境的一部分，对儿童社会性发展的影响也越来越大。其中，电视是最重要的一种传播媒体，以不可抗拒之势渗透到社会生活的方方面面。有调查表明，学前儿童每天看电视的时间平均为 2～3 小时，节假日会更多。在相当长的时间内，电视节目的内容对儿童产生了重要的影响。

电视对学前儿童的影响是多方面的。电视节目中很多有教育意义的动画片、少儿节目等对儿童的社会学习具有积极的作用。如电视节目中的一些孝顺、助人、友善、合作等利他行为，对学前儿童的社会性行为起着正向的引导作用。电视节目以自己独特的方式向学前儿童提供仿效和学习的社会行为模式和行为规范，为学前儿童提供各种社会角色的形象范例。

当然，电视除了对学前儿童社会性发展有积极作用外，也有消极作用。电视节目中的一些暴力、恐怖的内容，也可能成为学前儿童模仿的对象。首先，部分学前儿童迷恋于电视，很少参加户外活动，与同伴、父母等之间的互动交流减少，人际关系较差，性格变得孤僻，对人的感情冷漠，这都妨碍了其社会性的发展。其次，电视中播放的一些暴力、恐怖内容会增加学前儿童的攻击性行为。学前儿童的模仿能力很强，并且对电视中的暴力、恐怖画面很敏感，轻则自己晚上做噩梦，重则将这些暴力行为施加于物品或他人身上，造成很多不必要的伤害。一些节目内容也可能会刺激儿童内心已有的不良感受，加深不满情绪，使儿童出现憎恨、反叛等心理，出现更多的攻击性行为。

另一种对学前儿童影响较大的媒体是互联网。随着科学技术的进步，网络已成为人们获取信息的重要工具，它不仅提高了人们的工作效率，而且也给人们的学习和生活提供了巨大的帮助。网络上丰富的知识可以使儿童轻松地了解各地的风土人情、民间习俗、地域文化，激发了儿童热爱社会文化、参与社会生活的情感。网络也为儿童提供了多媒体学习环境，让儿童在看、听、说、做的过程中接近了社会。网络使儿童进入了一个更新、更有趣的世界，对儿童社会化的影响也越来越大。但是，网络上的内容良莠不齐，学前儿童的分辨能力较弱，部分儿童沉迷于网络游戏不能自拔，需要教师和家长对孩子加以正向引导和适当限制，才能发挥网络对儿童社会性发展的积极影响。

第三节　学前儿童社会性发展的主要理论

儿童社会性发展的研究始于20世纪30年代，到20世纪70年代末期，心理学家提出的关于儿童社会性发展的理论学说主要有三种：精神分析理论、社会学习理论和认知发展理论。而生态学理论是一种新兴的关于儿童社会性发展的理论。

一、精神分析理论

弗洛伊德(S. Freud)是精神分析学派的创始人，在对他的患者治疗的过程中发现，个体童年期的生活经验在成年期的人格发展中起着十分重要的作用。

弗洛伊德认为人格是由本我、自我和超我三个部分组成的动态能量系统，能量在人格中的分布情况决定了儿童行为的特点。本我处在潜意识中，是与生俱来的，包含了个体的一切原始的冲动和本能欲望。它遵循快乐原则来发泄本能的冲动，而这种本能冲动是整个人格系统的能量来源，是整个人格系统的基础。

本我是天生就有的，而自我却是儿童在生命的头两年里通过与环境不断的相互作用形成的，是从本我中分化发展而来的。自我要反应分析现实，尽量满足本我的需要，同时还受到超我的监督。它本身没有能量，必须从本我中汲取能量，因而本质上是依附于本我的，它最根本的目的是为本我的本能满足服务，不同的是它遵循现实原则。

儿童在大约5岁时开始形成超我，超我处在人格的最高层次，是从自我中发展而来的道德化了的自我，它遵循至善原则进行自我监督。超我包括自我理想和良心，自我理想是通过赞赏以及表扬形成的，而良心则是儿童在受到惩罚时形成的。

总之，弗洛伊德认为，人体是一个复杂的能量系统，存在于潜意识中的性本能是人的心理的基本动力。弗洛伊德所指的“性”，不仅包括两性关系，还包括儿童由吮吸、排泄和身体某些部位受刺激而产生的快感。在人的生活中，性的能量——力比多既可以直接表现为性欲，也可能被压抑在潜意识中，还可能转化为艺术、科学、哲学等高级文化活动。因此，在弗洛伊德的眼中，心理的发展也就是性的发展，即一个人人格的发展和适应都源于力比多投注于人体有关部位的变化和发展。在人的发展过程中，相继有不同的身体部位成为力比多的活动和兴奋中心，这些部位就叫作性感区。据此，弗洛伊德将儿童心理发展划分为五个阶段，即口唇期(0～1岁)、肛门期(1～3岁)、前生殖器期(3～6岁)、潜伏期(6～11岁)、青春期(11～13岁开始)。

弗洛伊德认为，人在个性发展方面的许多差异都是由于上述各个发展阶段进展的不同情况造成的。在力比多的发展过程中，儿童在某一阶段如果得到过多满足或受到过多挫折，就会在其人格中留有该阶段的特定印记，造成儿童在某一阶段的固着和退化。任何一个心理活动都与另外的心理活动有因果关系；所有的心理活动都是持续的；现在的心理特征或病症可以追溯到过去，追溯到幼儿期。总之他认为心理发展是有阶段的，心理的发展是有其生

理基础的，性欲的发展是心理发展的内部机制。

口唇期(0~1岁)。婴儿出生后，最大的生理需要是获得食物，维持营养。新生儿的吸吮动作是快感的来源，口唇是产生快感最集中的区域。弗洛伊德将口唇期又细分为前后两期，前期是0~6个月，此时儿童还没有现实的人和物的概念，世界仿佛是“无对象的”，只是渴望得到快乐和满足。后期为6~12个月，儿童开始分化人与物，开始认识自己的母亲。母亲的到来引起快乐，母亲的离去引起焦虑。

肛门期(1~3岁)。除吸吮外，儿童最感兴趣的是排泄。排泄时所产生的轻松的快感，使儿童进一步注意到自己的身体，注意到生殖器官。儿童往往欢喜成人抚摸他们的身体，尤其是臀部，生殖器部位的刺激形成更强烈的快感。在弗洛伊德看来，这明显地带有性欲的色彩。但这个时期尚不属于生殖器期，因为占优势的不是生殖器的本能，而是肛门的本能。

前生殖器期(3~6岁)。弗洛伊德认为儿童这时已经有了性生活，主要指的是儿童依恋异性父母的奥狄帕司情结或恋母情结。

潜伏期(6~11岁)。儿童进入潜伏期，他们的性欲的发展呈现出一种停滞或退化的现象。这时期的儿童深知他们在幼儿时期所具有的许多幼稚的嗜好是被社会看不起的，如公开地抚摸、玩弄生殖器是件不好的事，于是，儿童只好放弃这种获取快乐的游戏，儿童学会了要兼顾快乐原则和现实原则。这一进步的积极意义是儿童学会了道德观念，培养了羞耻的情感。它的消极意义是压抑作用开始启动，早年的一些性的欲望由于与道德、习俗、宗教、文化等不相容而被压抑到潜意识之中。因此，6岁以后的儿童很少再有性欲的表现。

青春期(11~13岁开始)。女孩自11岁，男孩自13岁起，随着性腺的发达和性器官的发育，儿童进入了青春期。性的能量像成年人一样地涌动出来，儿童力争从父母的控制中解脱出来，建立自己的生活。

以上反映了弗洛伊德学说对儿童心理发展阶段的划分，我们可以看出，第一，心理发展是有阶段的；第二，心理的发展是有其生理基础的，性欲的发展是心理发展的内部机制；第三，儿童早期的性经验与家长具有十分密切的关系，家长的教养态度和方法对儿童心理发展至关重要。弗洛伊德的心理性欲发展阶段的揭示，反映了在常态情况下，儿童心理发展的普遍趋势。但在个体的发展过程中，来自各方面的因素都可能导致心理性欲的发展偏离常态，于是出现了力比多的非常态发展形态：停滞和退化。在力比多的发展过程中，有一部分心理机能由于在某一阶段得到过度满足或过度失望而停留在原先的阶段，不再继续发展到下一个阶段，称为停滞(或称为固结、执着)。这会形成特定时期的人格障碍，比如口腔型人格特征表现为：悲观、依赖、被动、退缩、仇恨等。肛门型人格特征表现为：邋遢、浪费、放肆、冷酷、顽固、吝啬等。前生殖器期人格表现为：对异性父母产生恋父或恋母情结，对同性别父母想取而代之。

弗洛伊德的精神分析理论是心理学史上最早的对人的社会性发展过程的描述，对后来的研究有重要的启示作用。

新精神分析理论的代表是美国心理学家埃里克森(E. H. Erikson)。埃里克森针对弗洛伊德理论的不足进一步发展了精神分析理论，提出了自己的理论。埃里克森认为，在人的心理发展过程中，自我与社会环境是相互作用的。人在发展中逐渐形成的人格，是生物、

心理和社会三个方面的因素组成的统一体。在人格发展的过程中,可以按主要冲突的不同,划分为不同的阶段。他把人的一生从出生到死亡划分为八个相互联系的阶段。每一个阶段都包含着两个对立的双极相互斗争的特定心理社会任务。个人在发展任务的斗争和解决的过程中,按次序向下一阶段过渡。各阶段的发展任务解决顺利与否,直接影响到个人未来人格和生活的具体方面。如果个体在某一阶段未能很好解决发展任务,那么,儿童也可以由此获得克服不适应发展的机会,通过教育在下一个阶段得到补偿。

自我发展最初是通过心力内投和投射的过程产生的,继而是通过自居作用,再后是通过同一性的形成而实现的。这些途径并不是自我发展的阶段,而是自我形成和转化的形式。儿童晚期和青年早期的自居作用为儿童提供了有意义的角色层次,形成同一性。但心力内投和自居作用都不能说明真正的同一性。真正的同一性不是前二者的总和,而是对自己的本质、信仰和一生中重要方面前后一致的及较为完善的意识,也就是个人的内部状态与外部环境的整合和协调一致。说得通俗些就是将人格发展的不同水平之间不可避免地存在着的间断性加以沟通和整合。

同一性渐成的发展阶段。埃里克森把个体从出生到临终的一生称为生命周期。同一性的形成是一个终身的过程。在生命周期中,机体的成长遵循着渐成性原则,即任何生长的东西都是有一个基本方案,各部分从这个方案中发生,每一部分在某一时间各有其特殊优势,直到所有部分都发生,进而形成了一个有功能的整体为止。为此,埃里克森将同一性的渐成划分为以下八个阶段:

第一阶段,婴儿期(0~1.5岁),此阶段的发展任务是获得信任感和克服不信任感。体验着希望的实现。(口唇期)婴儿把母亲的品质和母爱加以内化,同时又把自己的感情投射给母亲,这带有亲子相互调节的社会性的情绪和态度,也就是相依性,它是信任感的实质核心,也是推动母亲去积极照料儿童的主要动力。婴儿学会了调节自己的准备状态与母亲的方法相适应,而母亲则在发展和协调自己的给予方法时允许婴儿协调他的获取方法。这样,婴儿完成了接纳母亲的爱并把它合并到自己的心理中去的两项活动,使儿童学会先爱自己,后爱别人。人生之初的信任感可以使儿童将来在社会上成为易于信赖和满足的人,反之,易成为不信任他人和苛刻的人。

第二阶段,儿童早期(1.5~3岁),此阶段的发展任务是获得自主感而克服羞怯和疑虑感,体验着意志的实现。儿童进入这一阶段后,生理的成熟和活动的经验迅速增长。儿童具备了更加多样的动作能力和必要的认知能力,还发展了社会交往的能力和经验。此时超我也开始出现。儿童开始体会到要满足自己的需要,不能只依靠他人的帮助,还可以靠自己的能力和自己的活动。

第三阶段,学前期(3~6岁),此阶段的发展任务是获取主动感,克服内疚感,体验着目的的实现。儿童的独立性大大增强,决定心理发展主要方向的自我已开始表现出用同一性来替代以前的自我中心。本我、自我和超我之间开始出现一种彼此平衡、整合的关系。由此,儿童已经在言语和行动上探索和扩充他的环境,同时,社会也向儿童提出了新的挑战,要求他们的行为具有主动性和目的性。在这种情况下,儿童感到向外扩展并不难达到目的,因此主动性大增,但同时又感到闯入别人的范围,与其他人,尤其是自己过去信赖的人的自主

性发生冲突，于是产生了一种内疚感，这就是为什么主动感与内疚感构成本阶段主要冲突的缘故。

埃里克森把学前期又称为游戏期，游戏在儿童生活中占据重要的地位，是自我的重要机能。游戏在解决各种矛盾中体现出自我治疗和自我教育的作用。本阶段游戏表现出两种形式：一是角色游戏或白日梦；二是共同游戏。儿童在游戏中表演出幼儿的矛盾，使危机得以缓和，并使先前遗留下的问题借机得到解决。

第四阶段，学龄期(6～12岁)，主要是获得勤奋感而克服自卑感，体验着能力的实现。本我与超我相对安分，儿童尽最大的努力改善自我过程，努力掌握社会所要求的任务。儿童进入学校，一方面要努力学习，力求学业上的优秀成绩，争取在同伴中有一席之地；一方面又在努力的过程中掺杂着害怕失败的情绪。因此，勤奋感和自卑感便构成了这一阶段的主要冲突。

影响本阶段心理发展任务的另一个因素是同伴关系。许多儿童对于同伴的态度是充满矛盾的，他们一方面希望得到同伴的认可和接纳，一方面也感到与同伴之间的竞争；一方面在比较中确定自我的价值，一方面又十分关心同伴对自己的评价。

总之，儿童学业成绩的优秀、教师和同伴的认可、赞赏和接纳使儿童产生勤奋感。反之，如果儿童缺乏主动性，没有努力掌握知识技能，成绩落后，不符合父母和教师的期望，就会自感失望，体验到不胜任感和自卑感。

第五阶段，青年期(12～18岁)，发展任务是建立自我同一性(或称同一感)和防止同一性混乱，体验着忠诚的实现。自我同一性不是儿童期各方面的自居作用的总和，而是整合成一个结构(埃里克森称之为“完形”)，它包含意识和潜意识两个方面，其目标是既为先前各阶段遗留下来的同一性危机寻求最终的解决途径，又使青少年在心理上做好准备，形成同一感，与成人处于相同地位，去对付即将面临的人生重大问题，如职业、婚姻等。

儿童进入青年期，个体的意识分化为理想自我和现实自我，这两种自我之间的统一，就是自我同一性的形成。自我同一性的形成包括两个双向的过程，一是努力改变现实的自我，使之与理想自我一致；二是修正、改变理想自我，使之符合现实的自我。

青年期的自我同一性必须在以下七个方面取得整合，才能使人格得到健全的发展：(1)时间前景对时间混乱(如急躁，拖拉等)；(2)自我肯定对冷漠无情(如缺乏信心)；(3)角色实验对消极同一性(如不能认识自己，或出现一种超人感)；(4)成就感预期对工作瘫痪(如对成就不抱希望)；(5)性别同一性对性别混乱(如疏远异性或性生活随便)；(6)领导的极化对权威混乱(如盲目反上、盲目服从)；(7)思想的极化对观念混乱(如找不到文化、哲学方面的真实意义，即我们通常讲的信仰危机)。完成这七个方面，他们需要一个“合法延缓期”，它起“暂停”作用。青年期既是童年期的预备，又是成人期的准备。

与自我同一性相对立的是同一性混乱。如果说同一感是指个人的内部和外部的整合和适应之感，同一性混乱则是指内部和外部之间的不平衡和不稳定之感，典型的同一性混乱表现为“我掌握不了某些生活”，结果是退学、离开工作。

第六阶段，成人早期(18～25岁)，发展任务是获得亲密感，克服孤独感，体验着爱情的实现。真正的亲密性乃是意味着两个人都愿意共享和互相调节他们生活中的一切重要

方面。

第七阶段，成人中期（25～50岁），发展任务主要是获得繁殖感而避免停滞感，体验着关怀的实现。繁殖感不仅指养儿育女，而且也指通过工作以创造事物和思想。主要是指前者。

第八阶段，成人后期（50岁以后直至死亡），主要为获得完善感和避免失望和厌恶感，体验着智慧的实现。

埃里克森的人格发展理论指明了每个发展阶段的任务，并给出了解决危机、完成任务的具体教育方法，有助于教师理解不同阶段儿童所面临的冲突类型，从而采取相应措施。

二、社会学习理论

社会学习理论是由美国心理学家阿尔伯特·班杜拉（Albert Bandura）于1977年提出的。它着眼于观察学习和自我调节在引发人的行为中的作用，重视人的行为和环境的相互作用。班杜拉的社会学习理论主要包括观察学习、自我调节理论和自我效能理论。

（一）观察学习

班杜拉认为，人的行为，特别是人的复杂行为主要是后天习得的。行为的习得既受遗传因素和生理因素的制约，又受后天经验环境的影响。生理因素的影响和后天经验的影响在决定行为上微妙地交织在一起，很难将两者分开。班杜拉认为行为习得有两种不同的过程：一种是通过直接经验获得行为反应模式的过程，班杜拉把这种行为习得过程称为“通过反应的结果所进行的学习”，即我们所说的直接经验的学习；另一种是通过观察示范者的行为而习得行为的过程，班杜拉将它称之为“通过示范所进行的学习”，即我们所说的间接经验的学习。班杜拉的社会学习理论所强调的是这种观察学习或模仿学习。在观察学习的过程中，人们获得了示范活动的象征性表象，并引导适当的操作。观察学习的全过程由四个阶段（或四个子过程）构成。

（1）注意过程。这是观察学习的起始环节，在注意过程中，示范者行动本身的特征、观察者本人的认知特征以及观察者和示范者之间的关系等诸多因素影响着学习的效果。注意过程决定着在大量的榜样影响中选择什么作为观察的对象，并决定着从正在进行的榜样活动中抽取哪些信息。

（2）保持过程。在观察学习的保持阶段，示范者虽然不再出现，但他的行为仍给观察者以影响。要使示范行为在记忆中保持，需要把示范行为以符号的形式表象化，通过符号这一媒介，短暂的榜样示范就能够被保持在长时记忆中。

（3）动作再现过程。观察学习的第三个阶段是把记忆中的符号和表象转换成适当的行为，即再现以前所观察到的示范行为。这一过程涉及运动再生的认知组织和根据信息反馈对行为的调整等一系列认知的和行为的操作。能够再现示范行为之后，观察学习者（或模仿者）是否能够经常表现出示范行为要受到行为结果因素的影响。

（4）动机过程。社会学习理论把习得和操作加以区分。人们并不把习得的所有反应模式都表现在行动中。行为结果包括直接强化、替代强化和自我强化。直接强化是个体直接体验到自己行为后果而受到的强化。替代强化指学习者通过观察他人行为所带来的奖惩性后果而受到强化。自我强化，即学习者以自我评价的个人标准来强化自己的行为，凡符合个

人标准的行为就会得到自我肯定，凡是不符合个人标准的行为就会受到自我批评。班杜拉把这三种强化作用看成是学习者再现示范行为的动机力量。

(二)自我调节理论

班杜拉认为自我调节是个人的内在强化过程，是个体通过将自己对行为的计划和预期与行为的现实成果加以对比和评价，来调节自己行为的过程。人能依照自我确立的内部标准来调节自己的行为。按照班杜拉的观点，自我具备提供参照机制的认知框架和知觉、评价及调节行为等能力。他认为人的行为不仅要受外在因素的影响，也受通过自我生成的内在因素的调节。自我调节由自我观察、自我判断和自我反应三个过程组成，经过上述三个过程，个体完成内在因素对行为的调节。

(三)自我效能理论

自我效能是指个体对自己能否在一定水平上完成某一活动所具有的能力判断、信念或主体自我把握与感受。也就是个体在面临某一任务活动时的胜任感及其自信、自珍、自尊等方面的感受。自我效能也可称作“自我效能感”“自我信念”“自我效能期待”等。

班杜拉指出：“效能预期不只影响活动和场合的选择，也对努力程度产生影响。被知觉到的效能预期是人们遇到应激情况时选择什么活动、花费多大力气、支持多长时间的努力的主要决定者”。班杜拉对自我效能的形成条件及其对行为的影响进行了大量的研究，指出自我效能的形成主要受五种因素的影响，包括行为的成败经验、替代性经验、言语劝说、情绪的唤起以及情境条件。

第一，行为的成败经验指经由操作所获得的信息或直接经验。成功的经验可以提高自我效能感，使个体对自己的能力充满信心；反之，多次的失败会降低对自己能力的评估，使人丧失信心。第二，替代性经验指个体能够通过观察他人的行为获得关于自我可能性的认识。第三，言语劝说包括他人的暗示、说服性告诫、建议、劝告以及自我规劝。第四，情绪和生理状态也影响自我效能的形成。在充满紧张、危险的场合或负荷较大的情况下，情绪易于唤起，高度的情绪唤起和紧张的生理状态会降低对成功的预期水准。最后，情景条件对自我效能的形成也有一定的影响，某些情境比其他情境更难以适应与控制。当个体进入一个陌生而易引起焦虑的情境中时，会降低自我效能的水平与强度。

班杜拉的社会学习理论重视榜样的作用，强调个人对行为的自我调节，主张建立较高的自信心。因此，在儿童的社会教育中，教师应多提供正面、积极的榜样，少提供反面、消极的榜样。此外，教师要为人师表，注意自己在学生面前的行为表现，为学生起到好的示范作用。班杜拉的自我效能理论对开发学生的潜在能力、激发学生的学习动机和情感、促进学生积极的自我意识发展起到了不可低估的作用。

三、认知发展理论

瑞士著名的儿童心理学家皮亚杰(J. Piaget)提出了儿童认知发展阶段理论。皮亚杰认为，发展是一种在个体与环境的相互作用过程中实现的意义建构。他用图式、同化、顺应和平衡来解释这一过程。图式，是指儿童对环境进行适应的认知结构。同化，是指儿童利用已

有的图式把新刺激纳入到原有的认知结构中去。顺应，是指儿童通过改变原有的图式或形成新图式的方式适应新刺激。平衡，是指同化作用和顺应作用两种机能的平衡。不断发展着的平衡状态，就是整个心理的发展过程。

皮亚杰把个体从出生到成熟的发展过程分为四个阶段。

第一阶段为感知运动阶段（0～2岁）：儿童主要通过感知运动图式与外界发生相互作用，一般在9～12个月，儿童获得客体永恒性。

第二阶段为前运算阶段（2～7岁）：儿童进入智慧发展阶段，思维已表现出了符号性的特点，但其思维具有具体形象性、不可逆性、自我中心等特征，尚未获得守恒的概念。存在泛灵论的思维。

第三阶段为具体运算阶段（7～11岁）：儿童具有了明显的符号性和逻辑性，能进行简单的逻辑推演，克服了思维的自我中心性，获得了守恒的概念，思维可逆。但这一阶段儿童的思维活动仍局限于具体的事物及日常经验，缺乏抽象性。

第四阶段为形式运算阶段（11、12～15、16岁）：儿童总体的思维特点是能够提出和检验假设，能监控和内省自己的思维活动，思维具有抽象性，思维可逆和补偿。

皮亚杰根据儿童对规则的理解和使用，对过失和说谎的认识和对公正的认识的考察和研究，把儿童道德认知发展划分为四个有序的阶段：

第一阶段为前道德阶段（0～2岁）。皮亚杰认为这一年龄时期的儿童正处于感觉运动时期，行为多与生理本能的满足有关，无任何规则意识，因而谈不上任何道德观念发展。

第二阶段为他律道德阶段（2～8岁）。儿童主要表现为以服从成人为主要特征的他律道德，故又称为服从的阶段。具有以下几个特点：

（1）单方面地尊重权威，有一种遵守成人标准和服从成人规则的义务感。也就是说，他律的道德感在一些情感反应和作为道德判断所特有的某些显著的结构中表现出来。其基本特征是：一是绝对遵从父母、权威者或年龄较大的人。儿童认为服从权威就是"好"，不听话就是"坏"。二是对规则本身的尊重和顺从，即把人们规定的规则，看作是固定的，不可变更的。

（2）从行为的物质后果来判断一种行为的好坏，而不是根据主观动机来判断。例如，认为打碎的杯子数量多的行为比打碎杯子数量少的行为更坏，而不考虑有意还是无意打碎杯子。

（3）看待行为有绝对化的倾向。儿童在评定行为是非时，总是抱极端的态度，或者完全正确，或者完全错误，还以为别人也这样看，不能把自己置于别人的地位看问题。

（4）赞成严厉的惩罚，并认为受惩罚的行为本身就说明是坏的，还把道德法则与自然规律相混淆，认为不端的行为会受到自然力量的惩罚。例如，对一个7岁的孩子说，有个小男孩到商店偷了糖逃走了，过马路时被汽车撞倒，问孩子"汽车为什么会撞倒男孩子"，回答是因为他偷了糖。

第三阶段为自律道德阶段（8～11、12岁）。儿童思维已达到具有可逆性的具体运算，有了自律的萌芽，公正感不再是以服从为特征，而是以平等的观念为主要特征。这个阶段的道德具有以下几个特点：

(1)儿童已认识到规则是由人们根据相互之间的协作而创造的,因而它是可以依照人们的愿望加以改变的。规则不再被当作存在于自身之外的强加的东西。

(2)判断行为时,不只是考虑行为的后果,还考虑行为的动机。研究表明,12 岁的儿童都认为,那些由积极和动机支配但损失较大的儿童,比起怀有不良动机而只造成小损失的儿童要好些。由于考虑到行为的动机,因而在惩罚时能注意照顾弱者或年幼者。

(3)与权威和同伴处于相互尊重的关系,儿童能较高的评价自己的观点和能力,并能较现实地判断他人。

(4)能把自己置于别人的地位,判断不再绝对化,看到可能存在的几种观点。

(5)提出的惩罚较温和,更为直接地针对所犯的错误,带有补偿性,而且把错误看作是对过失者的一种教训。

第四阶段为公正道德阶段(11、12 岁以后)。这时儿童的思维广度、深度及灵活性都有了质的飞跃,道德观念开始倾向于公正。公正观念不是一种判断是或非的单纯的规则关系,而是出于关心与同情的真正的道德关系。也就是说,儿童不再刻板地按固定的规则去判断,在依据规则判断时隐含考虑到同伴的一些具体情况,从关心和同情出发去判断。

皮亚杰揭示的道德发展规律肯定了认知的发展和教育在儿童道德发展中的作用,他提出的儿童道德发展的阶段论不仅为继续研究儿童的道德发展提供一种方法和思路,而且对幼儿园和学校的德育工作也具有启发意义。

美国心理学家劳伦斯·科尔伯格(Lawrence Kohlberg)对皮亚杰的研究方法进行了改进,采用"道德两难故事法"研究道德的发展问题。他提出了儿童道德发展的三水平六阶段理论。

(1)前习俗水平(0 ~9)岁。处在这一水平的儿童,为了免受惩罚或获得奖励而顺从权威人物规定的行为准则。他们根据行为的直接后果和自身的利害关系来判断好坏是非。这一水平包括两个阶段:阶段 1,惩罚与服从的定向阶段。儿童评定行为好坏着重于行为的结果,认为受赞扬的行为就是好的,受惩罚的行为就是坏的。阶段 2,工具性的相对主义的定向阶段。儿童评定行为的好坏,主要看是否符合自己的要求和利益。对自己有利的就好,不利的就不好。

(2)习俗水平(9 ~15 岁)。处在这一水平的儿童,能够着眼于社会的希望和要求,并以社会成员的角度思考道德问题,已经开始意识到个体的行为必须符合社会的准则,能够了解社会规范,并遵守和执行社会规范。规则已被内化,按规则行动被认为是正确的。这一水平的两个阶段是:阶段 3,人际关系的定向阶段或好孩子定向阶段。儿童认为,凡取悦于别人,帮助别人以满足他人愿望的行为是好的,否则就是坏的。他们的推理受众人的共同愿望和一致意见决定。阶段 4,维护权威或社会秩序的道德定向阶段。儿童认为,正确的行为就是尽到个人责任,尊重权威,维护社会秩序,否则就是错误的(他们已经意识到良心与社会体系的重要性)。

(3)后习俗水平(15 岁以后)。达到这一道德水平的人,其道德判断已超出世俗的法律与权威的标准,而是有了更普遍的认识,想到的是人类的正义和个人的尊严,并已将此内化为自己内部的道德命令。这一水平的两个阶段是:阶段 5,社会契约定向阶段。处于这一阶

段的人认为,道德法则只是一种社会契约,可以改变,不能以不变的规则去衡量人。阶段6,普遍的伦理原则定向阶段。这是进行道德判断的最高阶段,表现为能以公正、平等、尊严这些最一般的原则为标准进行思考。在这个阶段,他们认为人类普遍的道义高于一切。

科尔伯格发现,儿童道德判断能力发展的总趋势是如上所述的水平和阶段,但发展速度则存在个别差异,有快慢之别,并不是所有的儿童都能达到最高的阶段。他强调,学校和社会应积极创设良好的环境,采用各种方式、方法的道德教育,来促进儿童道德判断能力的发展。

四、现代生态学理论

现代生态学是一种探讨人的行为与社会环境交互作用的研究取向。美国心理学家布朗芬布伦纳(Bronfenbrenner)提出了生态系统理论,他认为,个体在发展过程中并不是孤立的存在,而是能动地与周围的环境之间相互依赖、相互作用。布朗芬布伦纳在其理论模型中将人生活于其中并与之相互作用的不断变化的环境称为行为系统。该系统分为4个层次，由小到大分别是:微观系统、中间系统、外层系统和宏观系统。布朗芬布伦纳生态系统理论的行为系统模型如图2-1所示。

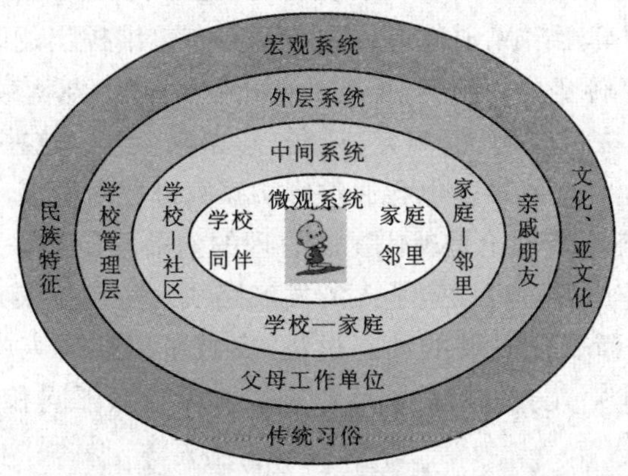

图2-1　布朗芬布伦纳生态系统理论的行为系统模型

环境层次的最里层是微观系统，指个体活动和交往的直接环境，这个环境是不断变化和发展的。对大多数婴儿来说，微观系统仅限于家庭。随着婴儿的不断成长，活动范围不断扩展,幼儿园、学校和同伴关系纳入到婴幼儿的微观系统中来。对学生来说，学校是除家庭以外对其影响最大的微观系统。布朗芬布伦纳强调，为认识这个层次儿童的发展，必须看到所有关系是双向的，即成人影响着儿童的反应，但儿童决定性的生物和社会的特性与其生理属性、人格和能力也影响着成人的行为。

第二个环境层次是中间系统,是指各微观系统之间的联系或相互关系。布朗芬布伦纳认为，如果微观系统之间有较强的积极的联系，发展可能实现最优化。儿童在家庭中与兄弟姐妹的相处模式会影响到他在学校中与同学间的相处模式。如果在家庭中儿童处于被溺爱的地位，在玩具和食物的分配上总是优先，那么一旦在学校中享受不到这种待遇则会产生极大的不平衡，就不易于与同学建立和谐、亲密的友谊关系，还会影响到教师对其指导教育的方式。

第三个环境层次是外层系统。是指那些儿童并未直接参与但却对他们的发展产生影响的系统。例如，父母的工作环境就是外层系统影响因素。儿童在家庭的情感关系可能会受到父母是否喜欢其工作的影响。

第四个环境系统是宏观系统。指的是存在于以上 3 个系统中的文化、亚文化和社会环境。宏观系统实际上是一个广阔的意识形态。它规定如何对待儿童，教给儿童什么以及儿童应该努力的目标。在不同文化中这些观念是不同的，但是这些观念存在于微观系统、中间系统和外层系统中，直接或间接地影响儿童知识经验的获得。

布朗芬布伦纳的模型还包括了时间纬度，或称作历时系统。把时间作为研究个体成长中心理变化的参照体系。他强调了儿童的变化或者发展将时间和环境相结合来考察儿童发展的动态过程。婴儿一出生就置身于一定的环境之中，并通过自己本能的生理反应来影响环境。通过行为，比如哭泣来获得生存所必需的物质。另一方面，婴儿也会根据外界环境来调节自己的行为，冷暖适宜时会发出微笑。随着时间的推移，儿童生存的微观系统环境不断发生变化。引起环境变化的可能是外部因素，也可能是人自己的因素。因为人有主观能动性，可以自由地选择环境。而对环境的选择是随着时间不断推移、个体知识经验不断积累的结果。布朗芬布伦纳将这种环境的变化称为“生态转变”，每次转变都是个体人生发展的一个阶段。比如，升学、结婚、退休等。而布朗芬布伦纳提出的时间系统关注的正是人生的每一个过渡点，他将转变分为两类：正常的（如入学、青春期、参加工作、结婚、退休）和非正常的（如家庭中有人去世或病重、离异、迁居、彩票中奖），这些转变发生于毕生之中，常常成为发展的动力，同时这些转变也会通过影响家庭进程对发展产生间接影响。

布朗芬布伦纳的生态系统理论是现代发展心理的前沿理论之一，强调发展来自于人与环境的相互作用，相互作用的过程设定了人的发展路线。生态发展观进一步扩大了环境的概念，将环境看作一个不断变化发展的动态过程，突破了以往研究中对环境的限定的局限性。布朗芬布伦纳的理论对儿童发展的环境影响提供了与众不同和全面的解释，值得我们进一步研究。

拓展阅读

【阅读一】

儿童社会发育的实验与启示

“蝼蚁知积粮，懒汉要备荒。”所罗门（或者写作《寓言》的随便什么人）要我们去效法的蚂蚁行为涉及适时积累和贮存。可是，蚂蚁的社会合作却更为重要。它们自从脱离幼虫状态后便完全社会化了，它们微小的神经系统当初设定的时候，就是要以合适的社会行为而对同伴的化学信号和碰触产生自动反应，比如收集食物、清理窝点、防御性的战斗、喂养幼虫及母蚁。对照而言，我们人类却需要 15 ~ 20 年的时间才变得相对具有社会性，而且，就算到了这个时候，我们的行为还没有固定下来，而是必须在整个一生不断地根据自己的角色而发生

变化。

在半个多世纪的时间里,发展心理学家们一直在利用各种办法来收集有关人类社会发展的证据。他们膝盖上搁着记录本,手握着秒表,在家里或者在幼儿园里观察着刚刚学会走路的孩子,在操场和教室里观察学龄前儿童或者小学生。他们访问父母,用一些问卷来烦这些父母。记录并分析大量的儿童对话。他们把故事的开头告诉孩子们,再让他们接着编下去。他们设计了成百上千种实验情形,以测量不同阶段的社会发育水平。他们计算血液中的荷尔蒙水平与性别类型行为之间的相关性。

从所有这些活动中(还有更多别的活动),他们得到了大量的发现。有些发现支持发育的心理分析说,其他一些支持社会学习观点,还有一些支持认知—发育论,更多的发现三种理论都支持。我们不需要对它们进行分类,而只看一些更有趣味的发现便可以了。

轮流:社会行为最早的几课是在家里学到的,除了学会信任另一个人类以外,婴儿在家里还学会在社会关系当中至关重要的一课,即交流时要轮流进行。父母对婴儿说话,等婴儿用一种声音或者微笑回答,然后再说下去。婴儿感觉到了这种模式,在刚刚学会走路或者刚刚学会说出一个词来之前,就知道在与另外一个同样大小的婴儿交往时采取同样的轮流模式。在下列录自1975年的一项研究的对话中,13个月大的伯尼一直看着15个月大的拉里对一个玩具说话。最终该他“发言”了:

伯尼:哒……哒。

拉里:(一边继续看着,一边笑)

伯尼:哒。

拉里:(这欢笑得更起劲了)

同样的顺序重复了5次之多。然后,拉里扭过头去,把一只玩具给一位成人。伯尼跟在他身后。

伯尼:(两只手挥着直盯着拉里)哒!

拉里:(回头望着伯尼又大笑起来)

这样交替9次之后,伯尼放弃了,他左摇右晃地走开了。

玩耍:发育心理学家L.阿兰·斯鲁夫和罗伯特·G.库柏把玩耍称作“实验室”,孩子们在这里学会新的技巧,并练习原来的技能。婴儿不会一起玩,因为这需要情感及认知技巧,这些技巧需要两到三年的时间才能发育成。把两个刚刚学会走路的婴儿放在一起,他们通常只会彼此望着,看着各自自己玩,或者挨在一起各玩各的。可是,到3岁或者3岁左右的时候,他们就开始一起玩了(不一定玩同一种游戏),到5岁的时候,他们就能以合作的方式一起玩耍。

在玩耍中,刚刚学会走路的孩子和学龄前儿童学会了自制的第一课。他们发现,如果太霸道,旁边看着的大人就不能容忍,也可能引起另一方的“报复”或者不愿意跟自己玩。他们学会了分享,尽管费了很大的劲才认识到这一点。他们慢慢养成更喜欢跟其他一些玩伴玩,到4岁的时候,这种习惯就转变成了友谊,可以从有来有往和对彼此的责任感中看出来。

到3~4岁的时候,他们开始学习玩耍的规则,并从跟更大些的孩子们一起玩的过程中了解到是非的基本要素:“试三次不行你就得出局”,发脾气也不会给你更多的机会,反而有

可能把你开除出局。

约在同一个时候,他们开始在撒谎和遮掩有可能泄露自己意图的面部表情或者说话的声调更为成熟。有个研究小组认为,这种行为通常是父母直接教育的结果。(“记住,虽然你心里想要的是一个玩具,但仍然要感谢奶奶为你买了上衣。”)

担任角色:斯鲁夫和库柏还称玩耍为“社会工作间”,孩子们在这里独自或者与其他孩子一起尝试规则。他们经常玩妈咪和爹爹、妈咪和宝贝、爹爹和宝贝、医生和病人以及遇难者和营救人员的游戏。他们特别喜欢玩父母游戏,并让他们自己的父母当小孩子,要他们吃这吃那,或者去洗手洗脸,或者上床睡觉。不管人们是以心理分析的方式,还是以行为主义或者认知论的方式来解释这种游戏,它总还是起进入社会生活的培训作用。最新的一项研究甚至发现,学龄前儿童所玩的游戏越具有社会想象力,孩子的“社交能力”就越强,老师们也是这样评定的。

社交能力:社交能力的要素为,准备好与同伴一起玩,准许互让,被其他的玩伴所喜欢或者接受。发展心理学家衡量受欢迎的方法是社会测验学。他们问处于某个特定游戏组的孩子说,组里面的哪些孩子是他们“特别喜欢的”,哪些“不是特别喜欢的”。把否定答案从肯定答案中减掉,再把积分加上,就简单地得出了每个孩子在组织受欢迎的程度。

自我与集体:在游戏组中,特别是在教室里,与其他孩子亲密的接触会刺激心理学自我的感觉发育(这与刚刚学会走路的婴儿在镜子中感觉到的生理的自我感觉不一样)。到8岁的时候,孩子开始认识到,他们在内部和外部都与其他孩子不一样,而且事实上,他们都是独一的。

在同一时候,他们开始对集体的规则极为注意了,比如,游戏规则(选择哪一边,轮流进行,轮到击球时扔硬币以决定第一边)和对集体的忠诚(向家长或者老师“告发”同伴是被排斥的条件)。甚至在小学阶段,孩子穿班上流行的不论什么衣服都是极为重要的。当他们接近少年时期时,服从同伴、集体常规的需要、着衣的品位,说话和抽烟的方式,音乐、俚语、吸毒、性行为等都极为强烈。少年同伴、集体的常规和价值观,在不同的人种群和社会及经济水平上有很大的差别,可是,服从的需要却是无处不在的。经过少年时期的早期以后,在整个少年时代会慢慢消失。

性别类型的行为:50年前,很多人深信,在整个儿童时期,特别是在快要接近少年时期的时候,儿童会采纳符合其性别的行为。在60年代,随着女权运动的出现,许多人相信,很多性别类型的行为证明是社会教给人们的,而不是遗传形成的,而且很快便会消失。大部分类似行为的确也消失了,可是,有些类似行为却遗留下来,而且,如我们早已看到的,这些行为还会持续下去。

这也许部分是因为生物学的原因。在70年代,放射免疫学研究显示,荷尔蒙水平在约7岁时便会上升——远在第二性征出现和性别类型的行为被夸大之前。事出有因,从7岁起,很少有女孩子会像男孩子那样去玩一些剧烈的游戏,也不会像男孩子们那样弄得一身脏兮兮的,在少年时代以前,也很少有男孩子会像女孩子那样注重衣着和发式。

可是,在很多情况下,前少年时期和少年时期的性别类型行为的积累,好像是从一个人在社会上作为一个成人有可能占据的一个位置的社会认知中学习得来的。1990年,为美国

大学妇女协会而进行的、对3000名从三年级到十年级的男孩子和女孩子的全国性调查发现，在小学阶段，女孩子的自我尊严感只比男孩子们少一点；在初中阶段，男孩子的自我尊严感稍有下降，而女孩子们的自我尊严感却急剧下降，这种不对称性一直持续到高中。自我尊严感的消失在许多方面影响女孩子的社会行为，阻碍了许多行动和能力的发挥，引起她们对外表极端的注意。女孩子很少有像男孩子们那样“在许多方面可以感觉不错”，不像男孩子们总体来说有自信心，愿意在课堂上轻松地发言，在他们认为自己是正确的时候也敢跟老师争辩。

移情及利他主义：在60年代，一些心理学家开始对“亲社会行为”发生了兴趣——使社会生活变得可能的所有那些行为的合作方式。许多人都是社会心理学家，但其他一些人却是发展心理学家，这些发展心理学家为其中一种亲社会行为形式，即利他主义所吸引。许多亲社会行为都是以自私的目的为动机的——我们遇到红灯就会停下来，我们交税不是出自对同胞的爱心，而是为自己的利益考虑问题——可是，利他主义是由对其他一个人的关心为动机的。发展心理学家们感兴趣的一个问题是，这样的行为是如何产生的，因为这常常与所有动机中最强烈的一个，即自身利益相矛盾。

在过去的30年中，成百上千发展心理学家进行了1200多种利他主义研究，他们使用了前面提到过的许多实证方法。对“利他主义思想是怎样形成的?”这个问题的回答好像是，它来自于各种影响的相互掺和：人类看到另一个人类处于痛苦时会感觉到哀伤的天生倾向、由父母的关爱、文化价值而给孩子树立的榜样、儿童想象另一个人的感觉的能力、社会经验（帮助其他人会使帮助者认为自己是一种好人，也被别人看作一个好人）以现实世界的知识为基础的判断，即他知道帮助或者不帮助一个处于痛苦中的人会有什么样的结果。几个显著的例子：

——在10个月大或者一岁的时候，如上所述，一个看见自己的母亲处于痛苦之中的孩子会呜咽，或者哭着爬走，而到14个月的时候，他却可能会拍拍她，拥抱她，或者吻她。

——超过18个月的时候，孩子会想法安慰另一个在哭的孩子，或者会找成人来帮忙。

——到2~4岁时，一个孩子会对另一个受伤或者处在痛苦中的孩子问一些疼不疼的问题，会想办法安慰或者寻求帮助，也会想办法阻止其他的孩子受到伤害（比如，如警告他们说有什么样的危险等）。

——到7岁时，大部分孩子会帮助一个看上去受了伤，或者有什么困难的陌生的孩子。

——从7岁起，孩子们会越来越愿意把自己的钱或者玩具拿去给一个贫穷的孩子，或者帮助有困难的孩子，哪怕这意味着这个孩子自己得放弃想去做的某件事情。

发展心理学家们从数据中看出了一个模式。利他主义行为的产生，看上去是有一系列明显不同的阶段的，可是，对到底有多少阶段或者这些阶段是什么，还没有一个一致的意见。有一种观念认为有四个阶段，另一种观点认为有五个阶段，还有一个六阶段的模型刚刚由长时期的利他主义研究专家，本纳比市的西蒙弗莱茨大学的登尼斯·L.克莱布斯及其同事弗兰克·凡·赫斯特伦提出来。克莱布斯和凡·赫斯特伦的六阶段论是以以下几点为基础的：(1)服从权威的规定，需要个人牢靠及安全感；(2)个人增多的最大化和赔偿决定；(3)认同角色和集体期盼，还有互惠和合作；(4)社会责任感和按照内化的价值观行动；(5)尊重别

人的权利，愿意为了别人的利益而牺牲；(6)尊重万有的道德价值观，认同全人类。

道德发育：利他主义只是道德感发育的一个结果。对心理发育的某些方面的兴趣从1908年就开始了，当时，杰出的英国心理学家威廉·麦克杜格尔根据他对人类心理学总体的知识而勾勒出了一套道德感的发育理论。在20年代，皮亚杰开始实验调查，通过观察孩子玩游戏和给他们讲一些犯了小错的故事，然后问他们对其进行怎样的合适惩罚的办法来了解孩子。(一个例子：在第一种情况下，一位男孩子给他父亲的墨水盒上墨水，以便使自己显得很有帮助，可不小心把墨水弄到桌布上了。在第二种情况下，一位男孩子玩他父亲的墨水盒，但把墨水泼到桌布上了。在两种情况下，对这个孩子的惩罚应该是一样的吗?)

皮亚杰说，道德行为，在玩游戏的环境下，是在4～12岁的年龄之间按三个阶段发育而成的，从对由父母或者较大的孩子规定的规则毫无疑问的全盘接受，到最后认识到，规则是由人规定的，可以在双方同意的情况下作出修改。同样的，一个行动(比如泼了墨水)的基础被判定为正确或者错误，是可以在这个动作所造成的损害到这个人的意图之间进行更改的。

【阅读二】

孩子从生活中学到什么

如果孩子生活在批评中，他们将学会指责。
如果孩子生活在敌意中，他们将学会争斗。
如果孩子生活在恐惧中，他们将学会担忧。
如果孩子生活在遗憾中，他们将学会自怜。
如果孩子生活在嘲笑中，他们将学会畏缩。
如果孩子生活在猜忌中，他们将学会嫉妒。
如果孩子生活在羞辱中，他们将学会自责。
如果孩子生活在宽容中，他们将学会耐心。
如果孩子生活在赞美中，他们将学会感激。
如果孩子生活在认同中，他们将学会去爱。
如果孩子生活在肯定中，他们将学会自爱。
如果孩子生活在认可中，他们将拥有目标。
如果孩子生活在分享中，他们将学会慷慨。
如果孩子生活在诚实中，他们将学会正直。
如果孩子生活在公平中，他们将学会正义。
如果孩子生活在友爱和体贴中，他们将学会尊重。
如果孩子生活在安全中，他们将学会依赖自己和他人。
如果孩子生活在友善中，他们将知道世界是居住的乐土。①

---

① [美]多萝西·劳·诺特，雷切尔·哈里：《孩子从生活中学到什么》，李耘译，南海出版公司2008年版，第2页。

思考与练习

一、选择题

1. 婴儿能够区分母亲和陌生人，陌生人的出现会引起婴儿恐惧、焦虑，而陌生人离去后又会平静下来属于(　　)。

A. 陌生人恐惧　B. 陌生人焦虑　C. 母婴依恋　D. 分离焦虑

2. 下列不属于精神分析代表人物的是(　　)。

A. 弗洛姆　B. 弗洛伊德　C. 埃里克森　D. 皮亚杰

3. 根据弗洛伊德的观点，人格中多半能意识到的、理性和适应的部分，其作用是既能满足本能的需要，又使其符合现实的社会规则，以免自身受到损害的是(　　)。

A. 本我　B. 超我　C. 自我　D. 你我

4. 道德两难故事法的创始人是(　　)。

A. 皮亚杰　B. 弗洛伊德　C. 班杜拉　D. 科尔伯格

二、填空题

1. 学前儿童社会认知的具体内容主要包括对自己的认识、对他人的认知和________的认知三个方面。

2. 学前儿童社会情感的教育就是要引导他们在社会认知的过程中，形成________，学会认知、调控自己的情绪、情感。

3. 学前儿童道德评价的发展趋势是：从带有情绪性的评价到比较________的评价；从复述成人的评价到提出自己的评价；从根据________评价到根据行为动机评价。

4. ________是指人们在社会交往中所表现出来的谦让、帮助、合作、共享等有利于他人和社会的行为。

5. 家庭对儿童社会化的影响是潜移默化的，家庭的结构、________、亲子关系、家长的教养观念等都对儿童的社会性发展起着不同程度的影响。

6. 幼儿园的心理环境主要指幼儿园的人际关系及一般的心理气氛等，具体体现在教师与幼儿、________、教师与教师间的相互作用、交往方式等方面。

7. 弗洛伊德将儿童心理发展划分为五个阶段，即口唇期、肛门期、________、潜伏期、青春期。

8. 布朗芬布伦纳在其社会生态系统理论模型中将人生活于其中并与之相互作用的不断变化的环境称为行为系统，该系统分为 4 个层次，由小到大分别是：微观系统、________、外层系统和宏观系统。

三、简答题

1. 简述学前儿童社会认知的发展特点。

2. 简述学前儿童亲子依恋的发展特点。

3. 幼儿个性对学前儿童社会性的发展都有哪些影响？

4. 简述教师如何为幼儿创设良好的幼儿园环境。

四、论述题

1. 试述家庭、幼儿园、社会三者如何协调合作，帮助幼儿形成亲社会行为。

2. 选择一种社会性发展理论，分析自己的人格发展。

五、案例题

"虎妈"，美国耶鲁大学的华裔教授，原名蔡美儿，她出版了一本名叫《虎妈战歌》的书，在美国引起轰动。该书介绍了她如何以中国式教育方法管教两个女儿，她要求女儿每科成绩拿A、不准看电视或玩电脑游戏、琴练不好就不准吃饭、不准参加玩伴聚会、不准擅自选择自己喜欢的课外活动、不准练习钢琴及小提琴以外的乐器等。她逼7岁的女儿连续数小时练琴，其间不允许吃饭喝水上厕所，直至深夜。自称"采用咒骂、威胁、贿赂、利诱等种种高压手段，要求孩子沿着父母为其选择的道路努力"。大女儿考上哈佛大学，两个女儿因出色的音乐才能被誉为"音乐天才"。

有一位父亲，他的口号是"三天一顿打，孩子进北大"，只要孩子的日常品行、学习成绩不符合他的要求，就会遭到严厉的体罚。他的四个孩子中的三个被北京大学录取，他叫萧百佑，被称为"中国狼爸"。他让孩子从小背《三字经》《弟子规》，背不上来就打孩子，打完以后还得背，一直到会背了才能上床睡觉。"狼爸"不准孩子看电视，不准自由上网，不允许随便喝可乐，不能随便打开冰箱门，不准随意开空调。他说，孩子是民，家长是主。

你是如何看待"虎妈""狼爸"的教育方式的？这种教育方式对孩子的社会性发展有何影响？

第三章 学前儿童社会教育的发展与研究方法

学习目标

1. 掌握我国学前儿童社会教育的发展阶段。
2. 了解不同阶段学前儿童社会教育内容的变化特点。
3. 了解学前儿童社会教育主要的研究方法。

第一节 学前儿童社会教育的发展

一、我国学前儿童社会教育的发展

我国学前儿童社会教育是随着现代意义上的幼儿园教育的诞生和发展逐步发展起来的,其开端于1904年清朝政府出台的《奏定蒙养院章程及家庭教育法章程》,从最初只有片段的、零星的思想,发展到逐步形成完整、较为系统的思想,并出现在幼儿园的课程,经历了漫长而又曲折的过程。

(一)第一阶段:20世纪初—20世纪中叶

1. 萌芽阶段

1904年1月,清朝政府出台了我国第一个幼儿教育法规——《奏定蒙养院章程及家庭教育法章程》(以下简称《章程》)。其中第一章第一节"保育教导要旨"中有四条要求,第一、第三条提出了培养幼儿身心健康、个性良好、行为端正的目标和要求,第二、第四条则提出了量力适宜、正面教育、运用榜样和环境的原则和方法。这一保育教导要旨凸显了蒙养院应实施做人教育的目标和任务。第一章第二节则规定应设置幼儿易懂、有趣的、与小学迥然有别的条目,如游戏、歌谣、谈话、手技等,这些活动均应围绕学前儿童爱众乐群、涵养德行的宗旨进行,尤应以游戏和谈话为主。由此可见《章程》对学前儿童社会教育的重视程度。

此阶段创办的有代表性幼儿园有:湖北幼稚园,它是我国第一所官办的学前教育机构。在《湖北幼稚园开办章程》中,提出以"专辅小儿自然潜能,开导事理,涵养德行,以备小学堂之基础"为宗旨。明确指出"重养不重学"的办园方针。课程目标有三:保全身体之健旺,体育发达基此;培养天赋之美材,智育发达基此;习惯善良之言行,德育发达基此。所定的课程科目有七项:行仪、训话、幼稚园语、日语、手技、唱歌、游戏。其中行仪和训话与社会教育直接相关,唱歌、游戏间接相关。

湖南蒙养院,成立于1905年。在《湖南蒙养院教课说略》中,课程目标与内容涉及德、智、体、美诸方面的保教活动,其设立的课程科目有七项:谈话、行仪、读方、数方、手技、乐歌、游戏。其中谈话即示为人之道,行仪即真实修身,这两科为德育之始基。而乐歌,关系国民忠爱思想者,培养美感,涵养情性。

从上述两所创办的蒙养院和幼稚园来看,基本上遵循《章程》的要求,在幼儿园设置的有关科目中,直接呈现或间接地蕴含《章程》的目标、内容与方法等,但仅是蕴含性的,处于萌芽状态。这些幼教法规、章程基本上是照搬或移植日本,受日本幼教的影响非常大。

2. 本土化阶段

五四时期的思想解放运动带动了教育战线的改革,涌现出以陈鹤琴、张宗麟等一批学前教育革新家。针对当时学前教育外国化、宗教化和非科学性,他们开辟了学前教育中国化、科学化的道路,并开始创建我国学前儿童社会教育。

陈鹤琴认为,"儿童期是发展个人的最好机会,什么言语,什么习惯,什么道德,什么能力,在儿童的时候学习最速,养成最易,发展最快"。他所提出的活教育理论体系中,更是把"做人"作为活教育三大纲领之一。活教育的目的论为:做人、做中国人、做现代中国人。做人:做一个真正的人,必须热爱人类、热爱真理,以"世界一家"的思想作为人类终极目标;做中国人:做一个中国人必须热爱自己的国家、热爱自己的同胞,为自己国家的兴旺发达而努力;做现代中国人:首先要有强壮的身体,其次要有创造的能力,第三要有合作的精神,第四要有为社会服务的热情,第五必须心胸开阔和目标远大。同时,陈鹤琴于1923年在南京创办了鼓楼幼稚园,开展实验,进行学前教育的本土化、科学化的实践探索。

1932年教育部公布了《幼稚园课程标准》,这是我国学前教育史上第一个幼稚园课程标准,是以陈鹤琴为首的教育家们的共同结晶,是学前儿童社会教育发展的第一个的里程碑。在"幼稚教育总目标"四条中有两条提到"力谋幼稚儿童应有的快乐和幸福""培养人生基本的优良习惯(包括身体、行为等各方面的习惯)"。在幼稚园的课程范围中有一项是"社会和常识"(其余六项为音乐、故事和儿歌、游戏、工作、静息及餐点),这是社会领域第一次出现在国家法规中。规定社会领域的目标为:甲,引导幼儿对于自然环境和人民活动的观察和欣赏;乙,增进利用自然、满足生活、组织团体等的最初步的经验;丙,引导对于"人和社会自然的关系"的认识;丁,养成爱护自然物和卫生、乐群、互助、合作等好习惯。"社会和常识"的大体内容为:甲,关于衣食住行等生活需要、卫生方法,以及家庭、邻里、商铺、邮局、救火组织、公园、交通机关等相关社会组织的观察研究,本地名胜古迹的游览;乙,日常礼仪的演习;丙,纪念日和节日(如元旦、国庆、总理忌诞辰、儿童节以及其他令节)的研究举行;丁,集会的演习(以培养公正、仁爱、和平的态度精神为主);戊,党旗、国旗、总理遗像等的认识。

20世纪30年代初,张宗麟出版了《幼稚园的社会》一书。该书是我国幼教史上最早全面、深入地论述学前儿童社会教育课程及其实施的著作。书中详细论述了幼儿社会生活的思想,尤其强调幼儿生活的社会倾向。

20世纪40年代后期至50年代初,陈鹤琴先生依据"活教育"的课程观,提出"五指活动"课程。在这一课程体系中,将社会领域作为一个独立的课程领域,并与健康、科学、艺术、语文四个领域一起,构建幼稚园的五大类活动即"五指活动"课程。同时,强调在组织社会领

域课程时,要从儿童的实际生活出发,强调社会领域课程与其他领域间的融合。

总之,在这一阶段,社会教育、社会课程作为幼儿园教育、幼儿园课程的有机组成部分逐渐得到确立,社会课程的结构、体系以及实践都得到较大的发展,对今天的社会领域教育有着重要的参考价值。

(二)第二阶段:20世纪中叶—20世纪90年代中期

1. 重新起步

1952年7月,教育部颁布了《幼儿园暂行教学纲要(草案)》(以下简称《暂行纲要》),这是新中国成立后颁布的一个幼儿园课程文件,是在苏联专家的直接指导下拟定的,反映了苏联学前教育理论和实践研究的成果。

《暂行纲要》提出通过爱国主义和国民公德等教育培养幼儿的道德品质是幼儿园的一项重要任务,并特别指出了完成这一任务教师必须注意的基本条件。第一个条件是培养幼儿的集体主义精神,让幼儿很好地过集体生活、遵守规则、敬爱父母、尊长,团结同学,彼此互助。第二个条件是培养幼儿的爱国主义思想,让幼儿爱国旗、国歌、首都、人民领袖、人民解放军和志愿军、兄弟民族等。第三个条件是培养幼儿以劳动为中心的爱劳动、爱人民、爱科学、爱护公共财物的国民道德。

《暂行纲要》中,并没有使用"社会"这一概念,也没有设置独立的德育内容,只是从德育的角度提出与社会领域相对应的目标和任务,更多体现了一些政治色彩,对符合幼儿年龄特点的社会性要求涉及较少。这与当时普遍存在的以政治教育代替德育的社会现实相关,也与当时缺乏对幼儿德育心理研究有关。其内容主要分散在"认识环境"中的"日常生活环境"和"社会环境"部分,以及语言领域的学习中。相关的内容有:认识自己的身体部位,认识本班和园内环境,认识幼儿园附近地区和街道,节日教育,热爱领袖和军队,英雄教育,时事教育,观察普通人的劳动,学习文明礼貌用语等,比较局限。

在方法上,强调顺序要由家庭、幼儿园扩展到附近地区,要充分利用环境进行教育,通过实物、故事、幻灯、电影等多种形式引起幼儿的兴趣,力避生搬硬套,还应利用散步、远足、参观等机会对幼儿进行随机教育,同时强调教师的榜样示范作用。

1954年教育部委托北京师范大学学前教育教研室编写了《幼儿园教育工作指南(初稿)》,是对《暂行纲要》的充实、说明与完善。在德育的任务上做了一些调整,指出幼儿园培养儿童有组织的行为是全部幼儿园教育工作的基础,同时注重培养幼儿互助友好的关系、热爱劳动的意识以及热爱祖国的品质,其中热爱祖国是共产主义道德教育的中心环节。其中强调要通过各种教育活动培养儿童愉快、诚实、勇敢、自信及坚韧、顽强等良好意志品质。同时指明了德育与其他方面紧密联系,不能脱离其他教育任务,其目标开始向儿童回归。内容包含在认识环境、语言和游戏等部分中。

这一时期社会领域没有被单独列出,只是等同于德育,散落在一些其他课程中,实施的是分科教学,开始关注幼儿的年龄特征。但囿于当时中国的国情,并未大面积地很好地实施和落实。

2. 进一步发展

1981年10月,教育部颁布《幼儿园教育纲要(试行草案)》(简称《教育纲要》)。在分析

幼儿的情感、意志、个性等方面的特点后，提出了德育的具体任务："向幼儿进行初步的五爱教育（爱祖国、爱人民、爱劳动、爱科学、爱护公共财物），培养他们团结、友爱、诚实、勇敢、克服困难、有礼貌、守纪律等优良品德、文明行为和活泼开朗的性格。"同时根据不同年龄阶段将这一总任务具体化。

《教育纲要》中思想品德作为一个独立的科目，内容主要包括积极健康的情绪、人际关系、文明礼貌、五爱教育、遵守规则、自我服务等。此外，在语言、常识等科目中还有少量的德育内容。在方法上，强调要渗透在游戏、体育活动、上课、观察、劳动和日常生活中，使幼儿潜移默化地受到教育。

1996 年，国家教育委员会正式颁布《幼儿园工作规程》（1986 年试行，以下简称《规程》），这是我国学前儿童社会教育发展的一个里程碑。在《规程》中提出幼儿园保育和教育的四大目标，其中之一是学前儿童社会领域教育，如"萌发幼儿爱家乡、爱祖国、爱集体、爱劳动、爱科学的情感，培养诚实、自信、好问、友爱、勇敢、爱护公物、克服困难、讲礼貌、守纪律等良好的品德行为与习惯以及活泼开朗的性格"。《规程》中还指出"幼儿园的品德教育应以情感教育和培养良好行为习惯为主，注重潜移默化的影响，并贯穿于幼儿生活以及各项活动之中"，这是对品德教育的正确定位。《规程》的颁布，对建立于完善幼儿园社会领域课程提供了法规、政策及理论上的支持。

（三）第三阶段：20 世纪 90 年代中期—现今

2001 年 7 月，国家教育部颁布《幼儿园教育指导纲要（试行）》（以下简称《纲要》），这是学前儿童社会教育发展的又一里程碑。《纲要》延续并发展了《幼儿园工作规程》的基本价值取向，是对幼儿园课程具有直接指导意义的纲领性文件。《纲要》将幼儿园课程相对划分为健康、语言、社会、科学、艺术五大领域，其中在社会领域部分对社会教育的目标、内容和要求、方法和途径等进一步具体化，使幼儿园学前儿童社会教育课程的设计和实施有了明确的原则和方向。对此，学前教育学界开展的大量的理论和实践研究，许多学前教育工作者创造性地设计和实施了一系列社会教育活动，有效地促进了我国学前儿童社会教育活动教学和科研的开展。在《纲要》中并未详细罗列社会教育的具体内容，为幼教工作者创造性地贯彻《纲要》精神提供了空间。

2012 年 10 月，教育部颁布了《3 - 6 岁儿童发展与学习指南》（以下简称《指南》），是对儿童学习与发展提出的具体要求，是对儿童学习与发展结果的描述。《指南》指出："幼儿社会领域的学习与发展过程是其社会性不断完善并奠定健全人格基础的过程。人际交往和社会适应是幼儿社会学习的主要内容，也是其社会性发展的基本途径。幼儿在与成人和同伴交往的过程中，不仅学习如何与人友好相处，也在学习如何看待自己、对待他人，不断发展适应社会生活的能力。良好的社会性发展对幼儿身心健康和其他各方面的发展都具有重要影响。"在实施方面，提出："幼儿的社会性主要是在日常生活和游戏中通过观察和模仿潜移默化地发展起来的。"《指南》将更好促进《纲要》的贯彻落实。

至此，能看出我国学前儿童社会教育在历经曲折和反复后，成为一个独立的领域，开始向人本化、科学化、生活化发展，逐渐回归儿童、回归生活、回归生命。

二、世界学前儿童社会教育的发展

随着科技的进步,社会问题的凸显,学前儿童社会教育的理论和实践研究是近几十年来国际学前教育界关注的热点问题之一。从 20 世纪 80 年代开始,许多国家对 20 世纪 60、70 年代以“智力开发”代替早期教育的倾向进行了深刻的反思。1985 年,在日本召开的日、欧、美幼教峰会上,人们审视和反思了早期教育中将学前儿童的发展等同于智力发展的错误倾向,呼吁教育从“智育中心”转向促进学前儿童富有个性的全面发展,特别是社会性和情感的发展。自此,世界各国都非常重视学前儿童的社会教育,把社会领域课程作为幼儿园课程的重要组成部分之一。在许多国家新颁布的学前教育纲要及相关文件中,把学前儿童社会化性发展和培养放在突出的位置。

日本非常重视学前儿童的社会教育。早在 1964 年,日本文部省颁布的《幼稚园教育要领》中,就提出社会领域。1989 年,修订的《幼稚园教育要领》提出了幼稚园教育的五大目标:一是培养幼儿健康、安全、幸福的生活所必需的生活习惯、态度,为培养健全的身心打下基础;二是培养幼儿对他人的爱心与信任感,启迪自主意识与他人合作的态度,萌发良好的道德品行;三是培养幼儿对自然界与周围事物的兴趣与关心,启迪丰富的情操和思考问题的能力;四是在日常生活中培养幼儿对语言的兴趣与关心,乐于听说的积极态度及对语言的感受力;五是通过多种多样的体验,培养丰富的感受与创造性。以上目标几乎都与学前儿童社会教育有密切的关系。同时,将社会领域改为人际关系领域,强调从幼儿主体发展而非学科的角度,建构相关课程目标和内容。

1998 年,经进一步修订,其人际关系领域是从幼儿能在与他人的亲切交往中生活以及培养其自信心和与人交往的能力的观点出发而提出来的,目标为:(1)能享受幼儿园生活的愉快,体验以自身的力量去活动的充实感;(2)积极与身边的人交往并具有爱心和信赖感;(3)养成社会生活所需要的习惯和态度。具体的教育内容包括:体验和老师、小朋友在一起共同生活的愉快;在与小朋友的积极交往中共同体验喜悦和悲哀;注意到同伴的优点,体验一起活动的愉快;和同伴交往不断加深,具有同情心;跟那些与自己生活关系密切的社区老人和其他人有亲密的感情;培养独立自主能力;遵守社会公共规则,爱惜公共财物等十二项内容。能够看出,关于社会领域的教育价值取向,一方面要强调幼儿对社会生活的适应,另一方面要注重发挥幼儿在社会生活中的主体参与意识。在组织幼儿园社会领域课程内容时,更要注意从幼儿主体发展的角度出发,强调幼儿学习的连续性和完整性,注重社会领域课程内容与其他内容的整合、渗透。

美国社会领域教育的目标比较注重儿童个体的主体性、独立性、自尊、自我服务、自我管理能力的发展、社会交往技能和亲社会行为的培养,以及个体作为社会成员在一个多元社会和民主社会中应有的素质和对周围环境的关怀。在全美幼教协会(NAEYC)发布的《适应于 0~8 岁儿童早教项目中的发展适宜性方案》中提到社会领域的目标是:为了让孩子在一个相互依赖的世界中,在一个多元文化、民主社会里发展社会意识和社会能力。具体包括:(1)发展同伴关系,即如何建设性地发起、保持和停止互动和关系;(2)能意识到别人的意见、观点和态度;(3)学会如何用和平的方式协商冲突;(4)发展对别人的同情心;(5)识别他人的情绪,尊重他人的情绪反应;(6)区别可接受的和不可接受的班级行为;(7)发展自我控制技

能;(8)学习如何合作;(9)学习如何助人;(10)识别他们自己和他人的文化价值观和实践;(11)发展对环境的责任感;(12)意识到人们如何在家庭、邻里、社区生活等。

英国1998—1999年教育改革议案中提出,要加强道德教育、培养基本的公民意识,使所有儿童懂得诚实、自强、责任心和尊重别人的价值观,形成适合现代社会的行为规范和伦理道德。在儿童社会性发展方面的主要目标有:(1)培养幼儿的自我意识、自信心,使儿童能进行自我教育,发展自控能力;(2)通过为幼儿提供与周围环境相互作用、与小伙伴相互交往的机会,促进幼儿社会交往能力的提高。具体内容为:(1)对学习有持续的兴趣和动机;(2)有信心尝试新的活动,能在熟悉的团体中谈话并表达自己的观念;(3)保持注意力,能集中精神并在必要时保持安静;(4)对自己的文化和信念产生尊重,同时能尊重不同的文化;(5)对重要经验有适当反应,并表达各种适当的感情;(6)能与大人和同学形成良好关系,和谐共事;(7)了解对与错,且知道原因;(8)能自己穿脱衣物,并处理个人卫生事宜;(9)能自行选择要玩的活动,并找出相应的资源来完成;(10)能了解到自己的言行对他人的影响;(11)理解到每个人有不同的需要、观点、文化和信念。其中,放在首位的目标是品德和情感教育,培养儿童能与其他孩子及成人建立良好的关系,有是非观念、发展独立生活的能力、养成良好的个人卫生习惯等。

法国幼儿教育的第一目标就是发展和谐人格,促进儿童情绪的成熟与社会化。在1995年颁布的幼儿学校课程大纲中,强调把幼儿作为一个"人"来培养,发展他们的主动性、参与性。法国幼儿教育主要是把幼儿引向社会化,使他们从参与同伴与成人的活动中认识自己,认识环境,了解人际关系,学会克制自己的情绪,禁止过分情绪化,排除攻击性;知道与人合作,建立良好的人际关系,养成团结生活的习惯,塑造健全的人格;引导幼儿学习自己的文化,分辨并欣赏别人的文化,等等。这些目标要通过一系列的课程活动来实现,如参观、访问、沟通、实验、操作以及其他形式多样的协作活动。

法国的这种全人教育思想在韩国政府1995年通过的新教育体制改革方案中也有充分的体现。韩国把培养健康、爱美、有道德和自主的人作为全人教育的目标。

新西兰教育部提出了早期教育的五大目标即健康、归属感、价值感、人际交往和探索。从中可以看出新西兰的幼儿教育非常重视培养儿童、家庭、社会的和谐关系,培养儿童安定的情感。

俄国关于社会领域则是重视集体主义教育、爱国主义教育、劳动教育和传统文化教育,强调儿童积极的情绪和社会交往能力的培养。其目标为:(1)向儿童传递人类的文化遗产,尤其是俄罗斯的文化传统;(2)培养儿童热爱祖国、关心国家大事的精神;(3)教育儿童尊重他人及他人的劳动成果;(4)帮助儿童养成愉快、乐观的心境,满足儿童情绪交往的需求;(5)提高儿童的社会交往能力。

我国台湾地区在1987年颁布的《幼稚园课程标准》中涉及学前儿童社会教育的内容有:(1)培养对自然及社会现象表现关注与兴趣;(2)喜欢参与创造思考和解决问题的活动;(3)适应团体生活,并表现互助合作、乐群、独立及主动自发的精神;(4)学习欣赏别人的优点;(5)与家人、老师、同伴及他人保持良好的关系等。

由此可见,学前儿童社会教育是国际学前教育界共同关注的重要课题。我们既应继承

和发扬我国学前儿童社会教育的优秀传统，也应充分借鉴和吸收国外相关的理论与实践，不断完善和发展学前儿童社会教育课程体系，提高学前儿童社会教育的实效。

第二节 学前儿童社会教育的研究方法

学前儿童社会教育的研究方法很多，这里主要介绍观察法、调查研究法、实验研究法、档案研究法、个案研究法和行动研究法等。

一、观察法

观察法是研究者根据一定的研究目的，凭借自己的感官和借助其他辅助工具，在自然条件下，对观察对象进行有目的、有计划的观察，收集、分析感性资料进行研究的一种方法。这里的“自然条件”，即对所要观察的儿童或行为不加以人为的控制，以本来的面目呈现出来。当前在幼儿园中，仍是幼儿教师常用的方法之一，比如对幼儿的亲社会行为的观察。

根据不同的标准，观察法有不同的类型。根据观察者是否参与观察对象的活动，分为参与观察和非参与观察。参与观察，要求观察者参加到被观察对象所在的群体或组织中，作为其中一员，与被观察共同生活，参与其日常活动。参与观察是一种特殊形式的隐蔽观察，目的是不影响被观察者的行为。非参与观察，指观察者以局外人的身份，从旁观的角度对正在发生的某种活动或观察对象进行观察。观察者不直接参与观察对象的活动，只是作为旁观者，没有与幼儿的互动，不干预其发展和变化。根据是否借助仪器，观察法分为直接观察和间接观察。根据观察情境的范围，可以分为开放式观察和聚焦式观察。

在实际运用中，能够发现观察法的优点是能够获得第一手生动和丰富的资料，比较真实；同时观察是有目的、有意识进行的，能够预先确定观察时间、地点和内容；再者，观察比较深入，能够搜集一些无法言表的资料。但观察法也有自身的局限，受观察时间的限制，某些行为的发生有一定的时间局限，过去了就不会再发生；样本数小，且受到时间和空间的限制，观察者仅能观察到外部现象，容易使观察结果带有片面性和偶然性；观察结果难以用数量表示；观察法不适于大面积进行。

在运用观察法来研究儿童的社会性发展，需注意以下几点：(1)必须进行连续性观察，即对同一观察对象的同一问题要做多次、连续的观察，多次观察可以发现研究对象的心理活动的稳定性，这样得到的观察结果才具有一定的信度和效度。(2)必须进行轮换性观察，即对同一课题应该变换几次对象进行重复观察，以验证同类研究对象的心理活动是否具有同样的变化。如果变换了研究对象对同一课题有基本相同的心理变化，这样的资料才具有可信度。(3)必须进行隐蔽性观察，即研究者的观察活动要力求让被研究者不易觉察，表现出其真实状态，否则获得的资料不真实。如观察幼儿的攻击性行为，若有外人在场，幼儿会有所克制。(4)必须做好客观的记录，即要讲究记录的方法，要求系统准确，尽量记录事实和过程，不轻易下结论，同时也要克服观察者的主观倾向。这样才便于以后分析和整理，继而得出结论。

二、调查研究法

调查研究法通常是按一定的程序，从全体对象中抽取一部分样本进行研究，并以访谈、问卷、作品分析等间接手段获取资料，然后概括全体对象的特征。调查研究法是在学前教育研究中运用最广泛的一种方法，通常不受时间、空间条件的限制，适用于现状研究和描述性研究。这里主要介绍访谈法和问卷法。

（一）访谈法

访谈法是研究者通过口头谈话的方式从被研究者那里收集第一手资料的研究方法，又称谈话法或访问法。访谈一般以面对面的个别访谈为主，采用“一问一答式”或“自由提问式”，也可通过小型座谈会、调查会的形式进行团体访谈，还有利用电话进行的电话访谈。一般说来，儿童的回答较真实、可靠，很少掩饰或作假。通过访谈获得有关的儿童的意向是一种好方法。

根据不同的分类标准，访谈有不同的类型。按照访谈的结构，访谈可以分成结构型、无结构型和半结构型三种。在结构型访谈中，选择访谈对象的标准和方法、所提的问题、提问的顺序以及记录的方式都已经标准化，研究者对所有受访者都按同样的程序问同样的问题。在无结构型访谈中，没有固定的访谈问题，只是围绕某一主题与被访谈者所进行的访谈，研究者可以根据当时的情况随机应变。在半结构访谈中，研究者对访谈的结构具有一定的控制作用，但同时也允许受访者积极参与。通常，研究者事先会列出一个大致的访谈提纲，在真正访谈中会根据受访者的具体情况随时修改和调整。按照访谈的正式程度，访谈可以分为正规性访谈和非正规性访谈。其中根据研究者与受访者双方接触的方式，正规性访谈又可以分为直接访谈和间接访谈。根据受访者人数，访谈可以分为个别访谈和团体访谈。根据访谈的次数，可以分成一次性访谈和多次性访谈。

在运用访谈法进行研究时，需注意：在访谈前，一是要了解访谈对象的特征，确定好访谈的时间、地点和场合；二是要设计访谈提纲；三是要准备相应的工具，如录音笔、记录本、摄像机、记录方式等。访谈提纲可以是粗线条的，列出应该了解的主要问题和应该覆盖的内容范围。访谈的问题应该简单明了，直接具体，操作性强。在访谈过程中，要做好现场访谈记录、录音或录像，同时还有注意受访者的非言语行为。因为受访者的非言语行为不仅可以帮助研究者了解受访者的个性、爱好、社会地位以及他们的心理活动等，而且可以帮助研究者理解受访者在访谈中所表现出来的言语行为。甚至可以说，有时非言语行为比言语行为更能体现受访者的态度、和研究者的关系以及互动的状态。

总之，访谈是质的研究中十分重要的收集资料的方法。在质的研究中，访谈发挥的不仅仅是一个简单的、研究者向受访者“收集”资料的作用，而且更重要的是一个交谈双方共同“建构”和共同“翻译”现实的过程。因此，质的研究中的访谈不能只依靠研究者运用个人谈话技艺，而且还需要研究者理解访谈的作用，把握访谈的情境和时机，对研究关系有清醒和足够的认识。

(二)问卷法

问卷法是研究者将一系列事先设计好的问题组合起来,以书面形式征询被调查者的意见,通过问题答案的回收、整理、分析,获取有关信息的研究方法。问卷法是研究者收集资料的一种技术,也是调查研究中最常用的一种方法。在学前教育领域中,适合于调查幼儿家长和幼儿园教师等成人。

根据不同的标准,问卷法可以分为不同的类型。根据问卷中提出问题的结构程度,可以分为结构型问卷和非结构型问卷。结构型问卷对每一个问题都有明确规定的备选答案,这类问题称为封闭式问题,被调查者只需从中选择符合其实际情况的答案。它提供了整齐划一的答案,便于调查对象进行回答及进行数据整理和分析。但有时备选答案并不能完整、深入地表述被调查者的信息。非结构型问卷的问题是统一的,但不列出备选答案,由被调查者自由回答,不受限制,这类问题称为开放式问题。被调查者可以充分表达自己的意见和想法,研究者往往可以得到意想不到的、富有启发性的信息。在一定程度上可以克服封闭式问题的确定,但会存在答非所问的情况,同时关于答案的整理难度较大。在实际运用中,研究者常常把二者结合起来使用。根据问卷的发放方式,可以分为发送问卷、访问问卷和邮寄问卷。

在实际运用中,问卷法实施简便,适用于广泛的调查研究,省时、省力,答案可以统一形式,能够收集到大量的信息,便于整理分析。但也存在明显的不足,由于问题和答案是事先规定好的,被调查者选择的余地较小,会遗漏一些信息,不易于问题的深入研究和分析;同时,数据收集过程中会受到无关因素的干扰,影响问卷的有效率。

在运用问卷法进行研究时,需注意:首先,要制订好一份结构完整的问卷,包括问卷的标题、前言、指导语、问题和结束语等,其中问题是问卷的主题,在设计时要考虑问题的题目、答案、数量、排列,能反映出研究的目的。其次,问卷的表述应当简单明了,通俗易懂,便于正确理解,容易回答。再次,问卷设计应当考虑实施过程中和结果整理中可能出现的各种问题和结果,以方便实施结果的处理。最后,要确定好被调查对象,包括抽样的标准和数量,能够反映出整体的情况。

三、实验研究法

实验研究法是指依据一定的理论假设,控制一切估计会干扰实验结果的其他因素,有目的、有计划地操纵某个因素,查明被实验者的心理效应和影响。根据研究方式,实验研究法可以分为实验室实验、自然实验和模拟实验三种。

实验室实验方法是在实验室条件下进行实验。一方面它的控制条件比较严格,可以避免许多其他因素的干扰,实验结果的说服力比较强。另一方面,这种实验是在实验室内进行的,脱离了活生生的社会生活,增加了许多人为因素,所有真实性较差。

自然实验方法又称为现场实验,是在自然的情况下控制条件进行实验,对于由此发生的相应的心理变化进行研究分析。这种方法在很大程度上可以推断出因果关系。如苏联的心理学家曾设计"冬夜拾火柴"的自然情境,以研究孤儿院儿童在困难条件下的性格意志特性。

模拟实验是研究者设计的一种人为情境，是对真实社会情境的模拟，以期探求被实验者在特定的社会情境下的心理活动的发生与变化。如研究儿童在怎样的社会情境下容易发生亲社会行为或攻击性行为。这种方法虽然是在人为地设计情境以模拟现实社会，但对被实验者来说，如果未被觉察人为因素，则其反应是真实可信的，因此模拟社会情境必须逼真，不易被发现。

在运用实验研究法时，需要注意：(1)要事先设计好实验方案。实验方案会直接影响到到实验的结果，设计应细致、周密。(2)要事先确定实验对象，同时尊重实验对象。在遵循教育性原则的前提下开展实验，使其控制在社会道德允许的范围内，实验内容要无损被实验者身心健康。(3)要排除无关因素干扰，使实验条件基本相同或完全相同。(4)坚持以实验事实为依据。

四、档案研究法

档案研究法是研究者收集个体或团体社会活动已有的各种文献或影音的资料，加以分析，从中寻找个体或团体社会活动和社会教育的特点与规律。如为了了解我国某一时期学前儿童社会教育的发展情况，可以查阅一些资料，收集相关的文件、图片或影像等；为了了解某一幼儿园社会教育活动的开展情况，可以查看这个幼儿园的课程设置、社会领域课程的目标、内容、方法等资料，还可以收集幼儿园档案材料，如文件、活动记录、照片等现成资料。这些经过有关人员整理并加工的资料，可以为研究所用。档案研究主要是一种静态性的研究，利用现存资料进行分析。在运用时，需注意对所收集的资料去伪存真，采用真实而有价值的材料，忠于事实，避免主观臆断。

五、个案研究法

个案研究法是以个人或团体为研究对象，运用多种方法，对个案的问题进行不断地诊断、评定、矫正的循环过程，以获得尽可能多的相关资料，并推出一般结论的过程。其研究对象是研究者根据自己的研究兴趣有目的地选择与指定，只要条件符合研究者的要求，就可以定为个案研究的对象。进行个案研究，一般需较长时间，运用观察、调查、作品分析等多种研究方法，从而科学地探究并解释研究对象的本质，在解决研究对象现实问题的同时，为同类样本的后续研究提供可参考的信息。个案研究法在学前儿童社会教育研究中主要用于针对个别儿童的某些特殊行为，以及使用于那些不能预测、控制或由于道德原因不能人为造成或重复的事例研究，同时也经常用于对某个儿童某一方面发展的追踪研究。

根据不同的标准，个案研究法可以分为多种类型。按照研究目的来划分，可以分为诊断性个案研究、指导性个案研究和探索性个案研究。诊断性个案研究目的是为了对现状进行判断然后设计解决问题的方案，如用于研究特殊儿童的行为；指导性个案研究主要是为了推广新的教学方法或不同的教学经验而进行的；探索性个案研究是针对在实践中发现研究问题后，并不明确问题的相关因素及因素间的内在关系，为了进一步来了解和明确问题的构成，研究者抽出典型个体进行研究，从而发现问题本质，进行大规模研究，便于研究结论的推广。根据研究对象来划分，可以分为单一个案和复合个案。

在运用个案研究时需注意：研究对象的选择，要具有典型意义，这样研究才会有价值；研究过程中方案设计，即设计研究步骤，并随时调整；研究结论的推广性，并不是所有结论都可以推及同类事件。

六、行动研究法

行动研究法指理论工作者（如专家、学者）与实践工作者基于解决实际问题的需要，共同探索教育实践中迫切需要解决而又缺乏现成方法的问题，而将研究（理论知识）和行动（解决问题）结合起来的一种研究方法。按照研究的侧重点，行动研究法可以分为三种：一是行动者用科学的方法对自己的行动所进行的研究；二是行动者为解决自己实践中的问题而进行的研究；三是行动者对自己的实践进行批判性反思。按照参与者对自己的行动所做的反思，可以分为三类：一是内隐式“行动中获知”，即这种行动研究是对实践者日常的例行式行动进行的研究，通过观察和反思了解实践者的内隐性知识；二是在行动中反思；三是在行动后反思。

行动研究法是一个螺旋式的发展过程。每一个螺旋发展圈都包括计划、行动、考察、反思四个方面。其中，计划是以所发现的大量事实和调查研究为前提，包括总体计划和每一个具体行动步骤的设计方案。行动，即实施行动计划。行动计划的执行和实施具有灵活性，可以对已制订的计划在实施过程中修改和调整。考察内容有：一是行动背景因素以及影响行动的因素；二是行动过程，包括什么人以什么方式参与了计划实施，使用了什么材料，安排了什么活动，有无意外的变化，如何排除干扰；三是行动的结果，包括预期的与非预期的，积极和消极的。反思是行动研究第一个循环周期的结束，又是过渡到另一个循环周期的中介。这一环节包括：整理描述，评价解释，写出研究报告。这四个方面是相互联系、相互依赖的。

行动研究法的优点有：具有适应性和灵活性。行动研究简便易行，较适合于没有接受过严格教育测量和教育实验训练的中小学教师采用。行动研究容许边行动边调整方案，不断修改；评价的持续性和反馈及时性；具有较强的实践性与参与性，教育研究与教育实践紧密联系；多种研究方法的综合使用。但同时也存在一些局限：由于其非正规性而缺少科学的严密性，在实际研究中，不可能严密控制条件，其结果的准确性、可靠性不够。

在运用行动研究法时需注意：一是要以科学理论为指导，行动研究不是在经验基础上解决问题，而是建立在科学理论的基础上的。二是运用科学理论对教育实践进行诊断，发现问题。一般来说，教育理论与实践的矛盾往往是问题产生的主要源泉。三是以一定的科学理论制订出科学的解决问题方案，并加以实施的检验。

拓展阅读

【阅读一】

日本《幼稚园教育要领》（2000 年修订）中人际关系领域的内容

该领域是从幼儿能在与他人的亲切交往中生活，以及培养其自信心和与人交往的能力

的观点出发而提出来的。

1. 目的

(1) 能享受幼儿园生活的愉快,体验以自身的力量去活动的充实感。

(2) 积极与身边的人交往并具有爱心和依赖感。

(3) 养成社会生活所需要的习惯和态度。

2. 内容

(1) 体验和老师、小朋友在一起共同生活的愉快。

(2) 独立思考,独立活动。

(3) 自己能做的事自己做。

(4) 在与小朋友的积极交往中去共同体验喜悦和悲哀。

(5) 把自己的想法告诉对方,并能注意到对方的想法。

(6) 注意到同伴的优点,体验到一起活动的愉快。

(7) 和同伴一起做事时,有决心做到底。

(8) 注意到有的是好事,有的是坏事,想一想再行动。

(9) 和同伴的交往不断加深,具有同情心。

(10) 在与同伴的愉快生活中注意到规则的重要性,并愿意遵守它。

(11) 爱惜公共玩具和用具,并能与大家共同利用。

(12) 跟那些与自己生活关系密切的社区的老人和其他人有亲密的感情。

3. 注意事项

在进行上述活动时,应注意如下事项:

(1) 基于在与教师所建立的信赖关系下而确立的独立自主的生活,是与人交往之基础的认识,为了让幼儿用自己的力量通过自己身边的活动去进行多种多样的感情体验和试行错误以体验充实感,教师应在照料幼儿行动的同时给予适宜的帮助。

(2) 幼儿的主体活动在与其他幼儿的交往中变得深入和丰富。要通过此过程,让幼儿认识到自己与其他幼儿都是相互必要的存在,并在此基础上去形成每个幼儿都能生动活泼地发挥的集体。在形成这样的集体的过程中,让幼儿的人际交往能力随之发展起来。习惯的同时,要让幼儿在与其他幼儿的交往中,体会到他人的存在,并能在自己的行动中体现对他人的尊重。另外,要通过与大自然、与身边的动物、植物等建立感情,培养幼儿丰富的情感。

(3) 培养幼儿最初的道德时,在培养其基本生活上特别要注意的是,培养对他人的信赖和同情,需要让幼儿自身对冲突或挫折等也有一番体验,在这些经历的基础上,才能逐步地培养起来。

(4)让幼儿在跟那些与自己生活关系密切的人们相互接触、表达自己的情感和意愿,从中获得愉快的、相互沟通的体验,并通过这些体验,对社区的老年人以及其他的人们产生感情,感受到与人交往的快乐和帮助别人的喜悦。另外,让幼儿能通过日常生活感受到父母的爱,培养他们珍惜父母的感情。

【阅读二】

节期、赛会期、纪念日

节期、赛会期与纪念日在孩子们是同一看待的。社会上以赛会期为最注重，家庭间以节期为最注重，法令上以纪念日为最重要。所有节期、赛会期与纪念日不必完全放到幼稚园里去。有人主张删去纪念日只留节期，这未免太偏。我根据江南风俗，以为应留意的节期、赛会期、纪念日如下：

（一）有哪几个日期应该采用的

节期 元旦（倘若从社会习惯应做旧历）、春分（或可植树）、清明、立夏、端午、中秋、重阳、冬至、腊八、除夕。

（二）怎样攫住动机

关于活动节期的元旦、清明、端午、中秋、重阳、冬至、腊八、除夕等在没有到来以前，社会上已经家家户户闹得孩子只期望这些日子快到，所以在早几天就会听到儿童三三两两谈说自己家里怎样预备过节。教师只要稍一留心，就不难开头。

植树节是有整套活动的，这件事可以因小学部的筹备来开头，或者可以参观苗圃场一次。立夏有称人风俗，这项活动可以在事后再提起。

（三）预备什么材料

关于节期活动最容易预备，因为社会上的应用材料也就是移到幼稚园里来的好材料。各地风俗不同，应用品要希望教师随时留意。这里有一个例外就是植树节。这个节要预备山锄、树苗、水壶、树名牌等。倘若树木稍大，教师力所不及，不必勉强从事，可以请人帮助。因为树非种得深，土洞非掘得广大深入不可。

（四）怎样进行

节期的开始或聚会必须早于节期，因为当节期那天家庭也有快乐，幼稚园免得重复。其中也有不必预先做的，如春分、重阳、腊八等。各个节期自从孩子的动机发现之日起，教师就来参加谈论，以开庆祝会为最终目标。于是布置会场、谈话、唱歌等都可以集中于开会的一点。清明在家庭是扫墓，但是扫墓于孩子太少影响，可以改为试放风筝。这是南京的风俗，大可借用。植树节的树如树少人多，可以数人合成一组，共同种下去，共同来保护。重阳是登高之期，很可因此来旅行一次，重阳旗只需买一面，因为极简单，可以暗示孩子模仿了做。此外如元旦的汤圆、立夏的饼、端午的粽子、中秋的月饼、重阳的糕、腊八的粥，都是于聚会的应用品，做法各地不同，可以与孩子共同谈论共同制作。

本组活动里识字机会极多。各种节期，可以暗示孩子认识月日，在课室内如有一张大的日历，可以乘此来做认识月日的一个动机。分发请帖，开列账目，都是识字的机会。

（五）怎样结束

本组活动大多数是不结束的，因为都可以过渡到别的活动上去。腊八、除夕、元旦三个活动是接连起来的。过完了腊八就是预备过新年，如做贺年片等。过完了元旦，新年还未过去，提灯等活动正极热闹。植树节是春节活动的开始，重阳是采集秋季红叶、野果的起头。

幼稚园各种活动如流水式的联络，不能如积木式的架搭。做本组活动各位要注意此语。[①]

【阅读三】

陈鹤琴关于培养幼儿群体知识和交往能力的教育理论

我国著名幼儿教育家陈鹤琴先生认为人之所以异于其他的动物，就因为人是一种社会的动物。他说凡人都喜欢群居，两岁儿童就愿与同伴游玩，六岁儿童的乐群心更强，应使儿童常与小朋友交往，培养其友爱互助、热爱集体的品质，发展其社会性。在社会生活中，人们需要交往，需要与社会融合。多让孩子交流，充分解放孩子的头脑、双手、嘴巴、空间、时间和眼睛，让孩子自我探索、自我发现问题。

1. 坚持环境教育原则

陈鹤琴先生早就指出“大自然，大社会，是我们的活教材”，学前儿童是个单一的个体，又是个统一的系统，确立培养“完整儿童”的新观点，研究尽可能促进幼儿的认识、情感、社会、道德等诸方面的整体发展。幼儿园要提高教育质量，必须主动与外界结合，尽管外部因素不能左右，但是可以选择、组织、吸取其中有价值、有意义的积极因素，控制和削弱消极因素，并在此过程中扩大幼儿园对家庭、社区的影响，通过几种环境的结合，发挥环境对学前儿童交往能力发展的教育潜能。

2. 坚持主体发展性原则

以发展的眼光去对待孩子的成长，创造条件，在过程中发展幼儿，即相信孩子是发展的，同时也相信孩子的发展是具有过程性的。

3. 坚持激励性原则

鼓励幼儿不断尝试，无论成功失败，对于幼儿来说都是可贵的经验，幼儿园、家庭要给予幼儿不同程度、不同层面的肯定与激励。

4. 坚持目的性原则

在制订的大目标的前提之下设立阶段目标，实施过程中不断检验研究的效果，根据研究过程中幼儿发展的需要，不断将目标予以调整。

【阅读四】

瑞吉欧教育体系的主要特色

1. 全社会的幼儿教育：社会支持和家长参与

在瑞吉欧，幼儿教育是全社会的事，0～6岁的保育和教育是一项十分重要的市政工程，享有12%的政府财政拨款。许多由社区公民自发组织起来的民间组织对地方政府施加实质性影响，以保障和改善该地区学龄前儿童的家庭教育和正规教育。在全市所有的幼儿学校中，家长都有权利参与学校所有环节的一切事务并自觉承担起这一责任。例如，家长要讨论学校的各项政策，研究有关幼儿身心发展的状况，参与课程的计划与实施并给予一定的评价。

---

① 张宗麟：《张宗麟幼儿教育论集》（张沪编），湖南教育出版社1985年版，第352—355页。这里仅摘录跟节期相关的内容。

2. 民主与合作:学校管理风格

瑞吉欧学前教育系统是一个以儿童为中心的联盟,一个教师与儿童同样能获得“家一样的感觉”的地方。这些学校并没有我们在一般机构中所见的那些行政事务,教师之间也没有任何的层次等级,他们只是平等的共事者与合作者。所有学校由一位主管直接向市政府汇报工作,主管还要组织协调一群教研员进行宏观的决策、计划和研究,并对各所学校进行具体的指导。这些教研员是该市幼儿教育的课程决策者,其中每个人都要协调和指导五六所学校的全部教师的业务工作。

学校每个班配备两名教师(幼儿的数量:婴儿班 12 人,托儿班 18 人,幼儿班 24 人),实行三年一贯制随班教学,以在教师和幼儿之间保持长期稳定的联系。每所学校都有一名在艺术方面受过专业培训的艺术教员。艺术教员除了自身要在艺术教育方面为瑞吉欧幼儿教育做出特殊的贡献,还要协助教师发展课程并做好课程、教学与幼儿活动的记录。

3. 项目活动:弹性课程与研究式的教学

项目活动是对该学校的课程与教学最全面准确的概括。这种活动的基本要素或关键的词包括:解决真实生活中的问题,小群体共同进行长期、深入的专题研究等。

项目活动一般始于教师对幼儿的观察或者教师就某一主题对幼儿的询问,其起点是幼儿的自发性、兴趣和教师敏锐的判断,其过程充满了大量不期而至的偶然性,其结果导致幼儿的发现学习、自由的表达和创造性的问题解决。教师们常常同某一个小组的幼儿一起开展一个项目,此时其他幼儿可以从事一些常见的自选活动。瑞吉欧没有固定的课程计划,项目活动强调深入而富有实效的学习,决不匆匆忙忙“走过场”。整个教育过程显得自然而流畅。

4. 合作学习和反思实践:教师的成长

瑞吉欧的教师和孩子一样,都不是“训练”出来的。相反,教师是通过进入一个充满各种关系(与孩子、与家长、与其他教师、与教研员等的关系)的环境之中学习的,环境中的这些关系支持教师们合作建构了关于儿童、关于学习过程以及关于教师角色的知识。

教师的成长与孩子的发展被视为一个“连续体”。在与儿童合作开展的项目活动中,教师不断地观察幼儿,并采用多种方式记录、保存学习过程和“产品”,为孩子建立“档案”。记录、整理、分析解释档案的过程,不仅为教师本人计划和实施课程提供了充分的信息基础,而且成为教师自我反思和同其他教师、教研员、艺术教员及家长共享的宝贵资源。

思考与练习

一、填空题

1. 我国著名幼儿教育家________提出“活教育”理论,并将________领域与健康、科学、艺术和语文四个领域一起构成“五指活动”课程。

2. 1996 年,国家教育委员会在________中提出幼儿园保育和教育的四大目标,其中之一

是学前儿童社会领域。

3. 在2012年10月颁布的《3－6岁儿童发展与学习指南》中指出，________和________是幼儿社会学习的主要内容，也是其社会性发展的基本途径。

4. 根据观察者是否参与观察对象的活动，观察法可以分为________和________。

5. ________是按一定的程序，从全体对象中抽取一部分样本进行研究，并以________、________、作品分析等间接手段获取资料，然后概况全体对象的特征。

二、简答题

1. 简述当前世界学前儿童社会教育的趋势。

2. 简述学前儿童社会教育的主要研究方法及其优缺点。

三、论述题

试述我国现代学前儿童社会教育发展的三个阶段。

四、实践题

1. 走访当地一所幼儿园，了解《幼儿园教育指导纲要（试行）》（2001年）和《3－6岁儿童发展与学习指南》颁布前后幼儿园社会领域教育发生了哪些变化，还存在哪些问题。

2. 选择一名中班儿童，利用观察法初步研究其在游戏中的行为特点。

第四章　学前儿童社会教育的目标与内容

学习目标

1. 了解学前儿童社会教育目标的内涵与功能。
2. 掌握学前儿童社会教育目标表述策略。
3. 理解选择学前儿童社会教育内容的依据。
4. 领会学前儿童社会教育内容的基本结构。

第一节　学前儿童社会教育的目标

教育目标是教育的根本指向和行动的出发点,是人们对教育活动效果的一种期望和评价教育行为的参照。学前儿童社会教育活动目标为社会教育活动的设计与安排、组织与开展提供了基本依据,也为教育活动效果评价提供了基本标准。社会教育活动目标设计得恰当与否直接反映出教师的教育技能水平及教育观念,也直接影响着教育活动的质量。因此,要提高学前儿童社会教育教学水平,必须提高教师的社会教育活动目标设计能力。

一、学前儿童社会教育目标的内涵与功能

学前儿童社会教育是教师有目的、有计划地对幼儿施加教育影响、引导他们积极主动地参与活动,并促进其社会认知、社会情感和社会行为等健康发展的过程。只有提高教师的目标意识,加强目标制订能力训练,才能切实提高学前儿童社会教育质量。

(一)学前儿童社会教育目标的内涵

学前儿童社会教育活动目标,是社会教育活动预期结果的标准和期盼。学前儿童社会领域的教育,旨在促进儿童的社会化。社会教育的根本目的,即通过教育促进儿童社会认知、社会情感和社会行为等方面健康发展。

(二)学前儿童社会教育目标的功能

教育目标的落实是社会根据自身或人的发展需要对教育活动进行调节、控制的重要过程。学前儿童社会领域制订的教育目标,是学前儿童社会教育开展的基础和依据,只有明确了培养目标,才能选择恰当的内容与方法去实现这一目标,才能达到儿童社会发展的预期目的。

二、制订学前儿童社会教育目标的依据与原则

（一）制订学前儿童社会教育目标的依据

1. 以学前儿童的社会性发展特点及其需要为依据

学前儿童社会性发展的特点决定了儿童社会学习的内容与难易梯度，在不同的年龄阶段儿童接受水平和成长需要是不同的，儿童的社会认知、社会情感和社会行为技能的发展，在一定阶段表现出自身的规律和特点，因此，儿童的社会性发展特点是确定学前儿童社会教育目标的重要依据。制订儿童社会教育的目标必须依据儿童社会性发展的大致特征，才能更好地促进儿童社会性的发展。如果我们制订社会教育目标时“心中无儿童”，那么所制订的教育目标就可能过高或过低，儿童难以达到这一水平，既无法实现促进儿童社会性发展的根本目的，还可能阻碍儿童社会性的发展，从而降低社会教育的质量。因此，在制订学前儿童社会教育目标时，尤其是对于制订具体教育活动目标的教师而言，需要经常观察儿童，以便真正地了解儿童的社会性发展水平，从而制订出科学的合理可行的社会教育目标。儿童可能达到的社会性发展目标与内容也是因人因年龄段而有差别的，因此，教育者在制订教育目标时，必须要考虑学前儿童社会性发展的年龄差异和个体特点。

2. 以社会发展的需要为依据

社会发展的需要是教育目标制订的重要参考。社会的政治、经济和文化发展水平，决定了一个国家人才需要的特征，依据人才特点从而对各类教育提出相应的要求。学前儿童儿童园教育的目的是为祖国的明天培养人才，因此，学前儿童社会教育就要关注社会的未来，关注世界的变化。随着社会经济的发展，改革的深化，当今社会需要人的主动性、创造性、责任感、团队合作意识等。全球科技革命使人类生活多元化，国家之间、不同民族之间的相互制约与依赖不断加剧，社会的发展显示出互惠互利、合作分享的重要性。学前儿童社会教育目标的制订要能反映出儿童所处社会的需要和特点，培养既符合社会需要、又能适应社会发展的高社会化人才。

3. 以学前儿童社会教育学科的发展为依据

学前儿童社会性发展的特点决定了学前儿童的社会教育内容是以学前儿童的经验为主体构建的。每一学科本身的基本目标、知识体系都将在一定程度上影响学前儿童社会教育目标的选择与确定。如社会学中理解社会角色、参与社会交往等目标，就会在学前儿童社会教育目标中有所渗透。又如人类学中对不同民族及其文化，应包容、尊重等，这也会在学前儿童儿童社会教育的目标体系中有所体现。

4. 以我国的教育目的与《幼儿园教育指导纲要（试行）》为依据

我国的教育目的是为巩固与发展社会主义服务的，学前儿童社会教育是学前儿童全面发展教育的重要组成部分，它是我国教育目的体系构成中必不可少的一部分。2001 年教育部颁发的《幼儿园教育指导纲要（试行）》（以下简称《纲要》）对学前儿童社会教育的领域目标作了明确规定，学前儿童社会教育目标是对我国教育目的和《纲要》的具体体现，在具体目标制订与陈述时会受到以上两者的制约。

学前儿童发展特点与需要是学前儿童社会教育目标制订的内在依据，即教育的内在目

的是促进儿童的健康发展与人生幸福;社会发展需要与社会学科发展特点是学前儿童社会教育目标制订的外在依据,即教育的外在目的是促进社会的发展,达成社会的需要;我国教育目的与《纲要》是学前儿童社会教育目标制订的操作性依据,它们主要提供的是目标制订的陈述性指导,使学前儿童社会教育目标与整个教育目标体系保持一致性。只有综合考虑多种依据我们才能制订与表述出适宜的学前儿童社会教育目标。

(二)学前儿童社会教育目标的建构原则①

1. 方向性与基础性原则

方向性原则即指学前儿童社会教育目标的建构要有一定的思想与价值指向。具体说来,是指我国学前儿童社会教育的目标一定要反映我国的教育目的与方针,反映我国有关幼儿教育的法规及政策精神,反映有关儿童教育及儿童保护法律文件的精神,使学前儿童社会教育具有明确的思想与价值指向。

培养全面发展的社会主义建设者与接班人是我国教育目的的基本指向,《幼儿园工作规程》(以下简称《规程》)明确提出幼儿园的任务是:实行保育与教育相结合的原则,对幼儿实施体、智、德、美诸方面全面发展的教育,促进其身心和谐发展。《纲要》进一步指出:幼儿园应为幼儿提供健康、丰富的生活和活动环境,满足他们多方面发展的需要,使他们在快乐的童年生活中获得有益于身心发展的经验。幼儿园教育应尊重幼儿的人格和权利,尊重幼儿身心发展的规律和学习特点,以游戏为基本活动,保教并重,关注个别差异,促进每个幼儿富有个性的发展。尊重幼儿的人格和权利,使幼儿在快乐的童年生活中获得有益身心发展的经验,促进幼儿全面和谐地发展是制订学前儿童社会教育目标的基本价值方向。

基础性原则是指学前儿童社会教育的目标应当是社会教育领域中最基础的、启蒙性的目标,这种目标是为儿童社会性健康发展所必需的,同时,也有终身持续的发展性的目标,如自信、同情、责任等,都是作为人必须具备的社会性品格。这种目标应以幼儿的社会生活经验为前提,尤其对社会教育中与一定的学科系统知识有关的目标更应注重基础化、启蒙化,这是由幼儿身心发展的特点所决定的。因而,最基本、最粗浅、最初步等限定语经常出现在学前儿童社会教育的具体目标描述之中。

方向性原则保证了目标制订的理想性与价值性,基础性原则保证了目标制订的现实性与合宜性。

2. 层次性与整体性原则

层次性原则是指学前儿童社会教育目标的建构是有层次的系列,这是由幼儿社会性发展水平的层次系列所决定的。不同年龄段的孩子有不同的发展水平与要求,在目标制订中应考虑这种层次的差异,不能以同一标准对待所有年龄段的孩子。同时,由于生长环境与自身特质的影响,同一年龄段的孩子也存在发展水平的差异。国家课程标准中对某一学段的统一要求,是绝大多数儿童应达到的标准,而不是每一个幼儿必须要达到的标准,教育目标要考虑儿童的层次与个体差异,使目标具有层次性,这是因人施教原则的要求。层次性原则

① 本部分内容主要参考甘剑梅:《学前儿童社会教育》,中央广播电视大学出版社2007年版,第100—102页。

可以保证学前儿童社会教育目标制订的差异性。

整体性原则即在建构学前儿童社会教育目标时,要确立一种层次结构的整合观。这种整合观包括横向的类别整合与纵向的层次整合。横向的类别整合包括儿童社会认知、社会情感、社会行为三方面发展目标的整合,学前儿童社会性发展是这三方面的协调发展,要避免只重知识传授而忽视情感和行为习惯培养,应把三者有机地协调起来。横向的类别整合还包括各教育系统幼儿社会教育目标的整合,即家庭、社会与幼儿园的社会教育目标要基本一致,以形成教育的合力,促进幼儿健康发展。纵向的层次整合主要指学前儿童社会教育各层级目标的整合,即各相连层级间的目标是相互联系、相互支持的。整合性原则保证了学前儿童社会教育目标建构的综合系统性。

3. 科学性与动态性原则

科学性原则是指学前儿童社会教育目标应当是一个符合幼儿自身发展与教育规律的科学体系。一方面它要反映和遵循幼儿身心发展的规律,是适合幼儿发展的;另一方面,它应当符合教育的原理与规则,具有可教育性与可操作性。一个目标体系只有能付诸实践,并能通过实践真正起到引导学生健康发展的效果,才是科学而有效的,因而学前儿童社会教育目标应该是在充分研究儿童社会性发展规律与教育原理的基础上制订出来的。

动态性原则是指学前儿童社会教育的目标并不总是固定不变的,虽然教育目标是综合考虑各因素在教育活动展开之前制订下来的,具有相对的稳定性,但教育过程中总有预料之外的情景发生,时有偏离原有目标的情况出现。当出现目标偏离时,我们需要分析到底是目标设计的问题,还是教育策略的问题。如果是目标问题我们需要适时地调整目标,以适合具体的孩子与具体的情境。目标制订的最终目的是帮助教育者更好地引导孩子的发展。如果在教育实践中,教育者用目标机械教条地去要求孩子,那就违背了教育要从孩子出发的基本原则。儿童的情感、社会性与品德的发展本就很难有一个精确的目标结果,此时更要关注儿童的个体差异与即时表现,要根据具体情况及时灵活地调整目标,以促进儿童个性的健康发展。由此,教育目标的制订应有一定的弹性空间,保持目标的动态性与开放性,让教师有更多的创造空间,也让儿童有更多的发展空间。

科学性原则保证了学前儿童社会教育目标制订的合理性,动态性原则保证了学前儿童社会教育目标制订的生成性与开放性。

三、学前儿童社会教育目标的体系结构

(一)学前儿童社会教育目标的层次结构

学前儿童社会教育目标是一个由多种内容构成的、多层次的体系。从纵向的角度来看,学前儿童社会教育具有一般的层次结构,目前学前儿童社会教育目标共分为以下几个层次:总目标(也称社会领域目标、课程目标)、年龄阶段目标(学年目标和学期目标)、活动目标(单元教育活动目标和具体的教育活动目标),各层级间的目标是相互联系、相互支持的。从横向的角度来看,学前儿童社会教育目标则具有独特的分类结构。

1. 学前儿童社会教育总目标

总目标是学前儿童社会教育的最终目的,是制订其他所有社会教育活动目标的重要依

据。教育部于1996年颁布的《规程》规定了有关幼儿情感——社会性发展的目标是:萌发幼儿爱家乡、爱祖国、爱集体、爱劳动、爱科学的情感,培养诚实、自信、好问、友爱、勇敢、爱惜公物、克服困难、讲礼貌等良好的品德行为和习惯,以及活泼开朗的性格。在此基础上,2001年教育部颁发的《纲要》,将社会领域作为幼儿园教育的五大领域之一,明确提出了幼儿园社会教育领域的总目标,目标主要表明了该领域重点追求什么,它主要的价值取向何在。

◆以下为《纲要》中提出的幼儿园社会教育领域的五条目标:

(1)能主动地参与各项活动,有自信心;

(2)乐意与人交往,学习互助、合作和分享,有同情心;

(3)理解并遵守日常生活中基本的社会行为规则;

(4)能努力做好力所能及的事,不怕困难,有初步的责任感;

(5)爱父母长辈、老师和同伴,爱集体、爱家乡、爱祖国。

◆以下为教育部2012年颁发的《3－6岁儿童学习与发展指南》(以下简称《指南》)社会领域的目标描述:

◇人际交往

目标(1) 愿意与人交往

3~4岁	4~5岁	5~6岁
①愿意和小朋友一起游戏 ②愿意与熟悉的长辈一起活动	①喜欢和小朋友一起游戏,有经常一起玩的小伙伴 ②喜欢和长辈交谈,有事愿意告诉长辈	①有自己的好朋友,也喜欢结交新朋友 ②有问题愿意向别人请教 ③有高兴的或有趣的事愿意与大家分享

目标(2) 能与同伴友好相处

3~4岁	4~5岁	5~6岁
①想加入同伴的游戏时,能友好地提出请求 ②在成人指导下,不争抢、不独霸玩具 ③与同伴发生冲突时,能听从成人的劝解	①会运用介绍自己、交换玩具等简单技巧加入同伴游戏 ②对大家都喜欢的东西能轮流、分享 ③与同伴发生冲突时,能在他人帮助下和平解决 ④活动时愿意接受同伴的意见和建议 ⑤不欺负弱小	①能想办法吸引同伴和自己一起游戏 ②活动时能与同伴分工合作,遇到困难能一起克服 ③与同伴发生冲突时能自己协商解决 ④知道别人的想法有时和自己不一样,能倾听和接受别人的意见,不能接受时会说明理由 ⑤不欺负别人,也不允许别人欺负自己

目标(3) 具有自尊、自信、自主的表现

3~4岁	4~5岁	5~6岁
①能根据自己的兴趣选择游戏或其他活动 ②为自己的好行为或活动成果感到高兴 ③自己能做的事情愿意自己做 ④喜欢承担一些小任务	①能按自己的想法进行游戏或其他活动 ②知道自己的一些优点和长处,并对此感到满意 ③自己的事情尽量自己做,不愿意依赖别人 ④敢于尝试有一定难度的活动和任务	①能主动发起活动或在活动中出主意、想办法 ②做了好事或取得了成功后还想做得更好 ③自己的事情自己做,不会的愿意学 ④主动承担任务,遇到困难能够坚持而不轻易求助 ⑤与别人的看法不同时,敢于坚持自己的意见并说出理由

目标(4) 关心尊重他人

3~4岁	4~5岁	5~6岁
①长辈讲话时能认真听,并能听从长辈的要求 ②身边的人生病或不开心时表示同情 ③在提醒下能做到不打扰别人	①会用礼貌的方式向长辈表达自己的要求和想法 ②能注意到别人的情绪,并有关心、体贴的表现 ③知道父母的职业,能体会到父母为养育自己所付出的辛劳	①能有礼貌地与人交往 ②能关注别人的情绪和需要,并能给予力所能及的帮助 ③尊重为大家提供服务的人,珍惜他们的劳动成果 ④接纳、尊重与自己的生活方式或习惯不同的人

◇社会适应

目标(1) 喜欢并适应群体生活

3~4岁	4~5岁	5~6岁
①对群体活动有兴趣 ②对幼儿园的生活好奇,喜欢上幼儿园	①愿意并主动参加群体活动 ②愿意与家长一起参加社区的一些群体活动	①在群体活动中积极、快乐 ②对小学生活有好奇和向往

目标(2) 遵守基本的行为规范

3~4岁	4~5岁	5~6岁
①在提醒下,能遵守游戏和公共场所的规则 ②知道不经允许不能拿别人的东西,借别人的东西要归还 ③在成人提醒下,爱护玩具和其他物品	①感受规则的意义,并能基本遵守规则 ②不私自拿不属于自己的东西 ③知道说谎是不对的 ④知道接受了的任务要努力完成 ⑤在提醒下,能节约粮食、水电等	①理解规则的意义,能与同伴协商制定游戏和活动规则 ②爱惜物品,用别人的东西时也知道爱护 ③做了错事敢于承认,不说谎 ④能认真负责地完成自己所接受的任务 ⑤爱护身边的环境,注意节约资源

目标(3) 具有初步的归属感

3～4 岁	4～5 岁	5～6 岁
①知道和自己一起生活的家庭成员及与自己的关系,体会到自己是家庭的一员 ②能感受到家庭生活的温暖,爱父母,亲近与信赖长辈 ③能说出自己家所在街道、小区(乡镇、村)的名称 ④认识国旗,知道国歌	①喜欢自己所在的幼儿园和班级,积极参加集体活动 ②能说出自己家所在地的省、市、县(区)名称,知道当地有代表性的物产或景观 ③知道自己是中国人 ④奏国歌、升国旗时能自动站好	①愿意为集体做事,为集体的成绩感到高兴 ②能感受到家乡的发展变化并为此感到高兴 ③知道自己的民族,知道中国是一个多民族的大家庭,各民族之间要互相尊重,团结友爱 ④知道国家一些重大成就,爱祖国,为自己是中国人感到自豪

对《指南》社会领域的学习与发展目标及其在各年龄阶段的表现进行简略的分析,可以发现其内容大致包括:交往态度和交往技能;对自我和对他人的认知、态度和行为;对群体、群体生活及我群关系的感受、态度和行为等方面。其核心价值在于逐步引导幼儿学会共同生活,建立和谐的社会(包括人际)关系,形成良好的社会性与个性品质。

学前儿童社会教育总目标具有规范性、共通性、学习结果导向性、可分析性、可扩充性等特点。可以看出学前儿童社会教育总目标的内容取向为:第一,兼顾了幼儿自身发展的需要,如"能主动参与""乐于与人交往"其主体词都是幼儿,其视点是从幼儿出发的;第二,以幼儿情感性发展为基础的目标取向,如"乐于、同情、爱"等都是情感词,这表明情感目标在幼儿社会性发展中处于重要位置。

2. 学前儿童社会教育年龄阶段目标

学前儿童社会教育的年龄阶段目标服从于总目标,是总目标的具体化,反映了儿童社会性发展目标的年龄差异性和连续性。

年龄段目标的主要特点就是将社会教育目标分化为不同的要求,形成对每一个年龄段幼儿逐步提高要求的具体目标,引导幼儿逐步达到社会教育的总目标,而且不同年龄段的目标之间应该是连续的、衔接的。例如,同样是培养幼儿与同伴交往的能力,但是不同年龄段的要求是不一样的。小班时,只要求能与同伴友好相处,主动礼貌地问候小朋友;而到中班时,希望幼儿逐渐喜欢和同伴游戏,关心弱小同伴;到大班时的目标则是能够主动带年幼的同伴共同游戏,体验大带小的快乐,愿意与众多的同伴合作游戏。我们对学前儿童社会教育阶段目标表述如下:

(1)小班幼儿社会教育目标:

①引导幼儿初步了解自己身体主要部分的基本特征和功能,初步学会自我保护。

②使幼儿知道自己是幼儿园的小朋友,初步培养幼儿的独立性和最基本的自我控制能力。

③引导幼儿逐步熟悉幼儿园的环境,认识幼儿园中的同伴和成人,初步了解他们与自己的关系,使幼儿初步适应幼儿园生活。

④使幼儿保持愉快的情绪,愿意与他人交往,鼓励幼儿积极参与集体生活。

⑤引导幼儿初步掌握日常生活中常用的礼貌用语，使幼儿初步学会有礼貌地同他人交往，见了老师和长辈会问好。

⑥使幼儿初步了解和掌握基本的卫生要求，养成初步的卫生习惯。

⑦使幼儿初步懂得最主要的交通安全常识。

⑧引导幼儿遵守最基本的学习活动规则，初步养成良好的学习习惯。

⑨激发幼儿从事简单的自我服务性劳动的兴趣，引导幼儿初步了解父母和老师的劳动。

⑩使幼儿初步懂得不提无理要求、不无故发脾气的道理。

⑪教育幼儿与同伴共同活动时不争夺或独占玩具。

(2)中班幼儿社会教育目标：

①使幼儿初步了解自己和他人的异同。

②教幼儿初步了解自己和他人的情绪，初步学会同情和关心他人。

③培养幼儿最基本的自我控制能力，使幼儿初步懂得不侵犯同伴的道理。

④引导幼儿初步了解周围主要的社会机构、社区设施，初步了解它们与人们生活的关系，引发幼儿最初步的热爱家乡的情感。

⑤引导幼儿初步了解重大的节日，感受节日的快乐。

⑥初步激发幼儿与他人交往的愿望，引导幼儿在与同伴或成人交往时，学习使用准确的礼貌用语。

⑦引导幼儿初步学会与他人合作，初步学会分享和谦让。

⑧引导幼儿了解周围成人的劳动，鼓励幼儿学做一些力所能及的事，使幼儿初步养成爱劳动、爱惜劳动成果的习惯。

⑨鼓励幼儿大胆表达自己的见解，使幼儿初步学会克服困难，鼓励幼儿坚持有始有终地做一件事。

⑩引导幼儿初步学会评价自己与同伴，并勇于承认错误、改正缺点。

⑪引导幼儿初步养成诚实，守纪律等良好的品德行为。

⑫引导幼儿初步感知我国的民间艺术及传统文化精品。

(3)大班幼儿社会教育目标：

①使幼儿初步了解自己的成长和成人为此付出的劳动。激发幼儿爱父母、爱老师及其他长辈的情感。

②引导幼儿初步学会控制自己的情绪和行为，初步学会在紧急情况下的应变方法。

③引导幼儿了解自己所在的幼儿园，初步懂得应为幼儿园做有益的事，培养幼儿初步的集体荣誉感和责任。

④引导幼儿主动、准确地使用礼貌用语，以恰当的方式与他人交往。

⑤引导幼儿主动照顾、关心中班和小班的小朋友。

⑥引导幼儿了解周围的社会生活，逐步了解各社会机构成员的劳动及其与人们生活的关系，引发幼儿尊敬热爱劳动者的情感。

⑦引导幼儿初步了解我国的民族及我国主要的物产，激发幼儿爱祖国的情感。

⑧引导幼儿初步了解国家间的友好往来，引发幼儿爱好和平的情感。

⑨引导幼儿初步学会分辨是非，初步懂得应向好的榜样学习，激发幼儿初步的爱憎感。

⑩使幼儿能遵守各种行为规范，初步学会以规章制度对照自己或他人的行为，使幼儿喜欢从事力所能及的劳动，初步懂得爱惜劳动成果，爱惜公物。

⑪引导幼儿初步感知家乡的自然环境和人文景观，初步了解我国主要的自然景观和人文景观，引发幼儿对民族文化的兴趣及保护自然、社会环境的初步意识。

⑫引导幼儿初步感知世界著名的人文景观及优秀艺术精品，培养幼儿对世界文化的兴趣。

3. 学前儿童社会教育活动目标

学前儿童社会教育活动目标是指每日或每次具体的社会教育活动所要达到的目标，它是最具体的目标，是单元目标的具体化和展开。学前儿童社会教育活动目标是整个社会教育活动的“指南针”和“方向盘”。如果活动目标设计不合理，那么即使实现了活动目标，教学也可能变得没有意义，成为“无效教学”，甚至可能对幼儿发展产生不良影响。因此，社会教育活动目标的主要特点是具有可操作性、可验证性，可以通过具体的教和学的行为，通过师生及环境的相互作用得以实现，主要包括以下三方面：

(1)社会认知目标，包括自我意识、社会环境的知识、社会文化知识等的发展。

(2)社会情感目标，包括情感、态度、价值观、习惯等的发展。

(3)社会技能目标，包括合作能力、交往能力、自主能力、移情能力、自我调节能力、适应环境的能力等的发展。

总之，对于制订具体教育活动目标的教师而言，需要经常观察儿童，以便真正地了解幼儿的社会性发展水平，从而制订出科学、合理可行的具有操作性的社会教育目标。可以说，活动目标的设计基本上考查了教师对幼儿社会性发展特点、学习特点及兴趣、学习准备性等方面的观察及分析能力。

(二)学前儿童社会教育目标的分类结构

分类结构是指对社会教育目标进行横向的归聚和划分，从而确定相对独立的类别。进而再对每一个类别进行深入地分析研究，是总体目标的具体化，它反映了儿童社会性发展的内容全面性与完整性。我们从总体目标中分化出自我意识、人际交往、社会环境与社会规范、社会文化四大类别。

1. 自我意识

(1)引导幼儿初步了解有关自己成长的最基本的知识；

(2)初步培养幼儿的自信心、自尊心及独立性，以及最基本的自我控制和应变能力；

(3)引导幼儿正确认识自己，能够进行准确地自我评价；

(4)引导幼儿学会用恰当的方法表达自己的爱好、需求、情绪和情感。

2. 人际交往

(1)愿意与他人共同游戏、活动并友好相处；

(2)善于与人交往，懂得问候、交谈、与人合作及参与活动的技巧，掌握几种交往策略；

(3)能主动帮助弱小同伴，乐于帮助有困难的小朋友、老人和残疾人，经常自愿地与他人分享玩具、食物等；

(4)鼓励幼儿主动地参与各项活动,培养诚实、勇敢、守纪等基本品质,培养幼儿开朗的性格;

(5)引导幼儿初步了解自己所在的集体,使幼儿逐步适应并喜欢集体生活,初步产生对集体的关心喜欢之情。

3. 社会环境与社会规范

(1)知道自己的成长与家人的关系,感激父母长辈的辛勤养育之恩;

(2)初步了解家庭、幼儿园,认知周围不同职业人们的劳动及其与自己生活的关系,尊重他们的劳动,产生初步的热爱劳动者的情感;

(3)引导幼儿初步了解并逐步掌握基本的交通规则、学习活动规则、生活规则等;

(4)引导幼儿初步了解并掌握基本的公共卫生规则,树立环境保护意识;

(5)逐步懂得正确与错误之分,激发幼儿初步的是非感、爱憎感。

4. 社会文化

(1)初步感受具有代表性的社区文化;

(2)了解祖国传统的民俗节日、人文景观、少数民族和文化精品等,对祖国的传统文化感兴趣;

(3)初步感受世界著名的人文景观及优秀的艺术作品,对世界文化感兴趣;

(4)了解世界是由许多国家和民族组成的,萌发热爱和平的情感;

(5)愿意接触或了解不同国家、不同种族的外国人,感受他们的风俗习惯。

四、学前儿童社会教育活动目标的表述

(一)学前儿童社会教育活动目标表述的基本要素

幼儿园教育活动目标表述有三个基本要素:行为,即通过活动指导幼儿能做什么;条件,即说明这些行为是在什么条件下产生的;标准,即指出合格行为的最低标准。

【案例】

下面根据教学目标的分类,从三个方面列举各学习目标行为动词。

1. 知识学习目标行为动词举例

(1)知识(对信息的回忆):举例、说出名称、复述、排列、背诵、回忆、选择、描述、辨认、标明。

(2)领会(用自己的语言解释信息):分类、叙述、解释、选择、归纳、猜测、举例说明、区别。

(3)应用(将知识应用到新的情境):运用、计算、示范、说明、解释、解答、改变。

(4)分析(将知识分解,找出各部分之间的联系):图示、指出、创编、设计、提出、归纳、总结。

(5)评价(根据一定的标准进行判断):比较、评定、判断、证明、说出价值。

2. 情感学习目标行为动词举例

(1)接受和注意(愿意注意某事件或活动):知道、注意、接受、赞同、选择。

(2)反应(乐意以某种方式加入,以示做出反应):陈述、回答、列举、遵守、完成、听从、承

认、参加、完成。

(3)评价(对现象或行为做出价值判断,表示接受):区别、判别、支持、评价、判断、比较。

(4)组织(将不同的价值标准组成一个体系,并确定它们之间的相互关系):讨论、确定。

(5)价值或价值体系个别化(具有个别化的价值体系,以指导自己的行为):相信、拒绝、改变、判断。

3. 动作技能学习目标行为动词举例

(1)知觉机能(根据环境刺激作出调节):旋转、接住、移动、踢、保持平衡。

(2)体能(基本素质的提高):有耐力、反应敏捷。

(3)技能动作(进行复杂的动作):演奏、使用、操作。

(4)有意的沟通(传递情感的动作):用行动表达感情、改变脸部表情。

(二)学前儿童社会教育活动目标的表述策略

1. 目标表述要具体简明,具有可操作性,避免过于笼统和抽象

幼儿园教育活动目标最主要的特点就是具体、明确、具有可操作性,能具体指导、调控教师的教学过程。

2. 教育活动目标要清晰、准确、可检测,不能用活动的过程或方法来取代

一个完整的目标表述包括行为、条件、标准等,其中核心要素是行为的表述,但有些教师经常用活动过程和方法替代行为的结果,混淆了活动过程、方法手段与行为目标之间的关系,也就较难反映幼儿的学习结果。

3. 教育活动目标的表述方式要统一

在表述教育活动的目标时,表述的行为主体角度要统一,既可从教师角度表述,也可从幼儿角度表述,但必须是统一的,即同一教育活动的目标表述中,或者全是从教师的角度表述,或者全是从幼儿的角度表述。

4. 目标的数量适中,主次分明,重点突出

通常,一个教育活动的目标不宜过多,2~3 个就可以了,目标制订得太少,说明对认知、情感态度、能力等方面的挖掘不够,活动的价值较低。目标制订得太多,易出现书写条理不清晰的问题,并且易出现要求过多,一次活动难以实现的问题。目标的表述要具有层次性并尽可能与教育内容、活动内容在顺序上相应。

5. 目标的要求难度适宜,符合幼儿年龄特点

目标的制订应根据幼儿的年龄特点,要求不能太高,否则易流于形式。也不能太低,否则对幼儿发展缺乏有效的帮助。

【案例一】

活动名称:十二生肖(大班)

活动来源:动物一直都是孩子们感兴趣的话题,特别是大班的孩子,属虎的总比属兔、属老鼠的有优越感。记得有一次,有几个孩子正在讨论各自的属相,有一个孩子很热情地问老师:“老师,你属什么的啊?”为了满足幼儿的求知欲望,让孩子们对十二生肖有更进一步的了解,老师设计了该活动。

活动目标：

1. 了解十二生肖所属动物名称、顺序及其循环特点。

2. 领会属相与年龄的关系，产生对属相的兴趣。

3. 知道自己和亲人的属相，加深幼儿和家人之间的感情。

【案例二】

活动名称：中国茶（大班）

活动目标：

1. 了解中国盛产茶叶的主要地方。

2. 知道中国茶有许多品种，味道各不相同。

3. 学习简单的茶道，懂得喝茶对人体的益处。

五、确保落实学前儿童社会教育目标应注意的问题

（一）教师应有明确的目标意识

目标就是人们活动要取得的结果，因为有目标，我们活动的目的性、计划性才更明确，就可能得到最好的活动结果。社会领域的教育目标能否真正落实到幼儿的发展，最终要经过教师组织的各种教育活动、提供的发展环境才能得以实现。因此，要求教师一定要有明确的教育目标的意识，以保证创设有利于幼儿社会性发展的环境，有目的、有意识地组织教育活动，并随时注意自身态度、言行对幼儿潜移默化的影响作用。

（二）教师应合理地分解目标

确保实现领域目标，教师一定要结合本班幼儿的实际发展水平和特点、幼儿的不同兴趣需要等个性特点，将领域目标逐层分解，最终落实到每个幼儿在不同阶段的发展水平上。分解目标应注意以下两点：

1. 分解目标要逐渐具体化

目标层次之间要相互联系，使上级目标指导下级目标，下级目标成为上级目标的具体化，各层次之间形成紧密的塔状结构，确保社会领域的教育目标经过逐层分解，指导教育活动的进行，以实现幼儿社会性的积极发展。分解目标可以从两个角度进行。第一，从时间角度，教师可以将《纲要》提出的社会领域发展目标逐渐具体化为学年目标、学期目标、月目标、周目标、日目标及活动目标；第二，从教育范围角度，可以将领域目标具体化为本幼儿园目标、班级目标、教育活动和幼儿个体发展目标。

2. 注意目标的连续性和一致性以及与其他领域发展目标的联系

分解教育目标要与幼儿发展的规律紧密联系，注意幼儿发展的连续性和阶段性，目标指导教育过程的意识要贯穿于整个学前阶段的各种活动中，注意年月日间的一贯联系。幼儿的发展是整体的，幼儿社会化的过程与他的生理、智力等方面的发展水平密不可分，因此，教师应注意每日各种活动间的相互影响作用，使社会领域的教育目标渗透到其他领域的活动中，又注重社会教育对幼儿身心发展的影响，充分挖掘一日活动的整体教育作用。

（三）选择利用科学有效的活动

要实现幼儿社会领域的教育目标，需要教师根据目标选择适合幼儿理解水平、符合幼儿

兴趣需要的具体内容,结合社会教育的特点。

【案例】

活动名称:安全小卫士(大班)

原定目标:

(1)了解安全行为的重要性。

(2)形成初步的安全意识,能分辨安全的事和不安全的事,增强自我保护意识。

(3)能结合自己的经验创造性地设计安全标志。

实践与反思:

由一个受伤孩子打来的电话引出活动主题,通过幼儿讲述自己受伤的经历,观看安全主题的展板,开展区分安全的游戏以及制作安全标志将活动逐步深入。整个过程中,教师一直停留在安全辨别层面上引导幼儿开展活动。在制作安全标志这一环节中由于幼儿经验储备不足,出现明显困难。作为一节幼儿社会教育领域的教育实践与研讨课,教育活动结束后,大家都有一个疑问:这节课的社会教育属性是否明确?参与研讨的专家、教师产生这种疑问是否由于教育目标定位出现偏差?如对于大班年龄的幼儿,我们还可以让其掌握一些常用的自我保护方法,并且可以将主题提升到遵守规则的重要性层面上。我们发现,有必要对原定目标加以修正。

调整目标:

(1)认识安全标志,理解并学习遵守日常生活中基本的社会行为规则。

(2)引导幼儿学习互助、协商等社会交往技能,与他人合作设计安全标志。

(3)能主动地参与活动,从活动的快乐体验中激发幼儿的自信心。

修改理由:

研究认为,原定目标(1)让人很难界定是健康教育目标还是幼儿社会性发展教育目标,通过将安全标志的认识归入社会行为规则中,侧重于社会行为规范的培养,成为较典型的幼儿社会性发展教育目标;原定目标(2)较为抽象,幼儿的社会经验有限,必须在一定的范围内让幼儿区分安全系数;原定目标(3)的设定本意是为了激发幼儿的创造性,事实上安全标志具有规范性、一致性等特征,由此开展富有创意的安全标志设计可能缺乏针对性。因此立足于社会领域教育,按照知识、技能、情感三个层次,将该活动的目标加以改进。

修改价值:

社会领域教育是幼儿园教育的组成部分,与其他领域教育一样,社会领域教育有自身的特点。幼儿的"社会学习"必须是具体的,使幼儿在参与性活动中去感受、体验,以此增进幼儿的社会认知,激发幼儿的社会情感,培养幼儿的社会行为。[①]

---

① 赵雪梅:《幼儿社会教育活动目标解析》,载《新课程研究·教师教育》2008 第 7 期。

第二节 学前儿童社会教育的内容

学前儿童社会教育的内容是实现教育活动目标的载体，活动内容解决的是“教或学什么”的问题。这个问题可以说是活动设计的关键，内容选取适合与否，将直接影响到目标能否顺利实现，活动内容的选择问题始终被视为活动设计的一个难点，要解决这个问题，教师必须考虑什么内容最适合幼儿学习，学习哪些内容最有利于实现活动目标，使幼儿达到预期的发展。因此，教师要兼顾幼儿发展、社会要求、人类知识等方面的因素，对教育活动内容加以选择，并恰当组织，使幼儿获得丰富的知识经验促进儿童身心和谐发展。

一、学前儿童社会教育内容的选择

个体社会性发展实际是社会认知、社会情感和社会行为技能的统一。社会认知是对社会中的人、环境、规范的认识；社会情感是人们在社会生活、社会交往中的情感体验；社会行为技能是与人交往、参与社会生活时表现的行为技能。社会性教育的内容往往紧紧围绕自我意识、人际交往、社会环境与规范及社会文化（民族文化和世界文化）等方面展开。

（一）选择学前儿童社会教育内容的依据

1. 以学前儿童社会目标为依据

学前儿童社会教育目标是学前儿童社会教育活动的出发点和归宿，教育内容是实现教育目标的工具，因此，选择学前儿童社会教育内容，势必受到教育目标的指导和制约，任何只重内容，不重目标，或以活动形式等下位要素确定内容的方式都是不足取的。在选择社会教育内容的过程中，应努力避免对教育目标的遗漏、偏倾及无效重复，应力争使所选的教育内容能最有效地实现教育目标。因此，依照幼儿社会教育目标及其分解形式选择教育内容是确保全面实现目标的根本所在。

2. 以学前儿童所处社会现实为依据

社会现实为幼儿社会认知提供了依据，也为幼儿社会教育提供了内容。学前儿童社会教育的内容应当尽可能从儿童的生活出发，选择基于儿童生活经验与生活实际，为幼儿所熟悉并能丰富儿童生活经验的内容。社会生活现实与幼儿的社会性发展有千丝万缕的联系。无数事实表明，与现实生活联系越紧密的内容，越是容易被幼儿掌握。幼儿对社会机构、社会成员、社会现象、社会文化的感知、理解无不通过具体的社会生活。幼儿园社会教育离开了社会现实，这一课程也就失去了存在的根基。因此，学前社会教育的内容主要来自社会生活现实并与社会生活协调一致。另一方面，社会生活现实是使幼儿对于社会教育课程中的学科知识具有可接受性的重要条件。因而，社会生活现实进而又成为学科知识选择的一个重要依据，学前儿童能与之“对话”的学科知识才有引入社会教育内容的价值。社会生活现实作为一种不断延伸、不断扩展的载体同学科知识结合起来，形成一个综合体进入课程之中。

社会的发展、变化也是课程内容选择的重要依据。我们生活的时代是不断发展变化的时代,从社会成员的价值观念、社会理想到社会成员之间的关系,从社区中各种物化的社会产品到人们的生活方式、行为方式都在发生或大或小的变化。学前社会教育内容的选择必须充分了解和反映社会生活的变化,使课程内容真正成为反映时代、反映社会的内容,使课程内容起到引导儿童主动适应变化着的社会的作用。如科技的发展带来了负面效应,人类的生存环境受到了前所未有的破坏,空气污染、水污染、光污染以至食品污染已到了十分严重的地步;人类对自然的索取已到了破坏生态平衡,引发生态“报复”的境地。社会教育应引导幼儿认识到自己身份不仅仅是班集体的一员,幼儿园的一员抑或家庭的一员,同时也是社会的公民,国家和地球的主人。认识并体验自身所处的小环境、社会发展的大背景以及人类所共同面临的各种局面,使幼儿理解人类在命运共同体中的地位,引导他们对整个世界产生一种归属感,并体验到“个人—社会—族类”三位一体的本质;在多元文化的背景下,应引导幼儿感悟多元文化在日常生活中的渗透,并逐渐养成理解和宽容的态度,能够认识到多元文化之间的关系。这既有利于幼儿形成丰富的社会性情感和经验,又有利于幼儿对人类社会多元文化的宽容、理解和尊重;社会教育应引导幼儿认识到未来的公民应该成为国家的主人,能够关心国家的发展、成长,意识到维护国家的民主与自由是每一个公民应承担的责任。凡此种种,社会、世界的变化应该作为选择课程内容的重要依据。总之,学前儿童社会教育的内容既要体现时代发展的特点,同时又要体现传统文化的特色,坚持发扬民族优秀的文化传统。

3. 以幼儿的发展为依据

根据幼儿的社会性发展水平选择社会教育内容,主要表现在两个方面:其一,以幼儿社会性发展特点为依据。教育必须针对学前儿童的发展特点这一内因施加影响才能发挥作用,见到成效。而由于幼儿现有的生活经验和学习的能力制约着社会教育内容的广度和深度,因此在选择社会教育内容时,必须立足于幼儿已有经验,并有的放矢地适当扩展,使得教育内容真正被幼儿掌握。由于学前儿童的认知发展处于前运算阶段,以形象思维为主,所以对于一些观念性、规则性的教育内容,就需要通过各种生动、具体的形式加以呈现,使得幼儿更容易理解和接受。另外,由于学前儿童的社会性发展的具体结构存在很大的个体差异。因此,在选择教育内容时一定要根据幼儿社会性发展的需要、社会性发展的不同侧面,使得教育内容更有效地促进幼儿的发展。其二,以促进幼儿社会性发展为依据。学前儿童社会教育的根本目的是要引导发展、巩固发展、促进发展,而不是等待发展。

幼儿社会教育的内容几乎涉及幼儿社会生活的各个方面,归纳起来,主要有自我教育、人际交往教育、社会认知教育和多元文化教育四个方面的内容。因此,无论从什么角度确定学前儿童社会教育的内容,无论对这些内容如何概括分类,在选择教育内容时都要以“幼儿及幼儿的生活”为出发点。这也就意味着:首先,生活经验是学前儿童社会教育内容的来源;其次,只有学前儿童能与之“对话”的学科知识才有引入社会教育内容的价值。

(二)学前儿童社会教育内容选择的原则

教育活动内容的选择是一项复杂的工作,选择时要考虑多种因素,兼顾社会发展、幼儿园工作、儿童、家长等各方面需要,以保证活动内容的科学性和适宜性。

1. 时代性原则

幼儿教育是面向未来的基础教育,从儿童终身学习和发展的角度而言,随着时代的发展和科学技术的不断进步,新的适合幼儿认知和开展的活动内容越来越多。因此,幼儿园教育应不断吸收补充或更新教育内容,以适应时代发展变化的要求,这要求教师在选择教育活动的内容时,要突破现有教材或内容的限制,选取反映现代幼儿特点的内容,这样才能培养出符合教育目标和社会发展的未来人才。

【案例】

活动名称:新闻播报

活动目标:

(1)感知新闻的快速与真实,了解新闻的传播形式,对广播电视新闻感兴趣。

(2)敢于当众清楚地表达自己想法,在交流中丰富社会经验,提高表达能力。

2. 生活性原则

幼儿教育与幼儿的生活是紧密联系在一起的。因此,幼儿园教育活动内容应该主要来源于现实生活。教育活动应该是促进幼儿美好生活的有效途径。衡量幼儿发展最核心的依据是幼儿在现实生活中的表现。因此,幼儿园教育活动应从现实生活中挖掘教育资源,选择教育内容,把各种教育内容与幼儿的现实生活联系起来。《纲要》指出:“教育内容的选择应该既符合幼儿的兴趣和现有经验,又有助于形成符合教育目标的新经验。既贴近幼儿生活又有助于拓展幼儿的经验。既体现内容的丰富性、时代性,又注重幼儿学习的必要性、妥当性以及与小学教育的衔接。”这些要求都是围绕幼儿的生活经验而提出的,所以,幼儿园教育活动内容的选择必须以儿童的生活经验为基础,遵循各年龄段儿童在认知、情感态度、能力、个性和社会性发展方面的一般规律,提出既与儿童原有经验相适应又有利于儿童主动建构的活动内容,同时,要协调好社会生活经验与儿童个体生活经验之间的矛盾。

【案例一】

活动名称:我长大了(大班)

活动目标:

(1)产生独立生活的意识,逐步改变依赖成人的心理状态。

(2)学会一些力所能及的自我服务技能,知道主动承担简单的家务劳动。

【案例二】

活动名称:认识春节(大班)

活动目标:

(1)了解农历春节的时间和“年”的来历。

(2)学习中国传统节日春节的风俗及礼仪。

(3)体验过节带来的快乐,以自己是中国人而自豪,产生爱祖国、爱家乡的情感。

3. 兴趣性原则

兴趣具有动机力量,能使人产生一种吸收信息、拓展自己的倾向,为观察、探索、追求和进行创造性努力提供可能性。幼儿的年龄特征决定了兴趣是直接支配他们学习的最大的内在动力。有了兴趣,幼儿就有了主动参与活动的愿望和积极的态度。首先,要关注幼儿的兴

趣,从他们感兴趣的事情中选择教育价值丰富的内容。把幼儿的直接兴趣转化为间接兴趣、短时间兴趣转化为长时间兴趣、外部兴趣转化为内部兴趣,使兴趣成为幼儿学习与发展的真正动力。活动内容的兴趣性增强可以更好地引发儿童主动学习,快乐发展,使学习活动变得轻松愉快,让幼儿自愿自觉、积极主动地获得健康发展。其次,教师要将必要的活动内容转化成儿童的兴趣,有些活动内容从幼儿长远的发展来看是必要的,但不见得所有的孩子都感兴趣,这就需要教师把他们尽量转化为幼儿的兴趣。

【案例】

活动名称:有用的旧报纸

近几年,"环保课题"不断地被幼儿园运用到教学活动中。那么,孩子们对废旧报纸的可利用性知道多少呢?一次,教师把看完的报纸无意地放在了图书架上,没想到在区角活动中,教师惊奇地发现,孩子们竟用报纸来折飞机、团纸球,还有几个孩子正指着报纸上的字在认真阅读,就这样,在成人眼中不起眼的废旧报纸竟变成了孩子们的"宝贝"。经过多次仔细地观察,教师发现孩子们兴趣浓厚,因此设计了本次活动,来揭示废旧报纸的许多可利用性,从中增强幼儿的环保意识。

活动目标:

(1)了解废旧报纸的可利用性,帮助幼儿增强环保意识。

(2)激发幼儿自己动手操作的欲望,培养幼儿的合作精神。

4. 内容和目标相一致的原则

活动内容是实现活动目标的手段。活动目标一旦确定,就要求选择与之相符的内容来保证它的实现。教师在选择内容时首先要考虑选择这个内容是为了实现哪一个或哪几个目标,这个内容是否与目标有关联,是什么样的关联。教育内容与目标并非是一一对应的关系,一项活动目标往往需要多项活动内容才能实现。因此,在确立目标时,教师要善于统整各项教育活动,围绕一个目标协调各种教育活动为它服务;同时也要最大限度地发挥某一活动的教育功效,使一项活动能实现多方面的教育任务。

5. 因地制宜原则

我国是一个多民族的大国,各地经济发展水平、教育文化、风俗习惯、自然资源、气候等有较大的差别。因此,幼儿园在选择教育活动内容时,应尽量选取那些能反映幼儿园周围环境和社区特点的、能充分利用当地的各种教育资源和条件,使教育活动的内容区域化、本土化的内容。

【案例】

活动名称:家乡的特产——宁夏"五宝"(大班)

教师引导幼儿认识"家乡的特产"活动中,教师抓住幼儿喜欢吃的特点,结合幼儿的生活经验及其当地现实,利用实物引导孩子们通过看、摸、闻等方式自主体验,感知了解宁夏的"五宝",进一步激发幼儿爱家乡的情感。

活动目标:

(1)使幼儿知道宁夏特产的枸杞、二毛皮、甘草、贺兰石、太西煤被统称为宁夏"五宝"。

(2)引导幼儿了解宁夏"五宝"的外形特征和主要用途。

(3)培养幼儿爱家乡的情感。

二、学前儿童社会教育的内容范围

(一)学前儿童社会教育内容的纲领性表述

1.《幼儿园教育指导纲要(试行)》对学前儿童社会教育内容的相关规定

2001年教育部颁发的《幼儿园教育指导纲要(试行)》是进行幼儿园教育工作的依据,《纲要》在社会领域明确提出了如下内容和要求:

(1)引导幼儿参加各种集体活动,体验与教师、同伴等共同生活的乐趣,帮助他们正确认识自己和他人,养成对他人、社会亲近、合作的态度,学习初步的人际交往技能。

(2)为每个幼儿提供表现自己长处和获得成功的机会,增强其自尊心和自信心。

(3)提供自由活动的机会,支持幼儿自主地选择、计划活动,鼓励他们通过多方面的努力解决问题,不轻易放弃克服困难的尝试。

(4)在共同的生活和活动中,以多种方式引导幼儿认识、体验并理解基本的社会行为规则,学习自律和尊重他人。

(5)教育幼儿爱护玩具和其他物品,爱护公物和公共环境。

(6)与家庭、社区合作,引导幼儿了解自己的亲人以及与自己生活有关的各行各业人们的劳动,培养其对劳动者的热爱和对劳动成果的尊重。

(7)充分利用社会资源,引导幼儿实际感受祖国文化的丰富与优秀,感受家乡的变化和发展,激发幼儿爱家乡、爱祖国的情感。

(8)适当向幼儿介绍我国各民族和世界其他国家、民族的文化,使其感知人类文化的多样性和差异性,培养理解、尊重、平等的态度。

2.教育部2012年颁发的《3-6儿童学习与发展指南》中的教育建议描述

(1)主动亲近和关心幼儿,经常和他一起游戏或活动,让幼儿感受到与成人交往的快乐,建立亲密的亲子关系和师生关系。

(2)创造交往的机会,让幼儿体会交往的乐趣。

(3)结合具体情境,指导幼儿学习交往的基本规则和技能。

(4)结合具体情境,引导幼儿换位思考,学习理解别人。

(5)和幼儿一起谈谈他的好朋友,说说喜欢这个朋友的原因,引导他多发现同伴的优点、长处。

(6)关注幼儿的感受,保护其自尊心和自信心。

(7)鼓励幼儿自主决定,独立做事,增强其自尊心和自信心。

(8)成人以身作则,以尊重、关心的态度对待自己的父母、长辈和其他人。

(9)引导幼儿尊重、关心长辈和身边的人,尊重他人劳动及成果。

(10)引导幼儿学习用平等、接纳和尊重的态度对待差异。

(11)经常和幼儿一起参加一些群体性的活动,让幼儿体会群体活动的乐趣。

(12)幼儿园组织活动时,可以经常打破班级的界限,让幼儿有更多机会参加不同群体的活动。

(13)带领大班幼儿参观小学,讲讲小学有趣的活动,唤起他们对小学生活的好奇和向往,为入学做好心理准备。

(14)成人要遵守社会行为规则,为幼儿树立良好的榜样。如:答应幼儿的事一定要做到、尊老爱幼、爱护公共环境、节约水电等。

(15)结合社会生活实际,帮助幼儿了解基本行为规则或其他游戏规则,体会规则的重要性,学习自觉遵守规则。

(16)教育幼儿要诚实守信。

(17)亲切地对待幼儿,关心幼儿,让他感到长辈是可亲、可近、可信赖的,家庭和幼儿园是温暖的。

(18)吸引和鼓励幼儿参加集体活动,萌发集体意识。

(19)运用幼儿喜闻乐见和能够理解的方式激发幼儿爱家乡、爱祖国的情感。

(二)学前儿童社会教育内容的分类表述

1. 自我意识

(1)帮助幼儿认识和接纳自己,增进幼儿的自我价值感和自信心。

(2)帮助幼儿学习认识、理解和适当地表达自己的情绪,控制自己的行为。

(3)帮助幼儿学习自由选择、自我决断,培养其独立性、自主性和自己对自己的行为负责的意识。

(4)支持、鼓励幼儿大胆地表达自己的意志、想法和态度。

(5)帮助幼儿主动地参与各项活动,能体验到与同伴交往的快乐。

(6)帮助幼儿努力做好力所能及的事,不怕困难,有初步的责任感。

2. 人际交往

(1)培养幼儿乐意与人交往,学习互助、合作和分享,有同情心。

(2)培养幼儿关心、理解、尊重和赞赏他人,学习并掌握基本的交往技能。

(3)帮助幼儿学习协调自己与他人的兴趣和想法,学会与人友好相处。

3. 社会环境和社会规范

(1)社会环境的认知。

(2)道德规范与行为准则的认知。

(3)观点采择能力的发展。区分自己与他人的观点,并进而根据当前或过去的有关信息对他人的观点做出准确推导的能力。

(4)理解人与环境之间相互依存的关系,培养其爱护、保护环境的意识,逐渐萌发社会小公民的意识。

4. 社会文化

(1)中国文化,比如我国的国名、国旗、国歌等;主要民族、民俗节日,名胜古迹、民间艺术、文化精品等。

(2)世界文化,引导幼儿简单了解不同国家、不同种族的外国人,感受他们的风俗习惯、著名的世界人文景观、主要的外国艺术等。

三、学前儿童社会教育内容组织应遵循的原则

（一）顺序性原则

顺序性指组织教育活动内容的时间次序。根据幼儿认识和学习内容的特点，教育活动的安排一般由浅入深、由易到难、由近及远，由简单到复杂、由已知到未知、由具体到抽象，逐步形成一个以幼儿生活为中心的循序渐进的内容结构，以保证幼儿学习经验的逐步扩展与提升。

（二）连续性的原则

连续性是指后续的学习与幼儿先前学习的经验能有所关联。即在安排教育活动内容上，后续的教育活动内容应当建立在前面已有的学习经验基础上，使前面学习的重点成为后面学习的起点和基础，后续的学习也是原先学习的扩展和加深。根据这一原则，教育内容的安排要尽量从孩子们有丰富感性经验的内容开始，逐步加入新的学习内容。

（三）整合性的原则

整合性是指加强各项教育活动内容之间、内容与幼儿的已有经验之间，以及幼儿已有经验之间的有机关系，以利于幼儿把不同的领域活动中的各种知识经验加以统整和贯通，这与幼儿的认知发展特点符合，也便于增强幼儿对所学内容的理解，提高学习能力。社会教育内容的组织从本质上说，就是有机整合各部分的内容。注重社会教育内容组织的综合贯通主要有两方面的理由：一是学前儿童社会教育的内容涉及面广，与众多学科相关。只有通过整合和系统化才能使这些来自不同学科的知识成为一个有机的整体，对幼儿产生一致的影响。二是社会教育内容的各个方面，只有当它作为一个有机的系统整合在儿童的心理结构之中时，才能被深刻正确地理解，从而被儿童牢固地掌握，成为形成统一人格的力量。

拓展阅读

【阅读一】

日本幼儿社会性教育的特点与启示

众所周知，日本经济发达，科技先进。于是，我们便理所当然地认为幼稚园的硬件也会是最好的。但是，参观了他们的幼稚园之后，我们感到反差极大。幼儿园的环境和硬件设施极为简朴，看不到一点“豪华”和“现代化”的影子，幼儿的玩具是各种各样的废旧物和自然物，如绳子、席子、纸盒、瓶子、旧轮胎等应有尽有，只见孩子们乐在其中。户外是一个小院子，院子的地是泥地，种有多种植物，在这样的环境中，没有塑胶地散发的气味，也没有水泥地反射的刺眼的光线，站在树荫下使人感到很平静、很舒适。在幼稚园看不到现代化的设备和琳琅满目的高档玩具，这与日本先进发达的科技社会似乎形成强烈的反差。但这正体现人与社会、人与自然的和谐发展，以人为本、以孩子为中心的教育理念。在参观的过程中，我

们发现在洗手间门口，摆放一个大塑料箱，用来存放圆筒卫生纸的内芯，供幼儿创造性地玩耍。这些本来是“垃圾”的物品却让孩子们构建了变化多端的玩具饰品。教室里有一排小椅子是纸盒做的，而且很结实，椅子外面套上布套，非常温馨。每个活动室都有一个类似储藏室，专门存放废旧物。在这样的环境中成长的孩子，还有什么理由不珍惜资源、不关心环境呢？

在立中之町幼稚园发给我们的简介中，我们看到了日本的幼稚园平日组织的各种社会体验活动，如与中、小学生们一起玩耍，亲子野餐露营，参加社区活动等。在幼稚园组织的欢迎会上，不像国内幼儿园那样精心挑选部分“演员”，经过反复训练，机械化地动作表演，而是面向幼稚园的全体幼儿。三岁组、四岁组的孩子分别表演儿歌“井、剪子、布”“宇宙船的歌”，五岁组的孩子与参观者一起跳邀请舞，虽然语言不通，但欢快的音乐早已使大家忘记了国籍。从他们稚嫩的脸上表现出来的是大方、友好的表情，气氛异常热烈。对于这样的机会，日本的幼稚园不是把它看成是表演节目给客人看，而是充分利用这种“人力资源”，因为难得有这么多的客人，这正是一个培养幼儿与人交往的大好时机。宽松、融洽的互动过程，锻炼了幼儿的胆量、增强了其自信。

作为东方文化的共同产物，在幼儿社会性教育目标上，我们和日本大同小异。如在日本的《幼稚园教育纲要》人际目标中提到：“主动与周围的人相互交往，培养对他人的友爱之情和信赖感。”我国的《幼儿园教育指导纲要（试行）》中社会领域目标提到“乐意与人交往，学习互助、合作与分享，有同情心”。但活动的理念及设计、操作却相距甚远。作为幼儿社会性教育的一部分，我们许多幼儿园都设计了大量的集体教学活动，通过说教进行社会性教育，但这种临时性的角色体验是浅显、短暂的，孩子们的角色意识随着活动的结束而结束，效果自然很难持久。儿童社会性教育是建立在成人与儿童交往的基础上的，而儿童与成人的交往又是建立在成人对儿童的理解的基础上的。

立中之町幼稚园老师们为我们上了非常生动的一课。在参观的过程中，我们和园长及其他老师一样，穿着袜子走在木地板上。参观一圈回到进口处时，笔者发现，进去时随脚脱下的还算摆放整齐的鞋子，正像我们平时要求幼儿做的那样，一律鞋头朝外整齐地排列在门口，一位老师静静地站在一旁微笑着恭候我们，当时心里真有一种说不出的感觉。

日本《幼稚园教育要领》提出“积极和朋友交往，和朋友共同感受快乐和悲伤”“看到伙伴的优点，感受到一起活动的快乐”。教师向幼儿传授人际关系经验时，首先要求幼儿尊重别人、理解别人，在幼儿期就培养他们彼此之间的信赖关系；在与其他幼儿的共同生活和联系中，学会如何相互合作，如何解决纠纷，让他们逐步体验到与人共鸣的愉快感觉。因此，我们要加强对幼儿的社会性教育，就应将与某种生活内容或生活方式相应的社会性教育目标结合进去，挖掘日常生活中不同活动的内容和方式的教育价值，培养幼儿的规则意识。①

【阅读二】

未来教育四个“学会”

学会求知、学会做事、学会共同生活、学会生存作为教育基础的四大支柱是由联合国教

---

①林炎琴：《日本幼儿社会性教育的特点与启示》，载《学前教育研究》2008年第7期。

科文组织于1996年4月在《教育——财富蕴藏其中》的报告中提出的。这个报告提出了21世纪教育的战略思考和行动建议。

学会求知。“这种学习更多的是为了掌握求知的手段,而不是获得经过分类的系统化知识。”它既可被视为一种人生手段,也可被视为一种人生目的。作为手段,它应使每个人学会了解周围的世界,至少是使他有尊严地生活,能够发展自己的专业能力和进行交流。作为目的,它应使人乐于理解、求知和发现。由于人类的知识涉及方方面面,并且始终不断地发展变化着,试图做到什么都知道愈来愈不可能,为此,应该注重注意力、记忆力和思维能力等学习能力的培养,以此获得进一步学习的动力。

学会做事。随着科学技术的发展,知识和信息量的增加,使工业部门生产过程中的科技含量越来越高,服务行业发生了根本变化。科学技术的运用,使得在生产部门中,专业资格的概念变得过时了,个人能力的概念则被置于首要的地位。个人能力包括交往能力、与他人共事的能力、管理和解决冲突的能力、首创能力等等。这些能力清楚地反映出学习的各个方面之间的联系,而这种联系则是因教育才得以引人注目的。在未来高度技术化的社会里,联系上的缺陷可能造成严重的组织机能上的障碍,这就需要人们有一种基于行为表现而非基于知识多少的新型资格——能力资格。如何学会有效地应对变化不定的情况?如何参与未来的创造?这些是目前教育还未予以充分重视的方面。

学会共同生活。这种学习可能是今日教育中的重大问题之一。由于当今世界是一个充满暴力冲突的世界,它与人们对人类进步所寄予的期望背道而驰,而教育未能就改变这种状况做多少事。因此,人们希望有一种能使人们扩大对其他人及其他文化和精神价值的认识,以此来避免冲突的教育。教育的使命是教学生懂得人类文化的多样性,同时还要教他们认识地球上的所有人之间具有相似性又是相互依存的,特别是随着传统生活方式的深刻变化,要求我们能更好地理解他人和整个世界,需要我们能相互理解、平等交流与和平共处。而这些正是今天我们这个世界所最缺乏的,为此我们必须学会共同生活。教育的责任就是让学生了解人类文化的多样性,认识各民族之间的共性与相互依赖性,从而理解他国或其他民族。此外,通过引导人们从事一些共同的项目或活动来使他们在家庭、社区、国家乃至国际社会与人合作、和谐相处的实际经验中养成为共同目标而工作的态度和能力,并教育人们用理智和和平的方式处理那些不可避免的冲突。

学会生存。它强调世界因技术的发展而出现的“非人化”现象可能将在21世纪更广泛出现。那时,教育的作用不再是培养儿童为某一特定的社会做好准备,不再是让他们理解周围世界并成为有责任感的人,而是在于保证儿童享有他们充分发挥自己的才能和尽可能牢牢掌握自己的命运而需要的思想、感情和想象方面的自由。教育应当促进每个人的身心、智力、敏感性、审美意识、个人责任感、精神价值等方面的全面发展。学会生存的目的就是要充分地发展自己的人格,并以不断增强的自主性、判断力和人的责任感来行动。为此,教育不应忽视人的任何一种潜力:记忆力、推理能力、美感、体力和交往能力。

思考与练习

一、填空题

1. 建构学前儿童社会教育目标应遵循的原则有:方向性与基础性原则、________、科学性与动态性原则。

2. 学前儿童社会教育目标的层次结构包括:学前儿童社会教育总目标、________和学前儿童社会教育活动目标。

3. 学前儿童社会教育内容选择的原则有:时代性原则、________、________、内容和目标相一致的原则、________。

二、简答题

1. 简述制订学前儿童社会教育目标的依据。

2. 简述确保落实学前儿童社会教育目标应注意的问题。

三、论述题

1. 举例说明学前儿童社会教育活动目标的表述策略。

2. 举例分析选择学前儿童社会教育内容的依据。

四、实践题

选择一套幼儿园社会教育教材,分析其内容安排是否符合学前儿童社会教育内容组织的原则。

第五章　学前儿童社会教育的原则、方法和途径

学习目标

1. 理解学前儿童社会学习的特点，领会学前儿童社会教育中应坚持的原则。
2. 掌握学前儿童社会教育的基本方法，能根据不同内容选择恰当的方法。
3. 掌握开展学前儿童社会教育的基本途径，并能正确实施。

第一节　学前儿童社会教育的原则

儿童由一个生物人逐渐成长为一个社会人的过程是其社会化的过程。在这个过程中，儿童在与环境的相互作用中不断进行着社会学习，儿童不仅要学习参与社会生活所必需的各种知识技能，还要学习与周围不同的人进行交往的方式以及学习在实际生活中逐渐将社会规范和价值标准内化，以指导自己的社会行为。在不断的社会学习中，儿童逐步发展起独立生存、成长和发展的能力，逐渐成长为一定社会条件下、符合一定社会要求的人。相对于其他领域的学习，学前儿童的社会学习表现出其自身的特点，这些特点决定了社会教育有其不同于其他领域的教育原则。学前儿童社会教育应该在了解儿童社会学习特点的基础上，遵循社会教育的基本原理和规则，帮助儿童发展积极良好的社会认知、社会情感和社会行为，使儿童的社会性获得最佳的发展。

一、学前儿童社会学习的特点

社会化是儿童社会学习与发展的中心任务之一，只有习得所在社会群体认可的价值观和行为方式，儿童才能成为合格的社会成员。儿童的社会化进程通过社会学习得以完成，学前儿童在社会学习中要学会怎样看待自己，怎样与人相处；学习认识周围的社会环境，内化社会行为规范；逐步形成对所在群体及其文化的认同感和归属感，从而发展适应社会生活的能力。

《3－6岁儿童学习与发展指南》（以下简称《指南》）提出，学前儿童的社会学习是其社会性不断完善并奠基健全人格基础的过程。人际交往和社会适应是学前儿童社会学习的主要内容，也是其社会性发展的基本途径。因此，儿童的社会学习是在人际交往和与社会环境

的相互作用中进行的。儿童的社会学习是一个复杂的过程,不同年龄阶段儿童的社会学习具有不同的特点,但整个学前阶段的儿童在社会学习中表现出一些普遍性特征。

(一)随机性和无意性

美国心理学家班杜拉的社会学习理论认为,人的复杂行为主要是后天习得的,是通过观察环境中他人的行为及其后果而学习的。儿童社会学习的基本方式之一就是自觉或不自觉地重复他人的行为,而重复他人行为的前提是儿童在日常生活中的观察。因此,对于学前儿童来说,日常生活中的观察就是学习。儿童在日常生活中遇到的每一件事、每一个人、某个特定的情境以及成人无意识的行为等等,都可以成为儿童社会学习的内容,儿童可以随机地从中学习。同时,呈现在儿童面前的社会学习内容包罗了社会生活的方方面面,复杂的学习内容也决定了儿童的社会学习随时发生、随处可见,带有明显的随机性和无意性。

【案例】

爸爸和儿子一起走在回家的路上,爸爸看到路上有一个躺着的易拉罐,就抬起一只脚,将易拉罐踢开。儿子看到后,马上跑到被踢开的易拉罐跟前,照着爸爸的样子,抬起一只脚,将易拉罐踢了出去,易拉罐在马路上滚得很远,儿子开心地笑了。

这是儿童日常生活中非常常见的一幕,在这个事例中,儿童就在进行着社会学习,尽管这位爸爸可能没有意识到自己的行为会成为儿子学习的榜样,但儿童的社会学习就是如此,无论成人有意识或无意识、组织或不组织,儿童都在自发地进行社会学习。

在社会学习中,学前儿童不是被动的等待者,而是在与人交往、与周围环境的互动中潜移默化地进行着社会学习。例如,对于关心尊重他人这一良好的社会品德的学习和掌握,仅靠成人的说教是难以奏效的,但儿童日常生活中观察到父母亲怎样使用礼貌用语、怎样对待自己的父母、长辈和其他人,便会在自己的行为中自觉、不自觉地模仿、学习,并逐渐形成基本的认同感,从而形成良好的社会品德和行为。又如,在儿童喜闻乐见的角色游戏中,儿童通过扮演各种社会角色,既满足了儿童交往和参与社会生活的需要,又丰富了他们对不同社会角色的认识,在无拘无束的游戏中随机而又无意地懂得了什么是应该做的,什么是不应该做的,通过对是非、真假、善恶、美丑的判断,掌握文明的社会行为规范,形成良好的道德品德。例如,通过玩"医院""娃娃家""上课"等角色游戏,儿童能够认识和体验到医生与病人、家长对孩子、同学与同学等人与人之间的关系,从而理解关心别人、尊敬长辈、团结同学的文明规范。当儿童在日常生活中碰到类似游戏中的情境时,就会按照游戏中的做法来支配自己的行为。所以说,儿童的社会学习是随时的、无意的,在潜移默化中理解并掌握社会生活中的各种人际关系和行为规范。

根据学前儿童社会学习的随机性和无意性,教师在日常教育工作中应做到以下几点:

1. 严于律己,为学前儿童的社会学习做好表率和榜样

《指南》指出,模仿是学前儿童社会学习的重要方式,教师和家长是儿童社会学习的重要影响源。儿童通过对周围人们行为方式的观察模仿来进行社会学习。教师和家长的言行举止直接或间接地影响儿童,构成他们学习的榜样。儿童模仿的行为模式可以是行动类的,也可以是态度类的,成人在社会生活中的任何行为和态度都可能成为儿童社会学习的内容。因此,成人在与儿童的接触交往中,应该注意儿童社会学习的随机性,以身作则、严于律己,

时刻注意自己的一言一行、一举一动,时时、处处、事事严格要求自己,使儿童学有榜样,促进儿童社会性的健康发展。

2. 细心观察,捕捉日常生活中的社会学习机会

学前儿童社会学习的随机性和无意性,为教师引导儿童的社会学习提供了多种机会。教师应避免简单地将社会领域的学习当作是一种社会常识的获得,应将学前儿童的社会教育真正看作是培养儿童良好社会性和个性品质的过程,敏锐地捕捉学前儿童一日生活中的各种教育机会,将学前儿童的社会教育渗透于儿童一日生活的各个环节,及时引导,促进儿童社会性的发展。如在游戏活动中,引导儿童学会分享玩具;在喝水、如厕等过程中,学会排队等候,逐渐感受社会秩序和规范等。

(二)长期性和反复性

社会性的发展是一个漫长的过程,伴随着人的一生。人的一生需要不断地进行社会学习,社会学习是终身的,不是一蹴而就的。心理学和教育学的研究发现,作为儿童社会性发展核心的品德的形成是一个长期的、反复的、不断将外部规范逐步内化的过程。一种良好的道德规范要转化为儿童的自觉行为,必须经过儿童在活动和交往中的反复体验和练习。学前儿童良好行为习惯的养成以及道德品质的形成不是一朝一夕的短期效应,而要经历一个长期学习、巩固和积累的过程,需要持之以恒。同时,学前儿童年龄小、自控能力差,心理发展不稳定,多种行为带有随意性,具有较强的易变性,因而导致儿童的社会学习具有明显的反复性,经常会出现社会认知与社会行为发展脱节的现象,如儿童知道好吃的东西要大家分享,但在实际生活中,当儿童真正面对好吃的东西时,大部分儿童还是想自己多吃一点,给别人少分一点。

需要强调的是,儿童的社会学习会受到他所处的社会环境的影响。环境的变化常常会引起儿童某些社会行为的改变。尤其是当各种环境中的教育目标不一致时,儿童会因为判断能力有限而出现盲从的行为,导致社会行为上的多面性和反复性。例如,人们常说的"一个小宝两个样"就是儿童所处的家庭环境和幼儿园环境不一致的真实写照。在独生子女的家庭环境中,家长对儿童的要求百依百顺,儿童就会表现出任性、霸道的不良行为;到了幼儿园后,没有了这样的环境,儿童则会努力控制自己的行为,尽量遵守集体中的规则;但到了暑假等节假日,儿童由于缺少幼儿园环境的影响和约束,儿童的那些不良行为又会反复出现。

针对学前儿童社会学习中长期性和反复性的特点,教师在日常教育工作中应做到以下几点:

1. 避免急于求成,长期一贯地引导儿童的社会学习

教师要认识到儿童社会行为的习得是长期影响、不断强化的结果,儿童的社会学习是一个长期的过程,儿童在社会学习中表现出反复无常的行为属于正常现象。在儿童的社会学习中,教师应允许儿童出错,切不可操之过急、急于求成,任何揠苗助长、急功近利的行为都不利于儿童良好社会性的发展。儿童的社会学习是一项长期的任务,需要成人有目的、有计划地长期坚持。教师要耐心、细致地对待儿童社会学习中出现的各种问题,尤其是当儿童出现不理解和反复的错误时,应及时给予有效的正面引导,并明确具体地进行讲解示范。随时注意儿童的行为表现,及时提醒、督促儿童,给儿童创设反复实践练习的机会,不能因为儿童

的反复而对儿童失去信心，放弃教育的责任。

2. 加强家园沟通，保证儿童社会学习环境的一致性

学前儿童的社会学习受到周围环境的强烈影响，幼儿园和家庭作为儿童社会学习的两个重要环境，要形成一个统一的教育集体，教师和家长对儿童社会教育的态度要一致、要求要一致，才能做到劲儿往一处使，形成强有力的教育合力，促进儿童的身心健康发展。相反，儿童如果长期处于两种不同的教育环境中，必然会使教育作用相互抵消。同时，儿童在宽严不一的教育环境中，其不合理的要求、欲望和坏习惯有了“防空洞”和“保护伞”，容易使之有机可乘，还有可能使儿童形成双重人格。因此，教师应加强与家长的联系，及时沟通交流儿童在幼儿园与在家庭中的表现，努力做到幼儿园与家庭统一态度、统一目标、统一要求，为儿童的社会学习提供一个完整、和谐的学习环境，从而提高儿童社会学习的效果。

（三）情感驱动性

对于学前儿童来说，情感是其与周围世界联系的纽带，儿童常常是因为信任与爱这个世界，才愿意参与和学习世界中新奇的一切，因而，儿童的学习具有明显的情感驱动性，在儿童的社会学习中也是如此。学前儿童的社会认知水平还比较低，他们对社会行为的是非判断并非建立在对社会规范的客观认识和深刻理解上，而在很大程度上是取决于个人需要的满足，因而带有明显的情绪性。强烈的情感共鸣及共情能够促使儿童亲社会行为的产生。当儿童的个人需要得到满足时，就会产生积极的情感体验。在积极的情绪状态和情感氛围下，儿童对行为的是非判断就会倾向于正面、积极的状态，从而更加主动地接受成人的建议，并按照成人的要求行动。反之，当儿童的个人需要没有得到满足时，他们就会产生消极抵触的情绪，在这种情绪下，儿童不愿意表现出好的社会行为，反而会更容易出现攻击、破坏等不良行为。

针对学前儿童社会学习情感驱动性的特点，教师在日常教育工作中应做到以下几点：

1. 投入积极的情感，营造良好的情感氛围

爱是最好的教育。教师适度的关爱能够使儿童得到情感上的满足，从而产生积极的情感体验，更愿意主动接受教师的要求。《幼儿园教师指导纲要（试行）》（以下简称《纲要》）明确提出，“要创设一个能使学前儿童感受到接纳、关爱和支持的良好环境”。教师在日常的教育工作中应接受并热爱每一个学前儿童，关心儿童的成长状况，尊重他们的兴趣爱好，公平、信任地对待每一个学前儿童，给儿童提供创造表现和展示自我的机会。同时，教师还应善待并理解学前儿童的“错误”行为，为学前儿童的社会性发展营造良好的情感氛围。

2. 激发学前儿童良好的社会情感

在儿童社会性的三个方面——社会认知、社会情感和社会行为的发展过程中，社会情感始终起着驱动的作用。教师应通过激发儿童良好的社会情感来推动儿童社会认知和社会行为的发展，实现“以情促知”“以情导行”。例如，在人际交往过程中，教师应该利用交谈、讨论、同伴冲突等机会，鼓励儿童说出自己的想法和感受，提醒儿童注意并了解别人的渴望、情绪和意见，也可以通过角色扮演的方式，引导儿童学习站在他人的角度考虑问题，体验他人的感受。《指南》中也特别提出社会教育要结合具体情境，引导儿童换位思考，学习理解别人。同时，为更好地激发学前儿童良好的社会情感，教师必须投入真情实感并加入语言的引

导，否则，教师如果置之事外，没有真实情感的投入，则很难对儿童产生感染，儿童也不容易产生良好的社会情感。

（四）实践性

儿童社会学习的过程是一个不断由外化到内化的过程，而社会实践则是连接外化和内化的桥梁。在社会学习的最初阶段，儿童偶尔表现出的良好的社会行为还处于外化阶段，只是外在的规定，还没有成为其自身的信念和行动准则。儿童按照成人的要求表现出了良好的社会行为，这并不能说明儿童已经掌握、内化了这一行为，而只有当以后遇到类似情境，儿童自觉自发的产生良好的社会行为时，才能说他真正掌握了这一社会行为。因此，儿童社会学习伴随着强烈的实践性。儿童只有在社会实践中才能逐步理解社会行为准则，真实地感受各种不同的情绪、情感体验，通过不断地练习和强化，使良好的社会行为得到锻炼和巩固，最终养成良好的社会行为习惯。

针对学前儿童社会学习实践性的特点，教师在日常教育工作中应做到以下几点：

1. 创设条件，为学前儿童提供实践练习的机会

学前儿童的实践活动包括生活实践和游戏实践两种形式。教师应尽可能地创造机会让学前儿童参与自我服务，为他人、为集体服务，和同伴以及其他成人的交往活动，让儿童在真实的生活实践中明白怎样的行为是友爱和谦让，自己可以怎样做。教师要有意识地反复督促和提醒儿童按一定的要求去做。离开了生活实践，儿童的社会教育将会失去“根基”，必然不会有理想的效果。同时，教师应充分认识到游戏也是学前儿童进行实践的有效形式。教师应鼓励儿童积极参与游戏活动，在游戏中学习人与人之间的交往方式，了解不同职业人们的工作特点、学习解决人际间的矛盾冲突，通过在游戏中的学习和练习，促进儿童社会性的发展。

2. 注重体验，避免简单说教

在社会学习中，学前儿童参与实践的主要目的就是获得体验。体验是学前儿童社会学习中的重要方式之一。学前儿童的社会学习，必须强调学习主体的体验，尤其是社会情感、态度类的学习，而不是简单的“讲道理”所能奏效的。态度不是“教”出来的，也不是可以脱离其他内容而单独存在的东西，它是一种伴随着实践活动过程而产生的体验。教师应关注儿童在实践活动中的体验，帮助儿童积极体验，并反思自己的行为，从而促进其社会情感、社会行为的积极发展。

【案例】

小班小朋友果果从家里带来了一个漂亮的玩具娃娃，小朋友看见了都说：“好漂亮的娃娃啊！”果果听了可高兴了。老师对果果说：“果果，待会儿请其他小朋友一起来玩你的玩具娃娃吧！”果果爽快地点了点头。自由活动开始了，在果果旁边围了好几个小女孩，她们都想玩果果带来的漂亮娃娃，都急着去碰娃娃。可是，只要有人一碰她的玩具娃娃，果果就大哭，老师劝她也无济于事。第二天，老师给小朋友展示了4幅关于分享玩具的图片，并组织小朋友们一起讨论：图画上的小朋友在干什么？你更喜欢哪个小朋友？为什么？在讨论中，小朋友们学习了一些简单的礼貌用语：“请问我能玩一玩你的玩具吗？”“我们交换玩具玩儿吧！”“谢谢你！”等。又到了自由活动的时间，果果手里拿着别人的玩具，高兴地对老师说：“我用

玩具娃娃和苗苗交换的,她的玩具也很好玩!"通过实践活动,苗苗初步学会了如何与他人进行交往,体会到了与同伴分享玩具的乐趣。

二、学前儿童社会教育的原则

学前儿童社会教育的原则是指学前儿童社会教育应该遵循的基本原理与规则。开展学前儿童社会教育必须依据《纲要》和《指南》对儿童社会领域教育提出的要求和建议,充分考虑学前儿童社会学习的特点,遵循以下原则。

(一)渗透性原则

社会教育潜移默化的特点和学前儿童社会学习的随机性和无意性决定了学前儿童社会教育首先要遵循渗透性的原则。渗透性原则是指在儿童一日生活的各个环节渗透社会教育和在其他领域中渗透社会教育的原则。《指南》明确提出,儿童的社会学习往往融合在各种学习活动中,并渗透于儿童一日生活的各个环节。

1. 在儿童一日生活的各个环节渗透社会教育

学前儿童的社会教育渗透在其一日生活的各个环节,例如,在来园、离园时渗透着向老师、同伴问好,和家人再见等礼貌教育;进餐时渗透着尊重他人劳动成果、爱惜粮食、文明进餐等习惯的培养;盥洗时渗透着讲究卫生、节约用水、排队意识的教育;游戏时渗透着分享、合作、协商等品质的培养和儿童的人际交往能力的提高;睡眠时渗透着安静睡眠等习惯的培养。生活中的许多偶发事件也是教师进行学前儿童社会教育的良好机会,如有儿童生病了,教师可以引导其他儿童对他进行关心和照顾,激发儿童之间的友爱之情;有人不小心撞翻了别人的饭菜,教师应该引导其主动及时地道歉,并快速帮助儿童收拾干净,等等。总之,在学前儿童一日生活中,时时处处都充满着社会教育的机会,教师应该提高渗透教育的意识,在生活中应注意观察儿童、了解儿童的发展水平,知道他们喜欢什么,不喜欢什么,存在什么问题,需要哪些帮助,利用一切机会对学前儿童进行社会教育,促使儿童良好社会性的发展。

2. 在其他领域中渗透社会教育

综观幼儿园各领域的教育活动,其中都蕴涵着非常丰富的社会教育契机,社会教育应充分渗透在其他领域的教育中,使社会教育与其他各领域有机结合。例如,在语言教育活动中,通过让儿童欣赏文学作品,引导幼儿从作品中体会美与丑、善与恶,提高儿童的是非判断能力;在科学教育活动中,通过引导儿童运用实验、探究的方式解决问题来培养和激发儿童的自信心和自豪感;在健康教育活动中,培养儿童勇敢、坚持、不怕困难等良好的个性品质;在艺术教育活动中,培养儿童的审美意识和积极向上的健康情绪。

社会教育是综合性很强的教育,教师必须认识到渗透性是学前儿童社会教育的首要原则,只有处理好了渗透在各个活动中的社会教育和专门的社会教育活动之间的关系,才能真正符合儿童社会领域学习的规律和特点,才能真正有效地促进儿童良好的社会性和个性的发展。

(二)实践性原则

实践性原则是指在学前儿童的社会教育中,教师提供各种实践机会,让学前儿童参与其

中，通过实践活动增进儿童的社会认知、激发社会情感、提高儿童的基本社会生活能力的原则。在社会教育中，社会道德规范、行为准则的掌握只有在儿童的生活实践中不断练习，才能将外在的行为规范内化为其本身自觉的行为。要贯彻好这一原则，需要做到以下几点：

1. 为学前儿童创造实践的机会

学前儿童是在实际的生活、活动过程中学习社会知识经验和规则的，社会规则转化为儿童的实际行动也是在实践活动中实现的。因此，教师除了组织专门的社会教育活动之外，还要在日常生活中给学前儿童提供实践练习的时间和机会。凡是儿童能够参与的社会活动，教师都应尽可能创造机会让他们参与。例如，建立“值日生”的制度，鼓励儿童在日常生活中做些力所能及的劳动，以此来巩固和强化儿童为他人服务的意识。

2. 对学前儿童的活动和一日生活提出明确要求，教给儿童正确的行为方式

教师为学前儿童提供实践机会的同时必须加强对学前儿童进行社会行为的指导。没有规矩，不成方圆，学前儿童的社会教育必须有据可循，教师对儿童一日生活中的各项行为应提出恰当的要求，即为儿童定好规矩。然后抓住现实生活中的每一个机会，让儿童的社会行为在实践中反复练习，并得到发展。由于学前儿童年龄较小，缺乏足够的社会行为经验，在刚开始学习社会行为时，需要教师正确地示范具体的行为方式，明确具体地交代清楚“怎么做”。例如，怎样使用文明礼貌的语言提出要求加入其他小朋友正在玩的游戏，洗手时应学会耐心排队等候等，这些社会行为的习得在初学时都需要教师耐心细致的示范与讲解。

（三）正面教育原则

正面教育原则是指在学前儿童社会教育中坚持从正面加以引导，通过树立榜样、说服诱导等方式，积极引导儿童辨别是非，掌握正确的行为准则的原则。学前儿童正处于自我意识形成的初期，缺乏社会认知经验和辨别是非的能力，常通过观察模仿来学习，更多地以外部的评价来评价自我，因此，更需要成人从正面加以引导。坚持正面教育的原则，应做到以下几点：

1. 为学前儿童创设良好积极的发展环境

心理学的研究表明，良好、积极的环境容易诱发、维持、巩固并强化人们积极、健康的社会行为，反之则亦然。幼儿园的环境包括物质环境和精神环境，它们都会影响儿童社会性的发展。

【案例】

美工活动时，老师带领小朋友用彩纸进行撕贴画。小朋友将五颜六色的彩纸随意撕成自己喜欢的样子，再拼贴成一幅画，玩得不亦乐乎。可是，低下头看看教室的地面上，各种纸屑撒了一地，可教室角落里的垃圾桶里却空空如也。又到了这周的美工活动时间，小朋友还想玩撕贴画，这次，老师在孩子们开始撕纸之前拿来几个纸篓，分别放在小朋友的桌子旁边，并对大家说：“这几个纸篓张大了嘴巴，等着吃小朋友们撕下了的废纸屑呢，小朋友们可要记得把废纸屑送到纸篓的大嘴巴里哦！”这一次活动结束后，地面干净了许多，而几个纸篓里则满满地装着小朋友撕下来的废纸屑。

学前儿童心理活动的无意性明显、自控能力较差、易受暗示，上述案例中教师将社会教育的目标蕴涵在儿童的生活环境中，为儿童提供了具有倾向性暗示的环境，让儿童在不知不

觉中养成了不乱扔垃圾的良好习惯。诸如此类的做法还有很多,如在盥洗处的地面上贴上“小脚印”,提醒儿童排队洗手等;在楼梯上贴上“小脚印”,提示儿童上下楼梯注意排队,不拥挤等。

幼儿园的精神环境是指幼儿园的人际关系以及精神氛围、文化氛围。教师应为儿童创设良好、积极的活动环境,让儿童有一个宽松、融洽的心理环境,使儿童在和谐的氛围中得到全面的发展。需要指出的是,教师应善待学前儿童的错误行为,允许儿童犯错误。因为学前儿童就是在不断尝试错误的过程中成长起来的,错误对于儿童来说也是学习的机会。教师面对儿童的错误,不应过于严厉地指责或批评,而应注意保护儿童参与实践的积极性,以温和的态度提醒儿童以后应如何做才能避免再犯同样的错误。

2. 正面提出对学前儿童的要求

根据学前儿童心理发展的特点,教师对学前儿童提出要求时要尽量使用正面语言,用清晰明了的语言直接告诉儿童具体做什么和如何做,而不是告诉他不要做什么。避免使用命令、禁止、否定的言语和神情让儿童自己去理解,避免与儿童发生直接的情绪对抗,激起学前儿童的逆反心理。同时,教师经常使用正面、积极的方式对儿童提出建议,可以使教师本人保持乐观、愉快的心态。试想,如果教师一直处于消极纠正学前儿童的行为或长期与儿童进行消极的情绪对抗,那样既不会取得满意的教育效果,也不利于教师本人的身心健康。

3. 充分发挥榜样的教育作用

班杜拉的社会学习理论提出,学前儿童是通过观察来学习的,因此,榜样示范对学前儿童来说非常有效。教师可以通过为学前儿童树立同伴榜样、成人榜样以及文学、影视作品中的象征榜样等多方面的榜样,促进学前儿童社会性的良好发展。

(四)一致性原则

一致性原则是指在学前儿童社会教育中,教育者自身以及对儿童有影响的各方面力量要保持连续性与统一性,共同为学前儿童的社会学习营造一个统一、一致的影响环境。学前儿童的社会学习是一个长期的过程,相对稳定与一致的学习对象与环境有利于儿童良好社会行为与习惯的养成。如果各方面的教育相互矛盾、有分歧,儿童就会感到无所适从,影响儿童判断是非能力的发展。贯彻一致性教育原则,应做到以下几点:

1. 教师自身要始终如一、言行一致

教师是学前儿童在幼儿园主要模仿和学习的对象,因此教师自身一定要表里如一,呈现给儿童的观点、行为以及情感要保持内外统一,坚决不能说一套做一套,因为儿童不仅在听教师怎样说,更主要的是在看教师如何做。另外,教师对儿童提出的合理有益的教育要求要坚持执行,不能此一时、彼一时,做到始终一贯、持之以恒。

2. 教师与家长应协同一致、形成合力,共同促进学前儿童社会性的发展

《纲要》中明确指出:“社会学习是一个漫长的积累过程,需要幼儿园、家庭和社会密切合作,协调一致,共同促进学前儿童良好社会性品质的形成。”教师必须加强与家长的沟通交流,努力保证对学前儿童的社会教育形成统一的教育态度、教育要求和教育方法,为儿童的社会学习提供一个稳定、和谐、安全、统一的良好环境,共同促进学前儿童的健康发展。

第二节　学前儿童社会教育的方法

学前儿童社会教育涉及的内容非常广泛，既有社会认知的提升，又有社会情感的丰富，还有社会行为习惯的培养。社会教育的方法也多种多样，根据学前儿童社会性发展教育途径的不同，学前儿童社会教育的方法主要有三大类：以直观实践为主的方法、以语言指导为主的方法和以情感体验为主的方法。

一、以直观实践为主的方法

以直观实践为主的方法是指教师通过组织参观或借助实物等直观材料的演示等，使学前儿童形成正确认识和良好社会行为的教育方法。一般来讲，社会环境、社会规则、人际交往等方面内容的教育，常采用此类方法。

(一)观察法

观察法是指教师有目的、有计划地引导幼儿动用多种感官感知客观事物的一种方法。它是幼儿园教育活动中常用的一种方法。运用观察是幼儿获得社会知识、社会规则规范、取得直接经验的重要途径。引导幼儿观察的常用方法有六种：顺序观察法、典型特征观察法、分解观察法、比较观察法、追踪观察法、搜索观察法。这几种观察法不是孤立运用的，在指导幼儿观察时可根据具体情况和需要，进行灵活运用。引导幼儿观察时应注意：

(1)观察前要做好准备工作。首先，要确定观察内容，提出观察目的，拟订观察计划；其次，要熟悉观察对象，掌握有关的知识和技能，同时要创造观察的条件，提供观察对象。

(2)观察开始时，教师要向幼儿提出观察的要求，引起幼儿观察兴趣，引导幼儿自始至终有目的地进行观察。

(3)观察过程中，教师应教给幼儿正确的观察方法，根据不同的观察对象，选择从上到下、从左到右，从部分到整体，或由远及近，由整体到部分，有意识地在观察活动中发展幼儿的语言表达能力。

(4)运用观察法时应强化感官训练，让幼儿通过看、听、闻、尝、触摸等，调动幼儿的多种感官参与观察活动，以便幼儿对事物形成完整而牢固的认知。

(5)观察结束时，要引导幼儿总结观察的印象，促进幼儿将观察到的知识进一步巩固和条理化。同时还应组织幼儿作观察记录，记下他们的感受、体验、发现与认识。记录可采用笔录、磁带、绘画等多种方式进行。

(二)演示法

演示法是指在学前儿童社会教育中，教师有目的、有计划地向学前儿童出示实物、直观教具、图片、录像视频等，帮助儿童认识和体验一定社会知识、情感和行为的教育方法。演示法借助直观可见的视觉材料，能够充分调动儿童的视觉、听觉、触觉，形象、直观、真实地向儿

童呈现社会学习内容,符合儿童思维形象性的特点。通过演示,将一些抽象的社会规则变得清晰易懂,使儿童印象深刻,易于理解和记忆,能够获得相对准确的社会认知和行为规则,也容易引起儿童的学习兴趣。

在学前儿童社会教育中运用演示法应注意以下几点:

(1)演示法的运用必须服务于教育目标,紧密结合教育目标进行演示,避免为演示而演示或为单纯引起儿童兴趣而演示。

(2)与其他教育方法结合使用演示法。通常情况下是边演示边讲解,也可穿插谈话等方法,帮助学前儿童将感知与理解结合起来,不要只停留在表面的感知观察上。

(3)根据教育内容的不同,采用实物、图片、幻灯、投影、多媒体、录像等多种手段进行演示。

(4)把握演示过程的节奏和重点,合理、恰当地使用教具,避免分散儿童的注意力。演示过程中速度要放慢,重点部分应重复示范,讲解要清楚、准确、具体。注意把握好演示对象的呈现和收回时间,以保证每个儿童看清楚和不分散儿童的注意力为标准。

在学前儿童社会教育中,常采用情景演示法,即把真实社会生活中的某些场景集中展示给儿童。情景演示法真实、生动,比较具有感染力,便于儿童理解其中的教育内容。

(三)参观法

参观法是指在学前儿童社会教育中,教师有目的、有计划地组织儿童进入一定的现实社会场景,让儿童在对社会事物或现象的真实感知中获得社会知识与社会规范的教育方法。例如,组织儿童参观一些社会设施:学校、邮局、银行、医院、图书馆等;或组织儿童观察某种社会现象:如邮局工作人员分发信件工作、银行里的储蓄活动等。通过对现实社会场景的参观,能够将学前儿童社会教育活动与社会生活紧密联系起来。儿童通过亲身体验感受、耳闻目睹,观察了解成人社会,获得社会知识经验。

使用参观法应注意以下几点:

1. 参观前的准备工作

(1)选择参观的内容和地点。参观的内容必须密切联系学前儿童的生活经验,符合儿童的学习兴趣,能够引起儿童参观的愿望。选择参观地点首先要保证参观场所的安全性,避免参观人流量过大和活动场所太分散的地方。另外,参观地不宜离幼儿园过远,最好在本社区,以保证行程中的安全。

(2)确定参观的路线。选择路线时尽量考虑相对安静、来往车辆较少的路线,教师要提前熟悉参观场所的路线,以确保儿童参观的效果和安全。

(3)制订参观计划。为提高参观活动的有效性,教师在参观准备阶段应制订参观计划,包括此次参观活动的主要目标、参观的步骤路线、参观中教师应如何指导儿童观察、适时适当地提问以及引导儿童注意力的方法等。

(4)做好物质准备。提醒、检查儿童的着装及身体状况,检查是否带好儿童需要的饮用水、卫生纸等物品。

2. 参观中的指导工作

(1)参观前,向儿童简单介绍参观地点、内容,提出参观中的要求,用生动形象的语言激发儿童参观的愿望和兴趣。在前往参观地点的途中,注意儿童的安全,防止儿童走失。

(2)到达参观地点后,教师整理好队伍,再次提出参观要求,并向儿童提出问题,让儿童带着问题去参观。

(3)在参观的过程中,教师要通过提问等方式不断引导儿童注意观察,因势利导地进行讲解,鼓励儿童提出问题,引发讨论。同时要注意维持参观的秩序和保障儿童的安全。

(4)参观结束后,教师可根据实际情况,以灵活的方式自然结束参观,或者由教师或工作人员可以进行现场总结,及时梳理儿童获得的零散知识,使儿童对参观的内容有一个概括性的了解。

3. 参观活动的注意事项

参观活动应尽量安排在上午,保证儿童精力充沛。参观之前教师应与被参观单位人员进行协商,保证参观活动的顺利进行。参观回园后,可组织谈话活动以及活动区活动,让儿童对参观访问的结果进行巩固。例如,在参观完邮局后的延伸活动可以是“邮票展”“邮局游戏”等。

【案例】

活动名称:参观敬老院(大班)

活动目标:

1. 使幼儿了解敬老院。

2. 培养幼儿尊敬老人和长辈的情感。

活动准备:

1. 事先联系好敬老院。

2. 参观前让幼儿每人做一样礼物,全班准备几个节目。

活动过程:

1. 告诉幼儿园要去敬老院参观,并提出参观要求:懂礼貌,不乱跑乱撞等。

2. 组织幼儿参观敬老院。敬老院管理人员向幼儿简单介绍敬老院是失去亲人或没人照顾的老人生活的地方;老人们年龄大了,生活的很多方面都不方便,需要有人照顾。激起幼儿对这些老人的关爱。

3. 管理人员带领幼儿参观敬老院的设施,了解老人们在敬老院的生活。使幼儿明白敬老院像家一样,什么都有,有人照顾老人的生活。老人们在这儿生活、娱乐,很开心。

4. 幼儿和老人共同活动。

(1)请老人向幼儿介绍他们年轻时的工作和现今的生活情况。

(2)请幼儿表演节目,并向老人赠送自己做的礼物,表达对老人的敬爱。

(3)请老人向幼儿提出希望,激发幼儿努力学习的强烈愿望。

小结:爷爷奶奶们为家乡的建设付出了很多劳动,他们辛劳一辈子,现在他们老了,我们要照顾和关心他们,还要努力学习,把家乡建设好。

5. 参观结束,组织幼儿和老人告别,回园。

活动延伸:

结合九月九日(阴历)老人节进行“夸爷爷奶奶”活动,让幼儿说一说爷爷奶奶曾经做过一件事,让幼儿进一步了解老人,学会关心、尊敬老人。①

---

① 全国幼师工作协作会组编:《幼儿社会教育活动指导》,北京师范大学出版社 2002 年版。

(四)行为练习法

行为练习法是指在学前儿童社会教育中,教师组织儿童按照正确的社会行为规范进行实际的行为练习,以帮助儿童形成良好的社会行为习惯的方法。行为主义心理学认为,儿童良好行为是在不断试误与练习的过程中建立起来的,对良好行为进行经常性的强化练习,是行为习得的根本途径。英国教育家洛克曾说:“儿童不是用规则可教育好的,规则总是被他们忘掉。你觉得他们有什么必须做的事情,你便应该利用一切时机,甚至在可能的时候创造时机,给他们一种不可缺少的练习,使这些练习在他们身上固定起来。这样就可以使他们养成一种习惯,这种习惯一旦养成以后,便不用借助记忆,很容易地、自然地发生作用了。”这段话充分肯定了练习在行为形成和巩固中的作用。

学前儿童行为练习的方式有很多,主要包括以下三种:一是在实践活动中的练习。例如,在值日生劳动中练习摆放物品,在阅读活动中练习整理图书,在插接游戏活动中练习整理玩具等。二是在自然交往环境中的练习。例如,在来园和离园活动中练习礼貌用语、礼貌行为,在同伴交往中练习分享、合作、协商等。三是在创设的情境中进行练习。例如,在角色游戏“娃娃家”活动中,练习孩子如何照顾生病的妈妈等。

在学前儿童社会教育中运用行为练习法应注意以下几点:

(1)行为练习要有组织、有计划,让学前儿童明确练习的目的和具体要求。

(2)充分尊重学前儿童的兴趣和需要,避免简单枯燥的行为练习。教师应灵活采用多种方式激发儿童练习的兴趣和愿望,发挥学前儿童社会学习的主动性和积极性。

(3)行为练习要前后一致,持之以恒。学前儿童的社会学习具有长期性的特点,行为练习要反复进行,今天练习,明天休息,好的行为就难以形成习惯。教师对儿童提出的练习要求应前后一致,不能今天这样要求,明天又那样要求。教师一定要意识到良好社会行为习惯的培养是一个长期坚持、持之以恒的过程,在练习中要反复抓,不能放松。

二、以语言引导为主的方法

以语言引导为主的方法主要是指在学前儿童社会教育中,教师借助语言对学前儿童进行讲解、谈话、讨论、劝说等来促进学前儿童社会性发展的方法。以语言引导为主的教育方法是幼儿园社会教育中最普遍、最常用的方法之一,这类方法比较适合于学前儿童社会文化、社会问题的学习。

(一)谈话法

谈话法是指教师有目的、有计划地引导学前儿童围绕某一主题,回忆生活中的经验和体会,进行思想和情感交流的一种方法。谈话法经常表现为教师和儿童之间以及儿童和儿童之间的相互提问、对答。在谈话过程中,教师引导学前儿童进入某一谈话主题,围绕主题表达自己的想法,提出自己的疑问,通过谈话使学前儿童明确、理解、加深原有的社会经验,丰富学前儿童的社会知识,激发学前儿童的社会情感并发展他们的语言。需要强调的是,谈话活动不同于聊天。谈话活动一定有一个明确的主题,具有明确的目的,而聊天则是海阔天空,不需要明确的主题和目的。

在学前儿童社会教育中运用谈话法应注意以下几点：

(1)谈话的主题应密切联系学前儿童的生活，是儿童熟悉的内容，让儿童感到有话想说，有话可说，真正参与到谈话中来，从谈话中获得新的认识，产生与教育者共鸣的情感，也只有这样的谈话才能实现教育的目的。

(2)教师在谈话过程中的引导应恰当有效。教师应根据儿童的年龄特点引导谈话活动层层深入。教师对儿童提出的问题应符合其身心发展水平，针对不同年龄班的儿童，谈话要有不同的水平和层次。小班的谈话要直观浅显；中班的谈话可适当发展儿童的发散性思维，启发儿童用多种词汇方式来表达；教师组织大班的谈话要引导儿童学会归纳、推理，从多个角度思考问题。教师在谈话中的提问应明确具体，能够引发儿童的集中思考。提问后要给予儿童足够的思考时间，教师切记急于求成，使提问变成自问自答。

(3)谈话结束时应有总结，可以是教师总结，也可以是教师引导儿童自己总结。总结的目的一是鼓励儿童积极参与谈话活动，激发儿童参与谈话的愿望；二是将谈话中单一、零散的信息进行归纳，以帮助儿童抓住几个主要的观点，形成正确的认识。

(4)寻找契机与儿童进行个别谈话。在学前儿童社会教育中，教师除了要组织和引导好小组或集体儿童的谈话活动外，还应在日常生活中多观察儿童，在恰当的时机和个别儿童进行谈话，通过与个别儿童的谈话达到有针对性的教育和指向性的指导，实现个别教育的目的。

【案例】

活动名称：我的妈妈最棒(小班)

活动目标：

1. 感受妈妈对自己的爱。

2. 尝试用不同方式表达对妈妈的爱。

活动准备：

1. 妈妈的照片(内容：妈妈工作或在家做事的照片)

2. 教师与家长提前联系，请家长告知幼儿自己的职业，如果可能，带幼儿到妈妈工作的地方去看一看。引导幼儿观察妈妈在家都干什么，并请爸爸帮助拍下相应照片。

活动过程：

1. 教师鼓励幼儿根据照片，介绍妈妈的职业。教师重在引导幼儿为自己有个能干的妈妈感到自豪和骄傲。

2. 教师鼓励幼儿根据妈妈工作或在家做事的照片，说一说妈妈在家要做哪些家务活，例如做饭、洗衣、照顾老人孩子、打扫卫生等，并引导幼儿知道这些都是在妈妈下班后要做的事情，从而让幼儿体会到妈妈非常辛苦。

3. 教师提问："妈妈在外面工作这么能干，回家还要这么辛苦地做家务，你想对妈妈说什么？"引导幼儿对妈妈说出"妈妈你真辛苦！""妈妈我喜欢你！""妈妈你真棒！"等感谢和赞扬的话语，教师要着重激发幼儿爱的情感。

4. "想一想，我们应该怎样感谢妈妈呢？"鼓励幼儿用亲亲、抱抱妈妈，以及绘画、歌唱等方式表达自己爱妈妈的感情；学会自己的事情自己做，让妈妈少辛苦些，来感激妈妈的爱；还

要力所能及地帮妈妈做事情，如给妈妈倒水、给妈妈搬椅子、帮妈妈拿鞋等。教师记录下幼儿的话。

5. 把相关的照片、幼儿的话整理后，布置成墙饰“我的妈妈真棒”。

6. 在自由活动时，教师帮助幼儿梳理这一谈话活动，加深体验。①

（二）讲解法

讲解法是指教师将一些简单的社会知识、道理及社会规则运用口头语言生动、系统地解释给学前儿童，使儿童了解“是什么、为什么、怎么样”的问题的一种社会教育方法。因为学前儿童年龄小、社会知识经验不多、思维能力发展有限，一些社会学习的内容对于学前儿童来说不便感知或无法直接感知，这时就需要运用讲解法来进行社会教育。讲解法的运用不但可以丰富学前儿童的社会认知，使学前儿童学习社会规则、懂得处事之理，还可以提高学前儿童的语言理解能力。

讲解法具有鲜明的优点和不足。讲解法的优点有：(1)效率高，师生面对面讲解，可以使儿童在短时间内获得较多的社会知识；(2)突出教师的主导作用，主题明确，目的性较强；(3)反馈直接，便于教师根据儿童回答及时调整讲解内容和方法。讲解法的不足表现为：(1)形式单一、儿童的注意力容易分散；(2)儿童的学习较为被动，难以发挥主动性；(3)“一刀切”的讲解很难照顾到儿童的个体差异。

在学前儿童社会教育中运用讲解法应注意以下几点：

1. 讲解要有针对性

对学前儿童已经熟知的教育内容，教师无须再去讲解，要有针对性地讲解那些儿童不知道、无法体验或者体验了、难以理解的内容。教师要明白不是所有的教育内容都适用讲解法，讲解法也不能完成所有的教育内容。

2. 讲解要直观具体

学前儿童的语言理解能力较低，教师讲解中语言要尽量直观、通俗易懂，使抽象的内容具体化，便于儿童理解和接受，避免使用书面语言和对儿童来讲不易理解的语言。同时，教师的讲解语言还应有感染力，生动有趣、抑扬顿挫，富有启发性和说服力，以帮助儿童更好地理解学习内容。

3. 讲解要形式多样

学前儿童的有意注意时间非常短暂，单一的教师一人讲、儿童听的方式不可能长期有效。教师在讲解中可以穿插提问，增加师生互动，吸引儿童的注意力。

（三）讨论法

讨论法是指在学前儿童社会教育中，教师指导儿童围绕某个社会性问题发表意见、相互交流的一种教育方法。学前儿童社会教育活动中的讨论主要有两种类型：一是价值冲突型的讨论，如讨论谁对谁错等；二是多种求解可能性，如我们应该怎样节约用水等。讨论的具

① 中央教育科学研究所课程教学研究部：《教师教育资源手册 · 社会领域》小班（下），湖北人民出版社 2009 年版，第 14 页。

体方式有成对交换意见、分小组讨论以及全班讨论。较之于谈话法和讲解法，讨论法能够给儿童更大的空间和自主性，儿童有更多的机会表达自己的意见，不必考虑自己意见的对错，在讨论中深化认识。同时，通过讨论，儿童还可以从同伴中听到不同的意见，培养儿童分析问题、解决问题的能力以及语言表达能力。

在学前儿童社会教育中运用讨论法应注意以下几点：

1. 讨论的主题是儿童熟悉并感兴趣的

讨论的主题应来源于学前儿童的生活，因为只有生活中熟悉的内容，儿童才会有不同的看法，从而产生讨论的兴趣。当然，选择主题时，在关注儿童兴趣的同时还要考虑主题的教育价值和意义。

2. 教师在讨论中的主要作用是引导，而不是指导

教师参与儿童的讨论要做到少问，多说，启发儿童自由发言，引导儿童分析、比较几种看法，从而得出正确的认识，教师要通过创设自由、宽松的讨论环境，在平等讨论中潜移默化地影响儿童。教师切忌在讨论中轻易否定儿童或怀疑儿童的意见。

3. 讨论法适合年龄稍大的学前儿童

展开讨论需要学前儿童具有一定的生活经验和口语表达能力，所以讨论法一般不适合小、中班儿童，常在大班使用。

(四)强化评价法

强化评价法是指在学前儿童社会学习中，教师对学前儿童的社会行为给予肯定或否定的评价，以巩固其积极的社会行为，抑制或消除其不良的社会行为的一种社会教育方法。强化评价法分为肯定性评价和否定性评价。肯定性评价多以表扬、鼓励、奖励的形式出现，否定性评价多以警告、规劝、批评、惩戒的形式出现。强化的作用在于帮助学前儿童形成、巩固积极的社会行为，改正或消除消极的社会行为，使儿童学会辨别是非，发展儿童的自我意识和自控能力，促进其社会性向积极良好的方面发展。例如，当儿童能够将自己的玩具主动让给同伴玩儿时，教师及时的语言表扬和赞赏性的微笑会让他感到自己做得好，下次还可以做。而当儿童抢了同伴的玩具时，教师语言的规劝和眼神的暗示则让其意识到，不应该这样做，应该把玩具还给同伴等。

在学前儿童社会教育中运用强化评价法应注意以下几点：

1. 强化评价应以肯定性评价为主

根据正面教育的原则，学前儿童年龄小，其自我评价极易受成人评价的影响，所以强化评价应以表扬和鼓励等肯定性评价为主，对学前儿童的社会行为进行正面引导。使用否定性评价也应以尊重和肯定为前提，避免挫伤儿童的自尊心和自信心。

2. 强化评价应具体明确，避免过于空泛

明确具体的评价能够使学前儿童明白自己什么地方做得好，什么地方做得不好。例如，“今天你表现真好，能够主动帮助小朋友收拾玩具了，老师真为你高兴！”要比“你真棒！”“你真能干！”好得多，前一种评价能够清楚地告诉儿童教师所倡导的行为是什么，为儿童的社会学习提供明确的语言指导。

3. 强化评价应适时适当，充分考虑学前儿童的个体差异性

教师要根据不同儿童、不同场合采用不同的评价方式。对于不同性格的儿童，评价的方式、评价的程度要有所区别。过多的表扬会使个别儿童滋生骄傲情绪，难以接受失败挫折；同样，过多的批评也会使个别儿童的自尊心受挫，失去改正错误的信心。

4. 强化评价应综合运用多种方式

对于学前儿童来说，长期单一的口头表扬容易使其产生厌倦心理，从而对表扬持一种无所谓的态度。因此，教师应综合运用口头表扬以及点头、微笑、抚摸等体态语言或适当的物质奖励来激励和保持儿童良好的社会行为。

三、以情感体验为主的方法

以情感体验为主的方法是指通过环境的熏陶和情感的激发来影响学前儿童社会情感和行为教育方法。在学前儿童社会教育中，有关自我意识、人际交往方面的教育多采用此类方法。

（一）角色扮演法

角色扮演法是指在学前儿童社会教育中，教师创设现实社会中的某些情境，让儿童扮演其中的社会角色，使儿童表现出与该角色一致的社会行为，在此过程中让儿童体验情感，了解他人的需求和感受，从而掌握自己承担角色所应遵循的社会行为规范和道德要求的一种教育方法。学前儿童从家庭来到幼儿园，从全家呵护的对象变为群体中的普通一员，这种角色的转换要求儿童要改变以前在家庭中养成的某些习惯，学会在集体生活中应该遵循的行为规范。通过角色扮演，儿童可以很好地认识社会角色，丰富社会认知，体验他人的感受和处境，从而学会设身处地地站在他人立场考虑问题，克服“自我中心”倾向，有利于儿童在轻松愉快的情境中形成良好的社会行为习惯。学前儿童角色扮演的内容来自于儿童的日常生活，情节简单、内容短小，动作和对话多，使儿童感到既亲切又有趣，适合学前儿童的年龄特点和兴趣需要，是儿童喜闻乐见的一种方式。

在学前儿童社会教育中运用角色扮演法应注意以下几点：

(1) 创设儿童熟悉和喜欢的情境，所扮演的角色应是儿童所喜欢和理解的，符合学前儿童的认知水平。例如，扮演妈妈，体会家庭生活中妈妈的辛苦；扮演老师，感受老师工作的不易等。

(2) 角色扮演的内容应是亲社会行为，儿童扮演的角色应以正面角色为主，避免让个别儿童经常扮演反面角色，同时也注意防止经常扮演反面角色的儿童反社会行为习惯化。

(3) 让儿童自主选择角色，尊重儿童的角色选择。教师要避免经常去分配角色和导演角色，应引导儿童自主选择角色、变化角色、创造角色，充分发挥儿童参与扮演活动的主动性、积极性和创造性。

(4) 角色扮演应体现层次性。根据儿童社会性发展水平和社会教育目标，不同年龄班应体现出不同的层次。小班主要强调简单的动作模仿和基本的行为规范，如“娃娃家”游戏等；中班要求角色清晰，以角色的身份有序、规则地交往，如“医院”游戏中，要有医生、挂号室、收费室、诊断室、注射室等；大班要求更加进一步的真实性，注重角色扮演的质量，如“超市”中

各种角色的主要行为和语言以及整个超市的秩序等。

(二)移情训练法

移情训练法是指通过讲故事、续编故事、情境表演、生活情境体验、主题游戏等多种方式,让学前儿童理解和分享他人的情绪体验,使其在以后的生活中对他人的类似情绪能主动、习惯性地自然理解和分享的一种社会教育方法。移情就是站在他人的角度理解他人的情感。移情是人际交往的情感基础,没有移情,人们之间就不会产生情感的共鸣、同情和分享。移情对学前儿童的社会性发展有重要的作用,移情能使儿童学会换位思考,在情感上产生感染与共鸣,是儿童早期社会性行为的动机基础,移情能够有效促进儿童亲社会行为的形成。但在现实生活中,移情并非都会自然而然地产生,它需要在社会教育和生活中训练才能出现。

在学前儿童社会教育中运用移情训练法应注意以下几点:

(1)创设的情境应贴近学前儿童的社会生活,符合儿童的身心发展特点和认知水平,这样儿童才能够、才可能产生移情。

(2)移情训练应充分调动儿童已有的认知和体验,通过换位思考,唤起儿童已有的类似体验,使儿童已有的体验与当前情境状态相关联,用自己的情感体验去感受、理解他人的情感需要。

(3)在移情训练中培养儿童良好的社会行为习惯。移情训练不能只停留在对情绪的理解和分享、共鸣上,要注意训练儿童的移情表现,使儿童在对他人产生情绪理解和共鸣的基础上,产生良好的社会行为。

(4)随着儿童年龄的增长逐渐扩大移情训练的对象,从人到物,由近及远,训练儿童对各种不同人或物的移情。

(5)教师与儿童一起投入真实情感,不做旁观者。对于学前儿童来说,教师的情绪具有很强的感染力,教师的加入能够极大地感染儿童,能有力地提升移情的效果。

(三)陶冶法

陶冶法是指在学前儿童社会教育中利用环境条件、生活氛围以及教师自身的言行举止,对儿童进行积极的感化、熏陶,在潜移默化中促进儿童社会性发展的一种教育方法。学前儿童好模仿,易受环境影响,随机性和无意性是其社会学习的一大特点,陶冶法的特点是不向儿童传授系统的社会知识,不对儿童提出明确的行为要求,而是寓教育于各种环境之中,通过周围的情境来熏陶和感染儿童,是儿童最容易接受的教育方式。

在学前儿童社会教育中运用陶冶法应注意以下几点:

(1)创设良好的幼儿园文化。儿童在幼儿园的整个生活环境都会对其产生影响,因此,应充分挖掘和利用幼儿园的各种资源,为儿童创设一个环境优美、温馨和谐、相互关爱、积极向上的良好环境氛围。

(2)发挥环境的整体教育功能。教师在创设良好环境时要有明确的目的和计划,使幼儿园的整个环境具有整体性,防止零敲碎打。

(3)关注陶冶法潜移默化的特性,尽量让环境说话,让行动说话,教师避免过多的言语

说教。

(4)通过各种艺术形式,利用音乐、美术等艺术感染儿童,让儿童在艺术陶冶中获得社会认知、社会情感和社会行为的全面发展。

【案例】

活动名称:小鸟和牵牛花(中班)

活动目标:

1. 学习同情别人的疾病痛苦,知道病中的人需要关心和帮助。

2. 了解给病人送温暖的方式。

活动准备:

1. 教师结合多媒体或挂图讲述故事《小鸟和牵牛花》。

2. 提问:

(1)故事叫什么名字?有谁?讲了一件什么事情?

(2)小鸟生病时心里怎么想?它对凤仙花、小草说了什么?小草和凤仙花又是怎么做的?

(3)为什么小鸟哭了?如果你生病时,没人看你、陪你玩,你会不会难过?

(4)谁给小鸟送来了温暖?牵牛花是怎样关心生病的小鸟的?它的关心有什么用处?

3. 请幼儿联想自己说一说生病时的心情和痛苦的经历,渴望得到哪些关怀,是谁给予了关怀,自己的心里怎样想。

4. 启发:小朋友生病是很痛苦的事,得到关心和帮助会感觉很幸福、温暖。如果小朋友、老师、爸爸妈妈、爷爷奶奶生病时,我们该怎样让他们也感到温暖呢?我们应该说些什么话?做些什么事?

5. 小结并肯定幼儿的想法,鼓励幼儿付诸行动。

附故事:

小鸟和牵牛花

在一棵很高很高的大树上,搭着一个鸟窝,里面住着一只小鸟。

小鸟每天飞到大树下边来,跟小花、小草一起玩儿,在草地上捉虫吃。

有一天,小鸟生病了。它孤单单地躲在窝里,心里很闷。小鸟想:“跟大树下面的花儿、草儿玩玩多好!”可是它飞不下去,只好慢慢地从窝里伸出头来,对大树下边的凤仙花说:“凤仙花姐姐,我生病了,不能飞下来找你,请你上来跟我玩一会儿好吗?”凤仙花听了,红着脸儿说:“对不起,小鸟,我长得不够高,也不会爬树,不能上去和你玩。”

小鸟又对大树下面的小草说:“小草弟弟,我生病了,不能飞下来找你,请你上来跟我玩一会儿好吗?”小草听了,摇了摇头,说:“对不起,小鸟,我长得不够高,也不会爬树,不能上去和你玩。”

小鸟看着凤仙花和小草都不能上来跟它玩,叹了一口气慢慢地把头缩回去,躲在窝里哭起来了。

大树下面的牵牛花听见了,就绕着大树用力往上爬。牵牛花爬呀,爬呀,爬到了鸟窝旁。

这时,小鸟已经睡着了。

牵牛花想让小鸟知道朋友来看它，就轻轻地吹起它的小喇叭来："嗒嘀嗒嘀，嗒嗒嘀嗒……"一会儿，小鸟醒了，它睁开眼一看，咦？牵牛花站在旁边吹喇叭呢。小鸟心里一高兴，病就好多了。牵牛花看见小鸟的病好多了，就大声吹起喇叭来："嗒嗒嘀嘀嗒，嘀嘀嗒嗒嗒……"

小鸟随着喇叭的声音在树枝上高兴地跳起舞来了。①

(四)榜样示范法

榜样示范法是指通过榜样的优良品德和模范言行影响学前儿童的思想、情感和行为，促进儿童社会性发展的一种教育方法。榜样是无声的语言，但这种无声的语言往往比有声的语言更有力量。榜样示范可以把抽象的社会规范具体化，以生动、直观的典型形象影响儿童的发展。学前儿童好模仿，可塑性强，易受榜样的感染，有了生动具体的形象作为榜样，便容易理解社会行为规范，容易受到感染，容易随着学、跟着走，这非常有利于培养他们养成良好的个人品质和社会行为习惯。

对于学前儿童来讲，榜样主要示范的是良好的社会行为。对学前儿童社会学习的影响较大的榜样主要有同伴的榜样、成人的榜样以及象征性榜样三种类型。

(1)同伴榜样。受榜样的相似性效应的影响，凡是同儿童主客观条件越相似或相近的对象，就越能成为儿童模仿的对象。因此，同伴良好的社会行为最易于被学前儿童模仿。

(2)成人榜样。班杜拉的研究表明，地位高、受人尊敬的人也易于成为儿童模仿的对象。父母和教师在学前儿童心目中居于权威地位，他们的一言一行都在潜移默化地影响着儿童。

(3)象征性榜样。学前儿童具有丰富的想象力，他们能够很好地理解文学故事、图画等各种媒体中呈现的人物的心理与行为后果，这种想象性的观察能使儿童分清是非、明白道理，促进儿童的道德认知等社会性的发展。

在学前儿童社会教育中运用榜样示范法应注意以下几点：

1. 教师要多树立同伴中的好榜样

同伴榜样良好的社会行为最能引发学前儿童的即时模仿。同伴与学前儿童在幼儿园的生活中有很多的联系和共鸣点，儿童会感到这个榜样亲切可信，不会产生距离感。

2. 成人要以身作则，为儿童树立良好的榜样

成人应严格要求自己，使自己的言行举止符合一定的社会行为规范。教师之间应团结友爱、相互关心，见面亲切打招呼、微笑，主动使用礼貌用语，借东西时不忘说"请""谢谢"等。

3. 成人要善于选择与运用恰当的象征性榜样进行教育

目前，呈现给学前儿童的文学作品以及各种媒体非常丰富，种类繁多，但也鱼龙混杂，不乏品质低劣者。教师和家长应选择人物形象鲜明、价值取向正确，并且具有较强感染力的文学作品以及媒体来教育儿童，以保证为学前儿童提供正面的榜样，防止儿童对反面榜样的模仿。

---

① 王月媛主编：《幼儿园目标与活动课程教师用书 幼儿社会性活动4》，北京师范大学出版社1995年版，第50—52页。

(五)价值澄清法

价值澄清法是美国心理学家、教育学家路易斯·拉斯(Louise Raths)教授在对传统的价值观教学法进行研究分析的基础上,提出了一种新的价值观教育法,即"价值澄清法"。他认为在多元社会中存在大量价值观并相当冲突,价值是经验的产物,不同的经验就会产生不同的价值,价值本身没有真伪与对错。价值的形成与发展完全是个人选择的结果,成人的目的在于帮助其运用澄清过程去选择、珍视、行动,不能把某种成人已有的价值观强加给儿童。因而,教育者不能也无法向儿童传授和灌输任何价值观。尽管价值是相对的,是不能被传授和灌输的,但是成人还是有能力也有义务帮助儿童形成自己的价值观,也就是应该教会儿童价值澄清的过程。

价值澄清理论的基本内容是:每个人都有各自的价值,同时每人都按照自己的价值观去行事。价值尽管是个人的、相对的,是不能被灌输的,但有理智的人类应该有能力学会运用"评价过程"进行价值澄清,从而形成个人稳定的价值观,这一理论运用于学前儿童社会教育领域,是一种较为特殊的社会教育方法。

第三节 学前儿童社会教育的途径

学前儿童的社会学习与社会性发展是在一日生活中进行的,儿童生活中碰到的每件事情都可能影响他们社会性的发展。学前儿童社会教育的开展受到多种因素的影响,社会教育的途径也是多方面的,最主要的有三个方面:专门的教育活动、随机教育和家园合作及社区教育。这三方面的教育各有所长,却又互为补充,为学前儿童的社会性发展提供良好的支持和保障。

一、幼儿园专门的教育活动

幼儿园专门的教育活动是指教师依据《纲要》和《指南》,根据各年龄班儿童社会性学习和发展的特点,有目的、有计划地对学前儿童进行社会教育的各种活动。幼儿园专门的社会教育活动是学前儿童社会教育的重要途径,主要包括集体教学活动和区域活动两种形式。幼儿园教育的目的性、计划性和针对性保证了学前儿童社会性的连续发展,幼儿园各种形式的教育活动极大地促进和培养着学前儿童社会性的发展。教师根据本班儿童的实际情况,寻找合适的社会教育内容,精心设计集体教学活动和区域活动,其目标明确、具体,方法切实、可行,具有较强的针对性,这是其他教育途径所不能比的。

(一)集体教学活动

幼儿园的集体教学活动是作为和幼儿园的一日生活活动、区域活动相配合,共同构成幼儿园生活的一类活动。幼儿园社会领域的集体教学活动是指教师有目的、有计划地组织的、班级所有儿童都参加的社会教育活动。包括教师预设的活动和生成的活动,主要的形式是

单独的一节课和围绕一个社会教育的主题展开的系列活动，全班师生一起进行和分小组同时进行的教育活动。集体教学活动是幼儿园实施社会教育的主要手段，也是学前儿童获得社会知识、发展社会技能、培养社会情感的重要途径。

集体教学活动是教师有目的、有计划组织、班级所有儿童都参加的一种教学活动，因此在学前儿童社会性培养方面具有以下几点优越性：

1. 社会教育目标明确，针对性强

教师设计的每一个社会教育集体教学活动都有明确的目标，每个活动都指向儿童社会性发展的某个方面的培养，具有很强的针对性，所以如果教师组织得当，教育效果非常明显。例如，针对小班儿童刚入园时的分离焦虑问题，教师可以组织以“我上幼儿园了”或“高高兴兴上幼儿园”为主题的系列集体教学活动。通过教师精心设计的集体教学活动，对小班儿童进行有效的入园适应教育，帮助小班儿童尽快适应新的生活。

2. 具有较强的系统性

社会领域集体教学的内容和顺序一般是教师根据学前儿童社会学习和发展的规律以及教育大纲而精心安排的，相对于其他教育途径，具有较强的系统性，有助于儿童循序渐进地学习和获得相对系统的经验。

3. 能够很好地引领学前儿童的社会学习和发展

尽管学前儿童社会学习的途径是多样化的，日常生活以及家庭中的随机教育也能帮助儿童丰富社会认知，积累社会经验，促进其社会性发展。但由于集体教学活动的目的性、计划性更强，因此更容易发挥教学“走在发展前面、引导发展”的功能，能够更好地引领和促进学前儿童的社会学习和发展。

4. 形成学习共同体，培养集体感

围绕同一主题展开的集体教学活动，有利于师生以及儿童与同伴之间的交流互动，分享经验，自然而然地形成了学习共同体，儿童在与他人的相互启发、相互学习的过程中体验到团体生活的乐趣，增进集体感。

为提高学前儿童社会领域集体教学的适宜性和有效性，教师在教学实践中应注意以下几点：

(1)区分儿童社会学习的“两类经验”，处理好集体教学与日常活动和游戏的关系。儿童社会学习的经验分为两类：一类可以通过日常生活或游戏形成，例如，在日常生活中与同伴交往的过程中学习与人交往的经验等；另一类是教师要在集体教学中帮助儿童整理和扩展其自发学习所获得的经验，通过教师的梳理，使儿童的经验系统化，达到新的认识水平。日常生活的游戏在儿童学习与发展中的作用犹如“画龙”，而集体教学则起到了“点睛”的作用。儿童社会学习的经验中，有的需要通过集体教学才能完成，而有的社会学习内容如果可以在日常生活或游戏中学习，就没有必要用作集体教学，但如果这个内容在日常生活或游戏中学习时其独特的价值不能体现出来，那么就应该通过集体教学进行，教师通过精心的教学设计将这个独特的价值发掘出来，便于儿童理解和学习。

(2)尊重学前儿童社会学习的特点，合理选择集体教学的方法和策略。学前儿童社会学习具有情感驱动性和实践性的特点，儿童在学习过程中的情感体验和实践极为重要。《指

南》社会领域的教育建议中,充满了“感受”“体验”类的字眼,如“创造交往的机会,让幼儿体会交往的乐趣”“帮助幼儿了解与自己关系密切的社会服务机构及其工作……体会这些机构给大家提供的便利和服务”等,因此,教师应将“体验式学习”作为学前儿童社会领域集体教学的基本方式之一。

(3)注重集体教学过程中的师幼互动,避免教师“一言堂”。教师切忌简单地将社会领域的集体教学当作是一种“社会常识”的知识获得,一味向儿童灌输社会领域的相关知识,而应将集体教学真正视为培养儿童良好的社会性品质和个性品质的有效途径,这样,教师就能关注集体教学过程中儿童的学习状态,多引导启发,少灌输控制,充分调动儿童学习的主动性、积极性,真正发挥集体教学引领、促进儿童学习与发展的作用。

(二)区域活动

区域活动也称活动区活动,它是教师以学前儿童喜爱的活动材料和活动类型为依据,将活动室的空间在一定时间内相对划分为不同区域,让儿童按照自己的意愿选择活动区域,它是儿童自愿进行的一种带有学习和工作性质的游戏。区域活动是学前儿童最喜欢的活动之一。区域活动作为幼儿园教育活动的重要组成部分,是落实学前儿童社会教育目标的重要途径,对儿童的社会性和个性发展有独特的教育功能及教育价值。在区域活动中,儿童自由选择区域,自主发起、自由选择活动,有利于儿童自主性、独立性和主动性的发展;在区域活动中,儿童可以完全按照自己的兴趣、需要和水平选择适宜的活动,从而实现儿童个性化的发展;在区域活动中,儿童要学会轮流、分组、交流,有助于帮助儿童认识到自己和集体的关系,增强儿童的集体荣誉感和责任感,培养儿童团结互助的良好社会品质;在区域活动中,儿童有更多的与同伴交往的机会,有利于提高儿童的社会交往能力。

区域活动主要有三种方式:作为分组教学的区域活动;作为集体教学延伸的区域活动;作为自由活动的区域活动。在作为分组教学的区域活动中,教师重点指导某几个区域儿童的学习,其余儿童在其他区域做自己最喜欢做的事;作为集体教学活动延伸部分的区域活动,主要目的是弥补集体教学活动不能满足所有儿童需要的不足,通过区域活动与集体教学的相互配合,共同促进儿童的发展;而作为自由活动的区域活动则是儿童完全按照自己的兴趣、爱好选择活动,自主游戏的原生态活动。

区域活动是儿童自由选择、自主探索,按照自己的意愿进行活动的过程。但这并不意味着区域活动是教师完全不加影响、不加控制的自由天地。实际上,儿童完全自由的活动往往带有很大的试误性,只有通过教师对区域活动的科学组织与指导,才能保证儿童在区域活动的有效学习和良好发展。为了充分发挥区域活动在学前儿童社会性发展中的重要作用,教师在区域活动的组织与指导中应做好以下几点:

(1)区域活动前指导儿童科学、合理地选择区域。选择区域活动是儿童自主活动的开始,看似简单,其中却蕴含着很多社会教育的价值。在选择区域的过程中,我们常常会发现一些儿童或者犹豫不决,或者四处游荡,这种情况在托班、小班较为常见,这时教师先不要急于要求儿童进入某一区域,而应先安抚儿童的情绪,了解清楚原因之后再采取建议、提示或邀请的方式引导儿童进入区域活动,让区域中教师及同伴的情绪来影响他、带动他 ,让他自愿参加到活动中来。

(2)区域活动过程中进行有针对性的指导。在儿童选定活动区域之后,他们仍然会出现无所事事的现象,这可能是由于儿童活动的目的不够明确或是活动目的容易转移造成的。对于年龄较小的托、小班儿童,教师要通过询问、建议、暗示、参与游戏等方法,帮助儿童明确活动的目的;对于中、大班的儿童,教师可以通过协商、讨论等办法,使儿童的活动目的更加具体。

在区域活动中,教师要引导儿童建立规则意识。例如,可用生动形象的标示控制进区人数,避免人多拥挤,可用“带手链”等方式告诉儿童标示已用完,表示活动区内人已满等。教师要注意让儿童参与到规则的制定中,制定的规则要实用、有效,避免太过不必要的约束。

在区域活动中,教师应及时指导儿童解决游戏中遇到的困难。儿童在区域活动中会遇到各种困难,而解决困难的过程正好是培养儿童积极思考、多角度思维、创造性解决问题及塑造良好意志品质的过程,教师应抓住这一教育契机,变难点为教育点,在倾听儿童的问题、明确困难的基础上,组织儿童讨论及实施解决问题的方案,在这一过程中启发儿童动脑动手,积极支持儿童获得成功的体验。

(3)区域活动之后指导儿童收拾整理。区域活动之后的收拾整理对儿童的社会性发展具有特殊的价值与意义。儿童在操作使用材料之后,进行收拾整理,能够培养儿童对环境的责任感;在收拾整理的过程中,儿童学习了劳动的技能,学会了与他人分工合作,从中体验到了劳动的快乐与价值;同时,儿童在这个过程中自己动手,自己动脑,并获得成功,不断地证明自己是有能力的,是环境的主人,独立性和自信心也随之不断地增长。教师可以指导儿童学习收拾整理的先后顺序以及收拾整理的具体方法。在收拾整理的过程中,还要注意培养儿童分工与合作的意识和能力。

二、幼儿园的随机教育活动

儿童社会性的发展和教育是个长期的过程,在这个过程中,除了教师专门设计和组织的社会教育活动以外,日常生活以及其他教育领域中随机的社会教育也是学前儿童社会教育的重要途径。

(一)日常生活中的随机教育

日常生活是指儿童从入园到离园这一过程中,除了集体教学活动以及区域活动之外的所有活动,如入(离)园、进餐、盥洗、如厕、做操、值日、娱乐等活动。幼儿园的一日生活中蕴含了许多社会教育的有利因素,教师应重视在日常生活中对儿童进行随机的社会教育。日常生活中的随机教育分为两类:一类是日常生活各环节中的随机教育;另一类是偶发事件的随机教育。日常生活中随机渗透的社会教育没有固定的模式,教师事先没有明确的教育目标,教师在活动中根据内容的进行和变化及儿童的需要随机进行,这就需要教师善于把握教育机会,在日常活动中引导儿童形成正确的社会认知、积极的社会情感和良好的社会行为习惯。

(1)来园:儿童之间、儿童和教师之间相互问好,和家人再见,有利于培养儿童讲礼貌的好习惯,师生之间友好的关系也能激发儿童喜欢上幼儿园,乐于加入幼儿园这个集体,鼓励儿童交往的兴趣和愿望。

(2)晨间劳动:在等待早餐之前,教师根据儿童的能力水平安排部分儿童进行一些力所能及的劳动,如擦桌椅、浇花草等,可以培养儿童爱劳动的良好习惯和认真做事的态度。同时,教师委以儿童一定的劳动任务会让儿童感到自己的重要性,通过自己的劳动成果而提高自我评价,有利于儿童自尊心和自信心的形成。

(3)盥洗:培养儿童节约用水、不玩水的习惯和意识,帮助儿童养成轮流、排队的习惯。

(4)进餐:引导儿童爱惜粮食,尊重他人劳动成果,懂得感谢为自己服务的人,培养儿童细嚼慢咽、安静进餐的文明习惯。

(5)如厕:引导儿童有便意就自己如厕解决的习惯和能力,培养儿童的自理能力和文明生活的习惯,还可以培养儿童的自尊意识和尊重他人的意识等。

(6)午睡:培养儿童穿脱衣服的正确方法和顺序,提高儿童的生活自理能力和自我服务的意识和能力,引导儿童形成自己做事不干扰别人的意识和习惯。

除了日常生活各环节的随机教育外,教师还应针对生活中的偶发事件进行随机教育。例如,某个儿童受伤或生病了,教师可以引导其他儿童对其进行关心和照顾,激发同伴之间的友爱之情。

为更好地在儿童日常生活中开展随机教育,教师应做到以下几点:

(1)敏锐地把握随机教育的契机。学前儿童的日常生活中发生着很多繁杂的事情,有的没有任何教育意义就可以忽略,而有的则暗含着一定的教育价值,这就需要教师能够及时把握这一教育契机,能够做到见微知著,能从儿童的一个表情和动作中发现问题,及时教育。

(2)透过现象准确地把握本质。面对每一个教育事件,教师都应运用扎实的专业知识及见解作出判断,找出事件背后隐藏的问题,在最短的时间透过现象看到本质,并做出合理的行动决策。

(3)有效地处理问题。随机教育需要教师在教育契机出现时能够及时地见机而行,在这个过程中,教师要具备较好的沟通说服能力、灵活的应变能力以及伶俐干练的引导能力,从而有效地对学前儿童进行随机教育,处理好问题。

(二)其他教育领域中的随机教育

《纲要》指出,幼儿园各领域的内容要有机联系,相互渗透。在幼儿园其他领域的教育活动中蕴涵着丰富的社会教育契机,教师应注意将社会教育的有关内容和要求渗透到各个领域的教学之中。例如,在语言教育活动中,通过欣赏文学作品培养儿童判断是非的能力以及良好的个性品质;在健康教育活动中,通过让儿童参与各种体育运动,培养其勇敢、坚强、乐观的精神;在科学教育活动中,儿童在合作探究中学会了协作与交流;在艺术教育活动中,通过各种音乐及美术活动让儿童体验、表达社会情感,学习与同伴交流沟通等。其他领域教育活动除了其内容蕴涵着丰富的社会教育因素以外,其组织形式也具有社会教育的价值。幼儿园教育活动的组织形式主要有集体活动、小组活动和自由活动三种类型。每一种形式都为儿童提供了社会学习的机会。例如,在集体活动中,儿童学会了有意识的倾听、跟随和模仿;在小组活动中,儿童要学会沟通、协作、轮流与秩序;而在自由活动中,儿童具有更多自由交往和自我管理的机会。

在其他领域活动中进行随机的社会教育,教师应注意以下几点:

1. 善于发掘和把握不同教育内容中蕴涵的社会教育因素

在实际的教育工作中,教师往往会错误地认为社会教育活动是儿童社会性培养的重头戏,其他领域的教育活动无须过多地考虑儿童社会性的培养。儿童的社会学习仅仅靠专门的社会教育活动还远远不够,必须将儿童社会性的培养随机渗透到其他领域的教育活动中。教师要善于发掘各种教育活动中的社会教育因素,一些看似与社会教育无关的活动,因为其中包含了培养儿童看待事物的正确态度的教育契机,也可以挖掘其中适合社会学习的内容。例如,在科学领域"认识动物"的活动中,可以通过让儿童认识动物与人类的关系来引发他们对动物的情感,认识到动物对人类的重要作用等。

2. 在其他领域中渗透社会教育要合理、自然,切记牵强附会

幼儿园其他领域中蕴涵着丰富的社会教育因素并不意味着其他领域的每一个教育活动中都包含有社会教育的契机。教师一定要根据具体的教育内容恰当地渗透社会教育,使得社会教育在其他领域中的渗透合情合理、自然而然,切忌将不恰当的社会教育内容强加于其他领域的教育活动中,不但不能促进儿童社会性的发展,还会影响其他领域教育活动的有效开展。

3. 要避免社会教育的"喧宾夺主",影响其他领域教育目标的实现

其他领域教育活动的存在都有其特殊的价值,在儿童身心健康发展方面具有不可替代的重要作用,教师不能为强调社会教育而忽视其他领域的教育,在其他领域的教育活动中,社会教育不能占据主要地位,不能为促进儿童的社会性发展而使其他领域的教育活动"本末倒置"。例如,在语言领域的故事教学中,教师不能为强调儿童社会性发展的重要性而只重视良好个性品质的培养,忽视儿童理解能力以及语言表达能力的培养。

三、家园合作及社区教育

家庭和社区环境既是影响儿童社会性发展的重要因素,也是儿童社会教育的重要途径之一。儿童社会性的发展是幼儿园、家庭以及社区多方面教育合力的结果。《纲要》在社会领域的指导要点中提出:"社会学习是一个漫长的积累过程,需要幼儿园、家庭和社会密切合作,协调一致,共同促进幼儿良好社会性品质的形成。"

(一)家园合作

家园合作是指在学前儿童的教育过程中,幼儿园和家庭双方积极主动地相互沟通、相互配合、相互支持,共同促进儿童身心健康发展。《纲要》指出:"家庭是幼儿园重要的合作伙伴。应本着尊重、平等、合作的原则,争取家长的理解、支持和主动参与,并积极支持、帮助家长提高教育能力。"幼儿园和家庭在儿童社会性发展中都有着非常重要的作用。幼儿园通过专业的幼教人员根据国家的教育目标对儿童实施科学的教育;而家庭作为学前儿童生活、学习的主要场所,对儿童社会性发展的影响是潜移默化的,对儿童发展所起的作用是不可替代的。因此,家庭和幼儿园必须密切联系、相互配合,共同承担起儿童教育的重任。

家园合作能有效地促进学前儿童社会性的发展。首先,家园合作能够保证儿童发展环境的一致性。通过交流沟通,幼儿园和家庭能够取得一致的意见、达成一致的教育目标、并进一步采取一致的教育措施,统一、一致的教育环境有利于发挥教育的整体作用,保证儿童良好的品质得以巩固和提高。其次,家园合作能够有效地利用家庭资源,促进学前儿童社会

性的发展。家长和孩子之间的亲缘关系使得孩子对家长有一种天然的尊敬和爱戴,容易接受家长的教育。通过家园合作,能够让家长明确幼儿园教育的目的、内容与要求,从而使得家长明白自己应该怎样配合幼儿园做好教育工作。通过家园合作,可以及时地向家长宣传科学的育儿思想和理念,带动家庭的社会教育。例如,通过邀请家长参加幼儿园的亲子活动及家长开放日,让家长更好地了解自己的孩子在幼儿园中的表现,从而在家庭教育中创设条件,对孩子进行有针对性的个别化教育和培养。再次,家园合作有助于教师了解每个儿童的家庭状况以及家庭教育情况,了解儿童的兴趣、爱好和生活习惯,了解儿童在社会性发展方面的缺点和不足,以便有针对性地进行社会教育。

家园合作的形式有很多,例如,个别交谈、家长会、亲子活动、家长开放日、家访、家园联系卡、家园互动园地、家长委员会、家教经验交流、家长教育讲座等。

为更好地实施家园合作,促进学前儿童社会性的发展,教师应做好以下几点:

1. 真心实意地关心儿童的成长,对家长平等相待,取得家长的信任

幼儿园应该将儿童的健康成长放在一切工作的首位。当家长看到教师和自己一样真诚地关心儿童的健康成长时,就能取得家长的信任。同时,教师应避免在家长面前高高在上的态度,要把自己看作是和家长平等的教养者,在教育儿童的过程中能够换位思考,设身处地地为家长着想,积极主动地为家长解决教养过程中的困难,就能取得家长的信任。只有在相互信任的基础上,家园才能有效地合作,幼儿园所采取的合作措施才能获得家长的理解和支持。

2. 及时有效地与家长沟通,保持教育的一致性

教师应通过面谈、电话联系、家长会、家园联系卡以及电子邮件、QQ、论坛等现代电子手段,做好与家长的沟通工作。通过沟通,保证家园教育的一致性,促使家长形成正确的儿童观,努力为学前儿童树立良好的榜样,创造民主、和谐的家庭氛围,采取科学的教养方式,促进学前儿童社会性的发展。

3. 充分利用家长资源,提高学前儿童社会教育的有效性

每个家长所具有的不同的职业、社会关系和社会背景中蕴涵着丰富的社会教育资源,教师要善于发现和利用这些资源,让它为学前儿童的社会教育发挥作用。

(二)社区教育

社区是儿童成长和发展的重要环境,除了家庭和幼儿园,儿童的大部分时间是在社区度过的。社区作为整个社会的雏形,是儿童社会性发展的一个重要影响因素。社会教育是指社区内为儿童或全体居民提供的教育设施和教育活动,是多层次、多内容、多种类的社会教育。研究认为,社区与幼儿园的关系应为共建共享共发,即幼儿园充分利用社区资源;幼儿园为社区提供各种服务。《纲要》明确指出:“充分利用自然资源和社区的教育资源,扩展幼儿生活和学习的空间。幼儿园同时应为社区的早期教育提供服务。”

为更好地发挥社区在学前儿童社会教育中的重要作用,幼儿园与社区的合作教育应注意以下几点:

1. 充分利用社区的教育资源,促进学前儿童社会性的发展

社区教育资源包括有形资源和无形资源。有形教育资源主要包括人力、物力、财力、信息、组织等;无形教育资源主要包括社区意识、社区归属感和良好的社会氛围等。在社区教

育中,教师要运用社区中的工厂、邮局、超市、医院、派出所、学校等物质资源丰富学前儿童社会教育的内容、扩大儿童的活动空间,通过组织各种参观活动让学前儿童置身于丰富多彩的人文景观和设施之中,亲身感受家乡的发展和变化,让儿童的生活呈现出动态变化。儿童所处的环境的变化会给他们带来思想、观念和行为上的变化,加速儿童从社会认知体验到情感体验的过程,为儿童社会性的发展奠定心理基础,也为幼儿园的社会教育提供丰富的素材。

幼儿园利用社区教育资源也能提高社区对自身在儿童教育过程中的作用的认识,使其积极主动地参与到幼儿园的教育中。社区中从事不同服务工作的人,如社区内的消防队员、警察、医护人员、环保工人、社区物管人员、邮递员、银行职员等,都可以成为学前儿童了解社会劳动者的一个重要角色榜样。通过观察他们的劳动,让儿童体会到这些劳动者都在用不同的方式帮助自己及自己的家庭,为我们的生活提供便利和服务,更进一步地了解社区生活与劳动者的关系,培养儿童对劳动者的尊敬之情。

2. 幼儿园应积极参与社区活动,为社区生活提供服务

通过激发儿童为社区服务的意识和行为,培养儿童的公民意识。幼儿园作为社区的一员,也要尽力为社区生活提供服务,例如为社区内未上幼儿园的儿童定期开放幼儿园的教育资源(玩具、场地等),组织专门的教育活动吸引这些儿童参加,请他们到幼儿园学习或送教上门,还可以为他们的家长进行义务的家庭教育指导活动,设立家庭教育辅导站等。通过这些活动为社区内的所有儿童营造一个良好的成长环境,提高本社区家长的教育水平。

幼儿园在做好自身服务于社区的同时,还应引导儿童尽力为社区提供服务。例如,定期组织儿童参与社区节日庆祝活动,建立与社区老人的长期联系,表演节目给社区老人欣赏,在增进儿童的敬老行为的同时,培养他们的社会责任感。教师还应引导儿童关注社区生活,为社区良好环境的创设做一些力所能及的事情,如收集社区环境污染图片、设计环保小标志、进行爱护环境宣传等,让儿童在亲自参与社区活动的过程中逐渐养成良好的行为习惯和社会品德。

3. 借助社区优势,创造良好的育儿大环境

幼儿园应主动与社区合作,以丰富多彩的活动为载体,把幼儿园教育辐射到社区环境中。努力把幼儿园建成社区的幼教中心,通过举办家长会、专题讲座、家长开放日以及发放家教知识小册等形式,向家长及社区宣传幼儿教育的重要意义及科学育儿的知识。幼儿园通过与社区的积极合作,为儿童的发展创造一个和谐、良好的环境氛围,共同推动学前儿童的社会学习进程,促进儿童的全面发展。

拓展阅读

【阅读一】

价值澄清理论关于有效的价值形成过程的七个步骤

1. 自由地选择

如果有某些东西实际上在指导着一个人的生活,无论是否有权威的监督,这种东西必须

是自由选择的结果。如果在选择过程中存在某种强制,个体就不可能长时间地坚持自己的选择结果,尤其是当施加压力者鞭长莫及时。只有价值是个体自由选择的结果,价值才会被个体真正珍视。

2. 从各种可能的选择中选择

价值的定义是基于个体所作出的选择,很显然,若无可供选择的对象,选择也就无从谈起。例如,说一个人珍视“吃”毫无意义,可以说个体选择吃何种食物,而不是“吃”本身。我们必须提供足够的食物,否则选择无从谈起。只有当有一种以上的选择时选择才成为可能,价值选择才会实现。

3. 认真思考每一种选择的后果再进行选择

凭冲动或轻率所作出的选择并不能形成我们界定的价值。那些真正有意义指导个体生活的东西一定是个体仔细权衡和理解的结果。只有当个体仔细权衡和完全理解每一种选择的后果,个体才会做出明智的选择。只有在认真考虑每一种可供选择的后果之后进行的选择才会形成价值。

4. 赞同与珍视

当说起那些我们珍视的东西时,我们总是语气坚定。我们会赞同它、珍视它、尊重它、坚持它。我们会为所珍视的东西感到高兴。有的选择,即使是自由的和审慎的选择,我们也不一定会为此高兴。我们可能选择参与,但有时会对该选择的合理性产生不安。我们界定的价值必须是高兴地做出的选择结果。我们会赞同和珍视那些价值并用以指导生活。

5. 确认

当我们在考虑各种可能选择的后果之后自由地做出选择并为之感到自豪时,被别人问及我们愿意当众确认我们的选择,甚至愿意为之辩护。如果会为某一选择感到羞惭,被诘难时不敢表明自己的立场,那么我们选择的就不是价值而是别的什么。

6. 根据选择行动

我们所信奉的价值观体现在生活的诸多方面。为了使某种价值得以浮现,生活本身势必受到影响。事实上,不存在不对现实生活进行指引的价值观。

7. 重复

只要某一事物被提升至价值水平,它就很可能在个体生活的许多场合影响其行为。它表现于不同的情境与场合。只在生活中出现过一次的事物不能被视为价值,价值观往往以某种生活方式不断重复。

价值澄清在学前儿童社会教育中常用的几种方法:

(1)澄清应答法。澄清应答法是指教师通过与儿童的交谈引起儿童的思考,在相互交流中不知不觉地让儿童进行内省与价值评价。

(2)价值表决法。价值表决法是指教师事先拟定一系列学前儿童关心的问题,让儿童一起来表达自己意见的一种方法。

(3)价值排队法。价值排队法是指让儿童以三四种事物为对象,根据自己认为的重要性为它们排名次,并说明这样排序的原因。

(4)展示自我。展示自我是教师或家长给儿童创造条件和提供自由发言的机会,让孩子

们把与自己有关的事情讲出来给大家听。①

【阅读二】

环境和教育对儿童智力和个性的作用

我国的一些调查研究证明了环境和教育在学前儿童智力和个性发展中的作用。如有人对黔阳县受过和未受过幼儿园教育的学生在智力和思想品德方面的表现做了调查，受过幼儿园教育的学生在智力和思想品德方面都较未受过幼儿园教育的学生好，如以三好学生和语文、算术两科成绩优良所占比例而言，在调查的小学五年级414名学生中，受过幼儿园教育的学生中有61.3%为三好学生，有30.6%语文、算术两科成绩均在90分以上；而未受过幼儿园教育的学生中有25%为三好学生，只有13.9%语文、算术两科成绩均在90分以上。在调查初三和高三学生中也明显反映受过幼儿园教育的学生中三好学生的比例大大高于未受过幼儿园教育的学生。又如一项对超常儿童55人的追踪研究中发现，超常儿童在素质上固然有一定优异之处，但主要是由于较好的早期教育和环境条件的影响，促使他们智力发展较好，并有坚强的意志品质。没有教育和环境这个条件，超常是难以出现的。

总的看来，学前教育在儿童发展过程中起着远期影响作用。适宜的早期教育经验能显著促进儿童认知及各方面的发展，而长期教养经验剥夺则会使儿童认知发展停滞不前，甚至永久性丧失人类某些特有的能力。因此，学前教育工作者一定要认真对待并高度重视学前儿童的发展，创造良好的后天教养环境。②

【阅读三】

游戏培养幼儿良好的个性品质的主要表现

1. 开展游戏活动有利于培养幼儿勇敢的品质

例如，在游戏中以智力游戏“算一算”为例，有些幼儿能积极地回答，也有些幼儿虽然懂，但是不敢说，幼儿园设计了许多幼儿喜欢的区域活动，如小舞台、语言区、音乐区等，提供了一个为幼儿展示自己的场所，一些胆怯、害羞的幼儿在那些活泼大方幼儿的带动下和教师的鼓励和引导下，逐渐加入到游戏中，由原来的害怕到勇敢地表现自己。

2. 开展游戏活动有利于培养幼儿的独立性

例如，在结构游戏中，玩搭积木、拼积塑的游戏，对于这类的游戏无论是小班还是中大班的幼儿都非常喜欢，在游戏时，请他们动脑筋，看谁的手巧，搭一间和别人不一样的、漂亮的房子送给自己喜欢的小朋友，虽然他们中有些搭得很简单，但是他们还是非常高兴，互相说着房子里有什么，送给谁，在这时，教师能给小朋友以赞美和鼓励，特别是对一些平时较不愿动手的幼儿。这样，幼儿的自信心、独立性在游戏活动中便悄然建立起来了。

3. 开展游戏活动有利于培养幼儿的坚持性及克服困难的品质

持之以恒地把注意力集中到某个问题，并努力地去弄清楚问题，这种个性是任何事情取得成功的重要条件之一。而发现问题和解决问题是游戏的组成部分，游戏的魅力正在于它对幼儿构成的挑战性。

---

① 周世华，耿志涛：《学前儿童社会教育》，高等教育出版社2011年版。

② 梁慧琳：《浅析影响学前儿童身心发展的主要因素》，载《忻州师范学院学报》2002年第2期。

例如，刚入园的小班的幼儿最初只是对玩积木这个动作感兴趣，但是随着年龄的增长，他们不再满足于简单的动手操作，而是产生了对所建物体的形象性和实用性的兴趣，但是由于幼儿的想象与幼儿动手能力不成正比，所达到的水平有很大的差距，这就出现了摆放好或摆放了某块积木而导致游戏失败的现象，如果这时幼儿能够有重新再来的兴趣和恒心，就可能取得胜利的成果，反之幼儿想象的物品将永远不能建成。因此，幼儿必须有不达目的不罢休的恒心，有克服困难的勇气，就能享受成功的快乐。而玩积木这种结构游戏本身就具有构成物体的吸引力，能够吸引幼儿，使幼儿逐渐看到成功的希望的特点。因此，在幼儿能够坚持游戏时，教师应及时给予适当的鼓励，使幼儿鼓起勇气再来一次，由此，做事认真、坚持到底的品格很自然地渗透到了游戏活动中。

4. 开展游戏活动有利于培养幼儿活泼开朗的性格

性格是表现在个人行为和态度方面的重要的心理特征，它主要包括意志、情感、道德和智慧等方面的品质。

3～4 岁的幼儿具有活泼好动、好模仿的特点，喜称赞、喜成功、自制力差，认识活动以具体形象为主，而游戏能满足他们这些特点。游戏中，幼儿以愉快的心情饶有兴趣地再现现实生活，对教师的启发诱导容易自然地接受，游戏一方面可以给幼儿充分的机会发展自主的性格和健全的意志，另一方面又受各种规则的限制，使之与德育心理互相联系、互相渗透。

例如，以角色游戏为例，幼儿在游戏中可扮演在生活中接触最多的父母、老师、司机、医生等熟悉的人物，通过模仿人物来进一步认识这些角色，在活动时，一些比较内向的、不太活泼的幼儿也会参加到活动里，并通过担任不同的角色，在各个方面得到了锻炼和发展，如开朗、活泼、友善、爱心、同情心等，教师在适当的时候给以引导，幼儿的性格将逐渐活泼开朗起来。

5. 开展游戏活动有利于培养幼儿的探究精神，激发幼儿的好奇心和求知欲

富有探究精神的人，往往在他们遇到问题的时候就会寻根问底弄清楚不明白的地方，这是他们取得成就所需的精神之一，而游戏活动则有利于培养这种精神，因为发现问题和解决问题是游戏的一部分，而发现、解决问题的能力是适应生活、适应未来发展的一种基本能力，游戏活动是培养这种能力的重要途径。

例如，在玩沙游戏中，幼儿发现，一些小朋友很容易就建好了“山洞”和“房子”，而且不易倒塌，而一些小朋友的“房子”很容易就塌了，这是什么原因呢？后来经过观察实验发现，掺了水的沙较结实，而没掺水的沙松散，比较难造型，经过教师讲解和幼儿的探究，逐渐获得了有关沙子的知识，进一步激发幼儿的兴趣，幼儿由此产生的探究兴趣会对以后养成遇到问题独立思考、寻找原因的良好品质产生积极的影响。

6. 游戏活动还有利于培养幼儿的自主性

自主性即个体对自身行为的意识与调控能力，幼儿通过游戏促进自主性的发展，表现为自理能力提高、目的行为增强、社会性提高与交往能力的发展。

综上所述，游戏的独特特征对幼儿的个性发挥有不可估量的重大作用，并对幼儿创造力、智力、非智力因素的发展和提高产生巨大的影响，而教师对幼儿的适当的教育引导也是形成幼儿良好个性心理，激发幼儿高尚动机的重要外部因素。由此可见，游戏活动是培养幼

儿良好个性的重要途径。

另外，可以经常组织幼儿到大自然中体验生活，如去农村参观等，还要组织各类比赛，通过一些活动，增强了幼儿的集体荣誉感、成就感和进取心，锻炼了他们的意志、品质，在不同的活动中发挥每个幼儿的特长。①

思考与练习

一、选择题

1. 在学前儿童的社会教育中，教师提供各种实践机会，让学前儿童参与其中，通过实践活动增进儿童的社会认知、激发社会情感、提高儿童的基本社会生活能力的原则是(　　)。

A. 渗透性原则　　B. 实践性原则　　C. 正面教育原则　　D. 一致性原则

2. 以直观实践为主的学前儿童社会教育方法包括(　　)。

A. 陶冶法　　B. 移情训练法　　C. 参观法　　D. 榜样示范法

3. 在学前儿童社会教育中利用环境条件、生活氛围以及教师自身的言行举止，对儿童进行积极的感化、熏陶，在潜移默化中促进儿童社会性发展的教育方法是(　　)。

A. 讨论法　　B. 强化评价法　　C. 陶冶法　　D. 演示法

4. 学前儿童社会教育的主要途径包括随机教育、家园合作及社区教育和(　　)。

A. 区域活动　　B. 游戏活动　　C. 专门的教育活动　　D. 课堂教育活动

5. 下列不属于讨论法具体方式的是(　　)。

A. 个别讨论　　B. 小组讨论　　C. 成对交换意见　　D. 全班讨论

二、填空题

1. 学前儿童社会学习的主要内容和社会性发展的基本途径是________和________。

2. 社会教育潜移默化的特点和学前儿童社会学习的随机性和无意性决定了学前儿童社会教育首先要遵循________的原则。

3. 学前儿童社会教育的方法可以分为三大类，即以________为主的方法、以________为主的方法和以________为主的方法。

4. 强化评价法分为________和________两种。

5. 学前儿童的社会学习是一个漫长的积累过程，需要________、________和________共同合作来促进儿童社会性的发展。

三、简答题

1. 简述学前儿童社会学习的特点。

2. 简述实施正面教育原则的要求。

3. 运用强化评价法应注意哪些问题？

---

① 李国娟:《浅析幼儿游戏活动与幼儿良好个性的培养》，载《浙江教育科学》2005 年第 2 期。

4. 在其他领域中渗透随机的社会教育应注意哪些问题?

四、论述题

联系学前儿童社会学习的特点,谈谈学前儿童社会学习应坚持哪些原则。

五、案例题

某教师组织本班幼儿围坐成圆圈,然后发给幼儿一个玩具娃娃,要求幼儿将玩具娃娃递给旁边的小朋友,并且说“请你玩娃娃”,而接到娃娃的孩子必须说“谢谢”。玩具娃娃就这样按顺序在幼儿之间传递。请分析:这个教师使用了哪种社会教育的方法?这样使用好不好?为什么?

第六章　学前儿童社会教育活动设计

学习目标

1. 了解学前儿童教育活动设计的基本原则与策略。
2. 掌握幼儿园社会教育活动设计的基本程序。
3. 掌握幼儿园社会教育区域活动设计的方法。

第一节　学前儿童社会教育活动设计原则与策略

一、学前儿童社会教育活动设计的基本原则

（一）目标性原则

学前儿童社会教育的目标性原则是指社会教育要有明确的目标，要依据目标的要求来对儿童进行恰当的教育和引导。包括两方面的含义：一是社会教育活动的设计要符合《幼儿园教育指导纲要》的基本精神，要按照纲要中对社会教育所提出的要求来设计教育活动；二是幼儿园每次所举行的社会教育活动要有明确而具体的目标，活动所选取的教学内容、采用的方法、教学的组织方式以及活动评价标准等都是以目标为依据的。教师在设计活动时要熟练掌握目标的基本要求，活动中要处处体现目标，要树立强烈的目标意识，组织活动时紧紧围绕目标来选择教育内容，确定教育方法，实施教育过程，并依据目标进行活动评价。①

（二）整合性原则

整合性原则是指幼儿园社会教育要将各个方面的教育因素整体考虑，有机结合，全面地对儿童施以教育。社会领域的教育包括社会认知、社会情感、社会行为三个方面的教育。在设计活动时，要将这三者有机结合起来并融入教育活动之中，促进儿童社会性的整体发展。此外，在社会教育过程中要将各种有用的教育资源和教育手段渗透融合起来，发挥最大的教育功效。还可考虑运用其他领域的教育因素，以及家庭、社区资源的统筹利用等，增强学前儿童社会教育的合力。

（三）活动性原则

活动性原则是指在设计社会领域教育活动要注重实践，尽量鼓励儿童自己动手操作、亲

---

① 张明红：《学前儿童社会教育》，华东师范大学出版社 2008 年版，第 118—119 页。

自体验，积极与人交往，进行观察、思考、表现等，让儿童自己充分地动起来，使儿童始终处于活动的主体地位。活动是学前儿童心理发展的基础和源泉，教师要将儿童的活动放在教育的首位，有序地将儿童引入社会生活之中，让儿童在现实的社会生活和社会情境中，感知、积累、探索，从而丰富社会认知、社会情感，发展社会行为。因此，教师在设计活动时要贯彻活动性原则，将真实的社会生活呈现在儿童面前，让儿童充分与社会生活接触，引导儿童在社会生活中练习社会行为。

（四）发展性原则

发展性原则是指社会教育要以促进儿童的发展为教育的根本要求，通过教育和引导使儿童获得一定的发展。教师在设计社会教育活动时，首先要了解儿童的现有发展水平，即他们已有了怎样的经验，已经获得了什么程度的发展，社会方面的认知、情感、行为是怎样的，等等。在了解了儿童现有的发展水平之后，教师要以此为基础，设计出与儿童发展水平相当的，经过教育之后能够进一步使儿童获得发展的教育活动。总之，社会教育要立足于儿童的发展，以儿童发展为本进行教育，将儿童的发展作为教育的出发点和根本归宿。

（五）生活性原则

生活性原则是指社会教育要源于生活，要与生活紧密结合，把学前儿童还原到真实的生活中开展社会教育。由于社会教育是在日常生活中，借助于日常生活，并且为了日常生活而进行的，因此社会教育切不可离开儿童的真实生活而空谈。教师在设计社会教育活动时，首先要善于抓住生活的细节，抓住生活中有教育价值的点点滴滴，及时对儿童进行教育。社会教育需要长期一贯地坚持，通过生活的日积月累，给儿童以强有力的熏陶和教育。教师还要具有敏锐的洞察力和把握教育机会的能力，将生活中的点点滴滴化为教育内容，给儿童以及时有效的引导。

（六）正面教育原则

正面教育是一切教育最基本的原则，其核心是在尊重的前提下对学前儿童提出要求，在肯定的前提下对学前儿童的行为做出补充和调整，在维护学前儿童的自主性和完整性的前提下渗透教育要求。由于学前儿童处于自我意识形成的最初时期，他们的知识经验少，辨别是非能力差，他们常常通过观察来学习，他们的社会性发展是在熏染和生成中完成的，对各种影响容易接受或模仿，更多依赖外部评价来评价自我，因此更需要成人从正面加以引导。① 教师要以积极的方式对儿童提出教育要求，以宽容和接纳的态度对待儿童，以鼓励和表扬为主来评价儿童。

二、学前儿童社会教育活动设计的程序

（一）确立活动目标

确立活动目标是社会教育活动设计中最重要的一环。目标设置是否合理，对整个活动设计有着决定性影响，包括活动设计的方向、范围和程度。应根据学前儿童的社会性发展水

① 甘剑梅：《学前儿童社会教育》，中央广播电视大学出版社 2007 年版，第 136 页。

平来确定社会教育活动的具体目标,然后根据目标选择活动内容,进而选择合适的教学方法和形式。为了确保活动目标的导向作用,教师在确定活动目标时,首先应着眼于学前儿童的社会性发展,以学前儿童的现有发展水平为立足点;其次要使具体活动的目标与幼儿园社会领域的总目标、各年龄阶段目标相一致;再次,活动目标的内容应该包含学前儿童的社会认知、社会情感和社会行为三个方面。目标的制订要满足以下基本要求:

1. 科学性

制订的社会教育目标要科学合理,既要尊重儿童身心发展的规律,又要注重教育的全面性、完整性。制订的目标应该遵循由简单到复杂、由易到难、由具体到抽象的顺序,循序渐进,环环相扣。既注重整体性,又要照顾个别差异性,使社会教育内容能够真正被每位儿童所接受。

2. 发展性

制订社会教育目标时要立足于儿童的发展,要充分考虑儿童已有的发展水平,使每个儿童在其原有发展水平的基础上,通过恰当的教育和引导,获得更进一步的发展。所制订的目标不能太难,也不能太简单,要正确判断儿童的"最近发展区",对儿童可能达到的发展结果做出合理预期,通过教育活动促进儿童的健康发展。

3. 整体性

幼儿园社会教育是培养儿童在社会认知、社会情感和社会交往技能三个方面的统一发展,应避免只注重知识的传授,忽视情感和行为的培养,要把三者有机协调起来,促进儿童全面和谐地发展。

(二)选择活动内容

活动内容是社会教育活动目标的具体化,是实现教育目标的手段。首先,要根据活动的目标来选择内容;其次要根据学前儿童社会性发展的已有水平以及存在的问题选择活动内容,同时注意内容的生活化。对于具体的社会教育活动而言,活动目标与内容并没有明确的先后关系,两者是相互依存的,只要有明确的年龄阶段目标或学期目标,有时可以先有具体活动内容,然后再确定具体教育活动目标;有时可以先有具体活动目标,再寻找相应的活动内容。选择活动应注意以下几点:

1. 适宜性

幼儿园社会教育内容的深度和广度都应以适合儿童为标准,按照由浅入深,由简至难的顺序选编。

2. 活动性

年幼的儿童应以生动活泼的方式学习社会领域的知识,应避免单纯课堂讲授或书本学习的方式进行教学,应选择日常生活中多样化的学习内容,让儿童在活动中学习。

3. 生活性

社会教育的内容要与儿童的生活紧密联系,努力寻找和创设与生活相一致的教育情境。所选内容要富有生活的色彩和意义,寓教育于生活,使儿童学得轻松、有效。

4. 渗透性

社会领域的教育内容具有很强的渗透性,凡是能够增进儿童社会认知,培养社会情感、

促进社会行为技能发展的内容，都可以作为社会教育的内容。儿童社会教育的内容应渗透在日常生活及各个领域的学习之中，使儿童在潜移默化中接受教育。

（三）设计活动过程

活动过程的设计是幼儿园社会教育活动方案设计的关键环节，活动过程设计的是否合理、恰当，会影响整个活动方案的效果。活动过程一般包括三个基本组成部分，即活动的导入部分、基本部分、结束部分，每部分又可由不同的若干环节构成，它们形成了活动方案的全貌。设计活动过程需要教师将各种因素加以整合，运用自己的教育智慧，设计出新颖有趣，而又充满教育意义的教育活动。设计活动过程需要考虑以下几方面：

1. 采用多种活动方式

活动方式既要适应不同类型社会教育活动的特点，又要引起儿童对学习内容浓厚的兴趣，从而使儿童积极主动地参与活动。学前儿童社会教育活动的方式主要是由教学内容的性质、儿童发展特点和现状来决定的。如果活动内容涉及认知成分较多，就要多采用讲解、讨论、谈话、演示等方式；如果活动内容偏于社会情感体验，则要多使用角色扮演、参观、调查、访问等；如果活动内容偏重社会行为，则要多使用行为训练、行为评定、观察学习等方法。① 总之，在设计活动方式时，要根据具体情况，采用多种活动方式来开展活动。

2. 精心设计活动环节

教师应精心设计社会教育活动的各个环节，将儿童纳入到活动设计的每个环节之中，考虑儿童的所思、所想、所感、所悟，考虑儿童参与活动的方式、方法、时间、内容等。从导入开始，思考如何将活动内容呈现给儿童，进一步如何引导儿童学习新的内容，接下来采取何种方式进行巩固、练习，以及如何进行师幼互动，最后怎样结束活动等等，都需要教师精心思考和整理，将每个细节、步骤等都要做充分的准备，并为具体实施留有余地。

3. 设计有效的问题情境

问题情境是师幼互动的平台，教师提出的问题质量如何，直接影响到活动实施的效果。设计问题时要根据活动内容、儿童发展水平、具体的教育情境而定，提出高质量的问题，用问题引导儿童思考，促进活动过程的逐步深入和发展。同时，要创设问题情境引发儿童主动思考、积极探索，使直接经验和间接经验相互作用，使活动内容、教师、儿童和社会环境处于互动状态之中，在不断的思考中真正构建儿童的世界观、人生观、价值观。一般来说教师的提问要注重启发性、层次性、导向性、议论性和评价性，激发儿童产生社会性认知冲突，启发思维，调动已有经验，从而实现社会教育的目标。

4. 进行恰当的评价

对社会教育活动要进行恰当的评价，这是推动活动有效开展的动力。通过评价可以使教师了解社会教育活动的目标、计划、内容、过程、方式、方法、材料、环境等是否符合儿童的发展水平，是否促进学前儿童的社会性发展，是否达到了教育目标，以起到反馈、诊断和提高的作用。因此，教师在设计社会教育活动时，要将活动效果的评价标准和评价方式考虑进来，增强活动的科学性和有效性。

---

① 张明红：《学前儿童社会教育》，华东师范大学出版社 2008 年版，第 122 页。

三、学前儿童社会教育活动方案设计策略

为了实现学前儿童社会教育的目标,使社会教育活动更具有目的性和计划性,在确定活动目标、选好活动内容以及活动方式后,需要将经过思考的一系列问题拟订成一份完整、全面、正式的社会教育活动方案。一般来说,社会教育活动方案包括:活动名称、活动目标、活动准备、活动过程、活动延伸等。

(一)活动名称的设计

活动名称是某一次具体教育活动的名字,它能比较概括地反映出教育活动的主要内容和发展目标,活动名称的设计要求简洁、明确、具体、趣味性足,并且要有好记、易懂的特点。一般来说,在活动名称前还应说明该活动所适合的儿童年龄段,例如下列活动的名称"中班社会教育活动:有趣的筷子""大班社会区域活动:节日礼品吧""小班社会教育活动:好听的名字"。也可将所适合的儿童年龄段标示在活动名称后的括号中,例如,我长大了(大班)、元旦节(中班)。

(二)活动目标的设计

活动目标是对儿童学习发展的预期设想,也是教育评价的依据,制订准确、恰当的活动目标是十分重要的。

活动目标应从儿童需要掌握的知识、所要形成的情感、态度以及所要掌握的技能、方法等方面来制订,因此活动目标的结构包含三个维度。

1. 知识维度

知识维度是在社会教育活动中需要儿童掌握的社会性知识,知识纬度的目标可包含的内容为:有关自我意识发展的知识、有关社会环境的知识、有关社会文化的知识等。包括有关事物的名称、现象、符号、事实等信息。如知道自己国家的国旗叫"五星红旗",五月一日是"国际劳动节"等。

2. 能力维度

能力维度是儿童运用社会性知识进行社会性实践活动的技能、方法等。能力纬度的目标可包含的内容为:合作能力、交往能力、创新能力、想象力、认知能力、自主能力、独立能力、生活自理能力、抗挫折能力、是非判断能力、移情能力、自我调节能力、注意力、适应环境的能力等。

3. 情感维度

情感是个体在活动中产生的一种相对稳定的心理反应,它影响着个体参与活动的状态。情感纬度的目标可包含的内容为:良好的行为习惯(礼貌、讲卫生、勤俭等);良好的道德品质(同情心、乐于助人、分享、谦让、关爱、感恩、宽容、责任、诚信、爱护公物、爱护环境等);良好的个性品质(意志力、自信心、勇气、自制力、自尊心、自主、耐心、细心等);良好的态度(认真、虚心、有始有终、一心一意、努力探索等)。如参与活动时表现出来的积极的态度,表现出的快乐、愉悦等情绪反应,以及对某些事物、事件、活动充满兴趣,愿意从事活动,有较强的自信心、意志力等。

在用语言文字陈述活动目标时应注意:

首先陈述的角度要统一。教育活动包含教师的教和儿童的学两方面，在陈述活动目标时，即可以从教师教这一角度确定活动目标，表述教师期望通过教育活动帮助儿童获得的学习结果；也可以以儿童的学为出发点，指出儿童在学习以后应该知道和能够做到的程度。从教的角度常用“帮助、激发、引导”等词来表述，如“引导儿童观察成人的劳动”“教育儿童面对意外情况不要害怕”；从学的角度常用“学会、喜欢、说出、表达”等词来表述，如“能认真观察成人劳动”“知道遇见意外情况要马上告诉成人”。①

其次目标陈述应简洁、明了、具体、可操作性强，如实反映通过本次活动所能达到的目标，切忌笼统、夸大、泛泛而谈。

（三）活动准备的设计

1. 教师的准备

（1）物质的准备：许多活动需要物质方面的准备，教师根据自己的设想准备好仪器设备，如录音机、幻灯片、电脑、图片等。

（2）环境创设的准备：教师还要根据活动的需要，提前布置活动场地。如座位的摆放、环境布置、情境表演、角色的扮演等。

（3）知识准备：教师在教学前也应该做好自己教学的知识准备，做好为儿童解决各种问题的准备，以免出现知识上的空白和偏差。

2. 学前儿童的准备

（1）知识的准备：儿童是在对原有知识进行同化和顺应中构建新经验的，所以经验的准备尤为重要。

（2）物质准备：有些活动需要调动儿童的积极性和主动参与性，要求学前儿童从家中带的一些材料或者是学前儿童自己动手制作的材料等。

（四）活动过程的设计

活动过程包括三个基本组成部分，导入部分、基本部分、结束部分，各部分又可由不同的活动环节构成。

1. 导入部分

导入部分也叫开始部分，其作用是引起儿童注意，吸引儿童参与活动，激发儿童的主动性等。教师可以通过对原有经验的刺激，提出学习目标、运用生动的语言或体态来实现。具体导入方法有，提问导入、设置悬念导入、教具导入、谜语导入、故事导入、儿歌导入、游戏导入、情景表演导入等。如“我的标记朋友”谈话导入、“我帮玩具找到家”情境导入、“谁对谁不对”情境表演导入、“我的小伙伴”音乐导入、“合作会更好”操作导入、“你谦我让”游戏导入、“诚实的孩子”故事导入、“我是哥哥姐姐（一）”展示教具导入、“幼儿园的地图”直接提问导入，导入的方法可以多样化。

2. 基本部分

基本部分主要是教师引导儿童进行感知学习和练习的过程，是实现活动目标的主体部

---

① 甘剑梅：《学前儿童社会教育》，中央广播电视大学出版社2007年版。

分，承载着主要的教育内容，活动内容的重点、难点，儿童需要掌握的知识、需要体验的情境、应该练习的行为都应该在这个部分呈现。这个部分可以由不同的环节构成，包括教师提问引导环节、儿童回答参与环节、教师示范演示环节、儿童练习操作环节、教师巡回指导、儿童探究学习、教师总结评价、儿童巩固复习、师幼互动游戏等各个环节共同构成了教育活动的全过程。教师可以选择不同的方法和手段来实现教育目标。要达成知识维度的目标可以运用讲授、谈话、演示等方法进行；要达成能力维度的目标可以运用示范模仿、练习反馈的方法进行；要达成情感维度的目标可以运用体验、扮演、鼓励、强化等手段进行。

例如，大班社会教育活动“中国年”，基本部分如下：

(1)教师讲故事《年的传说》，请幼儿仔细听。

(2)师生讨论：年是什么？赶走了年大家是怎样庆祝的？人们的心情怎样？

(3)欣赏图片：放鞭炮、挂灯笼、贴春联。

提问：你听过鞭炮声吗？（学一学鞭炮声）。过年的时候挂灯笼吗？有没有贴春联呢？

(4)教师小结：过年也叫过春节，是我们中国人最重要的节日，我们要用各种方式来庆祝，过年的时候人们的心情都非常愉快。

(5)教师出示预先准备好的红灯笼，请幼儿观察，互相传递，玩一玩，体验愉快的心情。

(6)教师进一步引导幼儿思考：小朋友们喜欢过年吗？你们过年的时候干些什么事情呢？引导幼儿说出穿新衣、收压岁钱、走访亲戚等年俗。

3. 结束部分

当教育活动的预期目标基本实现，教师要适时组织活动过程走向结束，结束环节可以由儿童归纳自己在活动中获得的经验、技能和情感体验，也可由教师进行评价、小结，帮助儿童总结学习经验、强化积极的社会行为，提高社会认知水平，并引导儿童自然过渡到下一个活动。总之，要在愉快、自然的气氛中结束活动。

例如，大班社会教育活动“中国年”，结束部分如下：

教师总结：小朋友都知道了什么是过年，过年还要贴大大的“福”字和窗花呢，老师已经准备好了“福”字和窗花，现在我们一起把它们贴起来，让我们的教室变得喜气洋洋吧。师幼共同贴“福”字和窗花，在愉快的气氛中结束活动。

（五）活动延伸的设计

活动延伸是在本次活动结束后，为了让儿童继续思考，继续巩固、复习、延续所学内容而安排的后续活动，通常在游戏、日常生活中加以渗透进行，或在家庭中进行，也可在其他教育活动中融合开展。虽然教育活动结束了，但是这方面的教育并没有完结，儿童的生活在课内、课外都是有教育意义的，是一个有机的整体，所以，活动延伸的设计是不可缺少的一环。活动延伸指在教育活动后，教师继续设计一些与此相关的辅助活动，使教育内容渗透到一日生活中，使学前儿童受教育的时间能够持续，使教育的目的能够更好地实现。活动延伸的形式可以是家园共育、领域渗透、区角活动、游戏等。例如，“有用的标志”活动结束后，让儿童设计一些标志，摆放在幼儿园里。

（六）活动反思的设计

教育活动反思，对这一栏内容的撰写，是在活动结束之后。教师要对自己设计和实施的

教学活动做一完整全面的思考、评价及总结。总结的内容包括对活动内容、教学方法、儿童行为表现的反思,也包含教师对自身行为、教学特点等方面的反思。在此基础之上,教师还要进一步提出对活动的调整、修正或改变的方案。

例如,大班社会教育活动"舞龙",活动反思如下:

在这次活动中,比较成功的是组织和帮助幼儿直观地了解了"舞龙"这一民间活动。幼儿在愉快的气氛中积极地参与了活动,师幼互动过程非常和谐。整个活动以游戏的方式开展,投放了较多的材料,使幼儿能充分发挥自己的想象力和创造力,体验到活动的愉快。我们通过个别的、集体的、小组的方式展开活动,有效地培养了幼儿动作的协调性,培养了幼儿互助、合作、分享的品质。不足之处在于,活动开始的谈话部分不够深入,对幼儿调动不足。

四、学前儿童社会教育教学活动设计注意事项

(一)社会教育内容的选择要具有适宜性、活动性、生活性与渗透性的特点

幼儿园社会教育内容的深度和广度都应以适合儿童为标准,按照由浅入深,由简至难的顺序选编。年幼的儿童应以生动活泼的方式学习社会领域的知识,应避免单纯课堂讲授或书本学习的方式进行教学,应选择日常生活中多样化的学习内容,让儿童在活动中学习。社会教育的内容要与儿童的生活紧密联系,努力寻找和创设与生活相一致的教育情境。所选内容要富有生活的色彩和意义,寓教育于生活,使儿童学得轻松、有效。社会领域的教育内容具有很强的渗透性,凡是能够增进儿童社会认知,培养社会情感、促进社会行为技能发展的内容,都可以作为社会教育的内容。儿童社会教育的内容应渗透在日常生活及各个领域的学习之中,使儿童在潜移默化中接受教育。

例如,幼儿园社会教育活动"我的家人""神奇的广告"就是以幼儿身边熟悉的人和事物入手,将社会教育内容与幼儿的日常生活相渗透,采用幼儿喜闻乐见的方式开展教学,使幼儿在愉快的气氛中获得相应的知识与技能。

(二)将多种教学手段和方法综合运用到活动过程中

在设计社会教育活动时,教师应将提问、讲解、讨论、谈话、练习、角色扮演、情境表演、移情训练、感染陶冶等方法综合运用到活动中,认真考虑教学方法的适宜性,尽可能使活动变得丰富、生动、具有吸引力,使儿童可以变换不同的方式参与到活动中,丰富儿童的体验和感受,增强教学效果。

例如,在幼儿园社会教育活动"神奇的广告"教学过程中,教师采取提问、谈话、观看视频、幼儿表演等方式,使活动过程具有较强的吸引力,幼儿以生动活泼的方式来学习,达到了较好的教学效果。

(三)精心设计提问

社会教育活动中教师的提问至关重要,提问可以引发儿童思考,能够引领教育活动逐步深入,如果教师的提问不够具体,儿童将很难理解并进行思考,如果提问缺乏连贯性和层次性,将导致儿童认识上的混乱,甚至导致沟通不畅而无法进行互动。所以教师的提问一定要有针对性、导向性,要具体、明确,层层深入,符合儿童的知识经验和语言水平。

1. 设计的提问应有启发引导作用

教师在设计问题时,应依据儿童语言的表达特点、理解水平等,提出有益于启发儿童思考、开阔思路的问题,避免使用抽象的成人化语言提问。教师的提问偏难或者过于抽象概括,都不利于儿童理解和思考,自然会降低儿童参与活动的积极性,影响社会教育目标的实现。

2. 设计的提问应有开阔思维的特点

教师应尽量设计开放性和发散性的问题,减少提出束缚儿童思维的封闭性问题。发散性问题可以给儿童充分的思考空间,使儿童展开创造性联想,能够锻炼儿童的思维能力,因此,需要教师对儿童的水平和兴趣做出准确的判断和把握,适当地设计既满足大多数儿童学习兴趣又能够对儿童产生认知或能力上挑战的问题,激发儿童产生社会性认知冲突,有利于实现社会教育目标。

(四)教学活动设计技巧因内容不同而不同

学前儿童社会教育教学活动的类型多种多样,从活动指向目标来看,可以分为社会认知、社会情感与社会行为技能三类发展目标的活动。因为认知发展、情感发展、行为技能发展分别有不同的特点,相关的教学活动设计也应有不同的技巧。

1. 社会认知类教学活动设计应注重生活化与形象化

社会知识、规则规范、文化艺术等社会知识对儿童社会性发展至关重要,但这类内容又比较抽象和深奥,所以,教师在设计社会认知这一类型活动时要以儿童生活经验为基础,通过儿童体验社会活动来发展,使儿童真实地感受并掌握相关的社会知识。同时,由于社会认知内容的深奥,教师在设计时应使认知内容形象化和浅显化,注意创设活动情景,并将其放入模拟活动或真实情境中,便于儿童更好地理解和体验。

2. 社会情感类教学活动设计应关注儿童体验与共情训练

社会情感是在复杂的社会关系、人际交往中产生和发展的,它是人们在社会活动中因自己的需要能否满足而产生的主观感受。由于儿童情绪情感理解、表达能力及调控能力较弱,教师在设计情感类教学活动时,首先,要关注儿童情感体验,尽量设计一些情境、游戏等,使儿童在活动中体验各种情感。其次,激发儿童情感共鸣。教师应通过拟人化手法来促进儿童换位思考、感同身受他人情绪情感,从而产生亲社会情感与行为。最后,促进儿童善于情感表达。正是由于儿童不能准确传递自己的情感体验,才会引发儿童交往中的冲突,因此,在活动设计中教师应注重儿童情感表达的能力训练。要让儿童重视情绪表达,更应教给儿童恰当的表达语言及方式,促进儿童乐于表达情绪情感。

3. 社会技能类教学活动设计应注重训练与强化

社会技能学习过程是儿童形成适应社会的人格并掌握社会认可的行为方式的过程。社会能力指人们在交往等社会活动中对周围环境的人或事情做出的态度、言语和行为反应。社会行为能力的掌握在于练习和参与,所以教师设计的活动应注意:首先,注重实践环节的设计。教师通过提供真实的场景让幼儿直接操作和练习。其次,提供多种正面的榜样供儿童行为模仿。教师可以通过伟人、英雄、同伴等给儿童树立好的榜样,使其学习正确的行为。

(五)活动方案完整、表述清楚、结构严谨

经过教师精心构思所形成的教育活动方案，最终要以书面文字的形式呈现出来，这就要求教师要具备一定的语言文字功底，将自己的构思很好地表述出来。一般来说，教师在写活动方案时要做到：结构完整，没有缺失遗漏的部分；表述清楚，语言表达流畅；层次安排合理，没有知识性的错误；内容翔实，书写工整。

五、学前儿童社会教育活动实例评析

(一)社会认知活动案例与评析

1. 有关儿童“自我意识”的教育活动案例及其评析

【案例一】

活动名称：我是谁(小班)

活动目标：

1. 知道自己的姓名、年龄和喜好等。

2. 愿意回答别人提出的问题，学习向他人介绍自己。

活动准备：

1. 编排情境表演“客人来了”。

2. 栏目布置：“我是小班的好宝宝”。

3. 每个小朋友准备一张自己的单人照片。

4. 布娃娃丫丫一个。

活动过程：

1. 观赏情境表演。

情境一：客人来了，和蔼地问东东一些问题：“你叫什么名字？几岁了？你最喜欢干什么？”东东不愿意回答，胆小地跑了。

情境二：客人来了，和蔼地问丫丫同样的问题，丫丫大胆地回答了，客人夸丫丫是个聪明的好孩子。

讨论：丫丫和东东谁做得好？为什么？

2. 出示布娃娃，引导儿童向丫丫学习，勇敢地介绍自己。

这就是懂事的丫丫，她是这样介绍自己的：我叫丫丫，今年三岁了，我很喜欢上幼儿园。提问：丫丫是怎样向小朋友介绍自己的？

3. 学习介绍自己。

(1)请每个小朋友也像丫丫一样，向老师和小朋友介绍自己，说清楚自己叫什么名字，几岁了，喜欢干什么？

(2)请个别儿童向大家介绍。

4. 参观“我是小班的好宝宝”栏目，小朋友可指着自己的照片，向老师或同伴介绍自己。

活动延伸：

1. 表演活动。表演“爸爸妈妈和宝宝”的生活情境，说说活动里的爸爸妈妈是怎么称呼

宝宝的。你的爸爸妈妈是怎么称呼你的,你有怎样的感受?

2. 照镜子。对着镜子看自己的模样。说说自己五官的名称,感觉自己的帅气和漂亮。

3. 给亲人打电话。告诉亲人自己的名字、年龄和在干什么。

评析:

如何认识"我",大胆地展示"我",是小班儿童发展自我意识、培养自信、自尊人格的重要内容。本活动能紧扣"认识自我,学习展示自我"的活动目标,根据小班儿童的表达水平,在活动中好模仿但较胆小的特点,设计了一系列能调动小班儿童进行观察模仿学习,促使儿童大胆表达的、直观生动的活动环节:观赏两个情境表演,儿童直观地认识到"聪明的好孩子应该大胆地向客人介绍自己";通过"布娃娃丫丫的自我介绍"示范,儿童模仿着"该怎样进行自我介绍";通过"向丫丫学习"和"参观我是小班好宝宝"的活动环节,让每个儿童都得到"介绍自我"的表达练习。活动环环相扣,由易到难,自然推进,充分调动了小班儿童参与活动的积极性,体现着儿童是学习的主体的观念。整个活动设计突出着"学习介绍自我"的活动重点和难点。可以预料,儿童在一个又一个的"认识自我,介绍自我"的活动中,不仅认识着"我是一个怎样的宝宝",而且体验着自信和自尊的良好感受。①

【案例二】

活动名称:我长大了(大班)

活动目标:

1. 感受自己体形、容貌、能力等各方面的成长、变化。

2. 加深对自己的了解,进一步增强自我认识。

活动准备:

1. 准备儿童从小到大的照片若干张,整理成册。

2. 收集一些儿童小时候的衣服、鞋袜、帽子。

3. 向父母了解自己小时候的一些趣事。

4. 准备自己要向大家展示的内容。

活动过程:

1. 猜猜这是谁。

(1)互相看小时候的照片,请儿童猜猜是谁。

(2)试试小时候的衣服、鞋袜、帽子,看看有什么效果。

(3)互相讲讲小时候的趣事。

2. 我长大了。

(1)用自然测量的方法让儿童量量自己小时候穿的衣服、鞋袜与现在衣服、鞋袜有什么不同,量量自己现在的身高。感受自己长大了。

(2)启发儿童谈谈自己小时候跟现在有什么不同,形体、容貌上有什么变化,再让儿童谈谈没有变化的地方。如小时候是男孩,现在还是男孩。

---

① 杨旭,杨白:《幼儿园教育活动设计与指导》,复旦大学出版社 2012 年版。

3. 自我展示。

(1)鼓励儿童说说自己有什么本领,有什么长处,激发儿童敢于表现自己。

(2)分组活动,让儿童根据自己的兴趣选择展示的方式。如“画儿童成长标记图”“制作本领树”“小手真能干”等。儿童可以互相说说彼此的长处,使儿童确实感受到自己长大了,增强儿童的自信心。

4. 教师和小朋友共同小结。

小朋友会一年一年地长大,学会更多的本领,越长越高,越来越聪明、懂事,成为爸爸妈妈的好宝宝,老师的好孩子,朋友的好伙伴。

活动延伸:

1. 自我展示可以扩展成一次亲子联欢活动,使家长感受到自己孩子的成长、变化。

2. 可以分别以“小时候的我”“现在的我”“自我展示”为题举办展览角。

建议:

注意关心和照顾平时弱点较多的孩子,帮助他们去发现自己的优点和长处,以增强他们的自信心。

评析:

1. 该设计注意发挥儿童的主体性,让儿童积极参与整个活动。教师巧妙地设计了丰富多彩的儿童感兴趣的活动,尽量满足儿童的心理需求,抓住了培养大班儿童自我认识的切入点,以生动、直观的形式让儿童体验自己的各种变化。

2. 给儿童以展示自我的机会。儿童表现欲强,又有强烈的自尊心。给儿童展示自我的机会,无疑会使儿童感到亲切、兴奋,自然会主动去做。

3. 在活动中激发儿童积极思考。让儿童自己去发现自己有什么变化,同时去找还有什么不变(比如性别),从而更全面、深入地了解自己、正确认识自我。①

2. 有关“社会规范”的教育活动案例及其评析

【案例一】

活动名称:垃圾回家(小班)

活动目标:

1. 学会遵守公共场所的规则,会将垃圾放到垃圾筒里。

2. 认识垃圾筒,知道它的用途。

3. 养成不乱丢垃圾的好习惯。

活动准备:

1. 请家长和幼儿一起观察生活中人们将垃圾扔在哪儿,什么地方有垃圾筒。

2. 故事《香蕉皮的家》;头饰小猫、小兔、香蕉皮。

3. 生活中乱丢垃圾的幻灯片6张。

活动过程:

1. 导入:听故事《香蕉皮的家》,然后提问。

---

① 杨丽珠,吴文菊:《儿童社会性发展与教育》,辽宁师范大学出版社2000年版,第378—379页。

(1)故事里有谁？幼儿回答贴出相应的头饰。

(2)小兔为什么差点滑倒？哪里来的香蕉皮？

(3)小猫这样做对吗？为什么？

(4)香蕉皮的家在哪里？

2. 了解垃圾筒。

(1)你在什么地方看见有垃圾筒？

(2)垃圾筒有什么用？

(3)为什么要把垃圾放到垃圾筒里？

3. 看幻灯片判断垃圾是否回家。

播放幻灯片幼儿观察垃圾是否回家，然后提问：你看到了哪张照片？照片中的垃圾回家了吗？应该怎么做？

4. 实践活动：捡垃圾。

小朋友，我们来当清洁小卫士，帮幼儿园里的垃圾找家。

评析：

此次社会活动领域价值明确，目标的制定符合幼儿年龄特点。活动主要采取了对话的方式，通过师幼对话、同伴间的对话，从而激发幼儿的社会认知、情感，获取社会文明的基本行为规范，知道怎样做一个文明的人，从身边做起，从自己做起。活动开始前，教师从知识与物质方面做了较为充分的准备，包括幼儿与家长一起观察生活中人们将垃圾扔在哪儿，什么地方有垃圾筒等，及幻灯片的准备。不仅达到了家园结合，而且能够帮助幼儿直观、形象地理解怎样养成不乱扔垃圾的好习惯，充分达成目标。①

【案例二】

活动名称：遵守交通规则（大班）

活动目标：

1. 初步懂得排队上车、走人行横道、看红绿灯通行等基本交通规则。

2. 形成遵守公共交通秩序的意识和文明习惯，做个文明的“小公民”。

活动准备：

1. 在活动室地面或操场画好十字路口、人行横道，中间竖起红绿灯。

2. 扮演司机、交警、乘客（如老人、抱小孩的妇女等）的服装或者头饰，公共汽车站标志，公共汽车和卡车的方向盘或车头（自制）。

活动过程：

1. 教师创设公共交通情景，让儿童体验不遵守交通规则，公共交通秩序会很乱，行人、车辆会出事故，大家的安全就没有保障。

(1)引发儿童游戏的兴趣，按儿童人数和意愿分组。

①公共汽车组，司机一名，乘务员一名。公共汽车按规定的路线行使，到汽车站载乘客。

②行人组（10～14人），其中应有老人、抱小孩的妇女等，行人要按规定线路穿过马路，

① 夏力：《回归生活：幼儿园教育活动案例及评析》，复旦大学出版社2012年版，第50页。

到汽车站上车。

③卡车组，司机一名，装卸工三名。卡车按规定的路线行使。

④信号组一人，主要负责用手工变换红、黄、绿信号，维护交通（如信号可以自动变换，可不用人工）。

⑤事故登记组(2~3人)，教师可以以交警的身份在这组观察、记录马路上发生的各种违章事故（如撞车、撞行人、闯红灯、乱穿马路、上车拥挤等），提醒儿童出了事故要报告。

(2)儿童找到各自用品及位置后，开始游戏。时间可在7~8分钟内，让儿童切实体验到这种活动。

2. 集中讨论。

(1)刚才都出现了哪些事故？教师在儿童发言后，公布小组记录的各种事故。

(2)如果在真正的马路上会怎样？危险吗？

(3)为什么会出现这么多事故？（没有遵守交通规则）

(4)怎样做才能不出事故？（遵守交通规则）

(5)要遵守哪些交通规则？（行人看信号灯走人行横道，排队上车，汽车遵守"红灯停、绿灯行"的信号规则等）

3. 明确交通规则后重新游戏。

(1)各种车辆都要遵守信号，红灯停、绿灯行。

(2)所有行人过马路都要看信号走人行横道。

(3)公共汽车站大家都要排队上车，给老人让座位等。

(4)教师扮演交警指挥交通。

活动延伸：

请儿童与家长讨论：

(1)上车乱挤为什么不好？

(2)如果路口没有警察要不要遵守交通规则？次日组织儿童讨论。

建议：

1. 此活动可以在户外操场分两次进行。

2. 组织儿童活动后到马路口参观。

评析：

这是一个较为成功的活动设计。突出的地方是该活动反映出教师设计活动的创造性、灵活性。它一改交通规则教育的老模式，不以死记硬背认知交通规则开始，而是创设公共交通情境，根据儿童的兴趣自然延伸，让儿童活动于情境中，通过活动状态自主体验交通规则的必要性，激发儿童遵守规则，在此基础上通过讨论，将活动内容深化，强化儿童对交通规则的认知和行为习惯的培养。另外，从这个教育活动中也可以看出，教育儿童的方式多种多样，既有探究式的、记忆的，也有实践的，即直接经验的感受，教师在设计时可根据具体情况灵活多样地运用。[①]

---

① 杨丽珠，吴文菊：《儿童社会性发展与教育》，辽宁师范大学出版社，2000年版第383—384页。

3. 有关“社会文化”的教育活动案例及其评析

【案例一】

活动名称:中国茶(中班)

活动目标:

1. 知道中国盛产茶叶的地方。

2. 知道茶是解渴和健身的好饮料。

3. 知道中国茶有许多品种,味道各不相同。

活动过程:

1. 茶叶展览。

(1)师生共同收集各种茶叶包装盒和各种茶叶。

(2)将收集的茶叶装入小玻璃瓶或小碟子,并与其包装盒放在一起。教师和儿童相互介绍自己带来的茶叶和自己知道的茶叶,请大家看一看,闻一闻。

(3)布置茶叶展(可请家长帮助写上茶叶的产地、名称),尝试按照绿茶、红茶、花茶进行分类摆放。

2. 中国茶道。

(1)在教室里选择适当的位置布置一个小茶坊。

(2)教师拿出预先准备好的茶道用具,一边给儿童表演茶道,请儿童品茶,一边向儿童介绍中国茶的种类、茶叶的保健作用以及中国茶在世界上的地位。(能与家乡的特产联系更好)

(3)儿童尝试自己泡茶、品茶,观察茶叶的变化,说说不同茶叶的不同味道、色彩、外观形状。

评析:

从思考幼儿园社会教育的角度出发,在“中国茶”教学活动的案例中,人们至少可以得到以下的思考和启发:

(1)在“中国茶”的教育活动中,活动的内容根据活动目标选择和组织,活动的过程等都围绕活动目标而进行。在活动过程中,要求儿童收集茶叶、观察茶叶、品尝茶叶以及进行茶道活动等,都是为了能达成这些活动目标。对教育活动评价的标准也是这三个目标是否达成。

这类教育活动的价值,就在于预设的教育活动目标所确定的知识和技能,要求儿童通过活动获取这些知识和技能。教师在实施教育活动时可以根据儿童的状况对已经设计好的教育活动做一些调整,但是,可以调整的范围相对较小,整个教育活动应基本按照原有设计方案进行。

在这个“中国茶”的教育活动中,三个活动目标基本上都是认知方面的目标,而且都是能被儿童接受和理解的社会生活常识,通过活动,有可能让所有的儿童都能懂得这些常识。

(2)这个教育活动明显地体现了以教师为中心展开教育活动的基本特征。在活动过程中,教师发起活动,围绕着如何让儿童知道有关茶叶的常识展开活动,并不在意儿童自己的探究和发现,也并不在意儿童是否提出不同的意见和想法。因此,在活动中,教师主要是指

导者、组织者和控制者。

在这个教育活动的设计中可以看到,儿童似乎也动手参与了收集茶叶、观察茶叶、品尝茶叶等活动,这些活动能帮助儿童懂得有关茶叶的知识,因此,这些活动是有意义的。

(3)这个教育活动表现出明显的“单一科目”倾向,就是说,整个活动主要关注的只是社会领域教育的问题,而不是其他学科科目的问题。根据社会领域教育的特点,这个高结构的教育活动是有教育价值的,活动预设的三个目标的达成度是较高的。①

【案例二】

活动名称:神奇的广告(大班)

活动目标:

1.引导儿童初步发现广告语的特点,了解广告在社会生活中的作用。

2.让儿童通过学说广告语,创编广告语,提高规范语言及简练表达的能力。

3.训练儿童思维的灵活性和变通能力,培养儿童的创造性和自信心。

活动准备:

三条与儿童生活有关的语言规范的广告片。

活动过程:

1.导入:播放一段儿童熟悉的广告片,引起兴趣。

教师:刚才我们看的这是关于什么东西的广告呢?里面说了什么呢?(儿童自由发言)

2.基本部分:组织儿童讨论广告片的特点。

(1)播放另一段广告,请儿童观看:引导儿童听清广告里说了些什么,并学说广告语。

(2)播放第二遍:听清楚广告里说的话和我们平时说的话有什么不一样。

(3)教师小结:广告里的话简短、明白、容易记住,并能把产品的优点、名字、好处全说出来。

(4)让儿童讲述自己听过的、看过的广告,初步了解广告在社会生活中的作用。

教师:你还看过什么广告,把你看过的广告讲给大家听一听。

教师:广告有什么作用呢?请儿童自由发言,教师总结。

(5)创编广告:引导儿童为自己喜爱的东西创编广告语,并把自己创编的广告勇敢、自信地表演给全班小朋友。

3.结束部分:学唱一首广告歌曲。

活动延伸:

收集并张贴多种产品的广告。

评析:

广告是日常生活中非常常见的一类事物,几乎每个孩子在很小的时候就已经接触到很多广告片了,他们对广告有着非常直观的感受,广告片是孩子比较喜欢的一类电视内容,其简短明快的形式和鲜艳的色彩非常符合儿童的审美情趣。该活动以广告为内容,意在从儿童熟悉的事物入手,了解社会生活。通过学说广告语,可以激发儿童语言表达的兴趣,通过

---

① 朱家雄:《幼儿园教育活动设计与实施》,高等教育出版社2008年版。

自己创编和表演广告,对培养儿童的创造力、增强自信心都具有很好的促进作用。教师通过引导、启发、总结、评价可以使活动完整而有效地开展,同时,观看视频、表演、谈话的环节可以帮助儿童很好地建立起相关经验,并使整个活动趣味十足。

【案例三】

活动名称:十二生肖(大班)

活动目标:

1. 通过活动,感知十二生肖是中国人所特有的,并为自己是中国人而感到自豪。
2. 通过讨论活动,初步了解十二生肖与人的年龄之间的关系。

活动准备:

布制十二生肖一套,大转盘一个;儿童已调查过自己家人的生肖。

活动过程:

一、儿童回忆已有经验

1. 从十二生肖的故事导入。(目的:帮助儿童复习了解有关十二生肖的经验)

2. 个别儿童练习生肖排序,师生共同检查儿童操作情况。(目的:训练儿童思维敏捷能力)

提问:鼠的后面是谁? 马的前面和后面分别是谁?

小结:现在我们知道十二生肖是按一定顺序排列的,谁排在前、谁排在后是按顺序的。

3. 了解各自的生肖。(目的:激发儿童为自己是中国人而感到自豪)

每年都有一个生肖,今年是什么年,出生的宝宝属什么? 你属什么,是什么年生的?

小结:原来,生肖和年有关,狗年出生的属狗,龙年出生的属龙……

二、儿童操作统计活动

1. 交流并实践操作各自的家庭生肖调查表。

每个人都有一个生肖,是不是家里有几口人,就有几种生肖? 请儿童统计。

2. 汇总儿童统计情况。

三、集体讨论和交流

1. 家里的人数和生肖不一样多,这是怎么回事?

(1)年龄相同,生肖相同。

原来,有两个人的年龄相同,所以生肖也相同,家里有五口人,只有四个生肖。

(2)年龄不同,生肖相同。

家里六个人,但生肖不是六个,是因为他们不同的年龄轮到相同的属相,生肖就相同了。

2. 今年是什么年? 按照一年一个生肖,你知道明年过春节时是什么年? 去年是什么年?

3. 分享体验。

属蛇的小朋友今年6岁,属龙的小朋友是几岁? 你能猜出来吗?

评析:

教育部颁布的《幼儿园教育指导纲要(试行)》中"社会"部分的目标明确提出,要培养儿童"爱集体、爱家乡、爱祖国"的情感。爱祖国是儿童社会教育的重要内容,而传统文化就是其中的重要部分。十二生肖作为传统文化的一个体现,既贴近儿童的生活经验,又很有教育意义。该活动通过儿童回忆已有经验、操作统计等方式让儿童把对十二生肖的认识从浅显、

零散化提升到深刻和系统性，感受到十二生肖是中国人所特有的，并为自己是中国人而感到自豪。①

(二)社会情感活动案例及评析

【案例一】

活动名称：幼儿园里真快乐(小班)

活动目标：

1. 初步感知幼儿园的环境，引发喜爱幼儿园的情感。

2. 能以愉快的情感参与活动，体验幼儿园生活的快乐。

活动准备：

幼儿园各活动室的照片若干、图片若干。

活动过程：

1. 观看"我的幼儿园"照片，认识幼儿园环境。

(1)师：今天，老师给你们带来了一些好看的照片，你们仔细看一下，认识这些地方吗?

(2)儿童和老师一起看照片，从照片中感知幼儿园的环境。

2. "我坐火车去参观"——参观园内的主要场所。

(1)教师当司机，请儿童坐上小火车。

(2)带领儿童开着火车，参观园内活动室、舞蹈室、阅览室、户外操场等。

a. 到活动室玩一玩有趣的玩具。

b. 到舞蹈室和哥哥姐姐一起学跳舞。

c. 到阅览室看看书。

d. 到操场上玩玩大型玩具。

3. "我来念念、我来唱唱"——体验活动的快乐。

(1)师：今天我们参观了我们的幼儿园，你喜欢幼儿园吗？为什么？

(2)引导儿童讲述自己喜欢的理由，表达自己快乐的心情。

(3)师生一起念儿歌：幼儿园里真快乐，做做游戏唱唱歌，大家都是好朋友，一起玩得笑呵呵。

活动延伸：

表演歌曲《我爱我的幼儿园》。

评析：

小班的儿童初入幼儿园，会产生陌生感，如何让儿童尽快熟悉和适应幼儿园是小班教育的一个棘手问题。本活动正适合小班儿童的需要，意在培养儿童喜爱幼儿园，适应幼儿园环境。教师带领儿童从观看照片认识幼儿园，到带领儿童走走熟悉幼儿园，从而知道幼儿园的布局，了解幼儿园的设施，体验幼儿园的好玩，从而喜欢幼儿园。整个设计层层递进，又显得自然，让儿童在轻松愉悦中体验幼儿园生活的快乐。

---

① 黄瑾：《幼儿园教育活动设计与指导》，华东师范大学出版社2007年版，第253—254页。

【案例二】

活动名称:哭、笑、着急(中班)

活动目标:

1. 根据自己的生活经验,讲述在什么情况下"哭、笑、着急",描述自己当时的心情并做相应的表情。

2. 能大胆使用一些形容词描述自己的各种情绪体验。

活动准备:

1. 经验准备:会演唱《表情歌》。

2. 材料准备:男女孩的头型外轮廓各一张;贴脸谱用的眼睛、嘴等五官一套;与儿童人数相等的头型外轮廓若干;五官小图片每人一套;录音机一部。

活动过程:

1. 导入:请小朋友跟随音乐有感情地演唱《表情歌》。

2. 基本部分:体验哭、着急、高兴的情绪。

(1)讨论"哭"的表情及情绪感受。

教师:小朋友,你们看一看这张照片上的小朋友怎么啦?请你猜一猜他为什么哭?

教师:你哭过吗?说说看,你为什么哭?你哭的时候是什么样?(启发儿童观察图片中小朋友的表情,教师引导儿童得出结论:哭的时候眼皮朝下弯,嘴角向下)

教师:如果我们看见其他小朋友哭了怎么办?(引导儿童说一说自己的想法)

教师小结:小朋友真懂事,能够帮助小伙伴,你们真棒。

(2)讨论"着急"的表情及情绪感受。

教师:哪张是着急的照片?你是怎么知道小朋友在着急呢?(引导儿童观察皱眉、眼睛、嘴巴的样子)

教师:小朋友着急的时候把眉毛皱起来了,你们着急的时候会是什么样的?(引导全体儿童做着急的表情和动作,并请个别儿童表演)

教师:你们碰到什么事情会着急呢?(启发儿童根据个人生活经验讲述)

教师:碰到着急的事情该怎么办呢?(引导儿童讨论解决的办法)

教师小结:遇到着急的事情可以自己想办法解决,也可以求助小伙伴或请成人帮助。

(3)讨论"笑"的表情及情绪感受。

教师:小朋友碰到难过的事情会哭,碰到着急的事情会皱起眉头,急得跺脚,那么碰到高兴的事情又会怎样呢?你是怎么笑的?

请儿童观察笑的脸谱,教师引导得出结论:笑的时候眼睛眯起来,眼角向下弯,嘴角向上翘,笑得真可爱。

教师:怎样能使他人笑呢?(引导儿童关爱他人,关心、帮助周围的小伙伴。)

(4)操作练习:发给每个儿童一张头型外轮廓,请儿童选择自己喜欢的表情贴上眼睛和嘴。教师个别指导,引导儿童互相说一说自己贴的是什么表情。

3. 结束部分。

教师总结:笑比哭好,也比着急好。小朋友都喜欢笑,都喜欢快乐。希望你们以后无论

遇到什么事情都能快乐地对待。

请小朋友跟着音乐唱《表情歌》,结束活动。

活动延伸:

在日常生活中,引导儿童用行为来表现对小朋友的关爱,鼓励儿童主动帮助他人解决困难,有快乐时与大家分享。

评析:

一个人对自己情绪的表达与控制能力是其心理健康的重要保证,也是其心理健康的重要指标之一,儿童年龄虽小,但在现实生活中面对产生的各种各样的情绪同样也需要进行表达与控制。中班的孩子已经有了一些生活情感的初步体验,该教育活动内容贴近儿童的生活,儿童对这一内容非常感兴趣。教师通过提问引导,引发儿童进行思考、讨论、辨析,进而得出结论,使儿童明白了为什么"笑比哭好"。活动中教师发挥语言、动作、情境、暗示、移情训练等教学手段与方法,调动儿童的原有经验,对"哭、笑、着急"进行了情绪体验,培养儿童关心他人、快乐生活的情感和态度,有利于培养儿童快乐健康、积极向上的情绪体验。①

【案例三】

活动名称:我为老人解解闷(大班)

活动来源:

儿童期是情感培养的重要时期,处于这个年龄阶段的儿童,知识经验贫乏,思维具体形象,情感的感染作用大,可塑性较强。我们利用儿童的这些特点,不失时机地有目的、有意识地对儿童进行关爱情感的培养,使儿童形成比较稳定的、良好的情感品质。而我们身边的孩子,从小都是在家人的关爱下成长,自己却不知道怎样关爱、同情别人。通过"我为老人解解闷"的社会活动,可以帮助儿童学会同情别人的痛苦,并知道怎样帮助和关爱他人。

活动目标:

能用语言、行为等表达方式去关心、照顾老人。

活动准备:

1. 场景设置:敬老院(室内、花园两个场景);室内道具:茶几、杂物柜、洗手池、座椅、床及生活用品(水壶、水杯、水果、药品、药具、梳子和毛巾等);花园道具:树木、花丛及座椅等。

2. 情景剧:我为老人解解闷。

3. 问候曲(用于情景剧的背景音乐);捶背曲(用于儿童表演的背景音乐)。

活动过程:

1. 问题导入。

师:小朋友知道敬老院是什么地方吗?(专门收养一些无人照顾的老人的地方)你们有没有见过或听爸爸妈妈说过敬老院的老人是怎么生活的吗?(敬老院的老人过得很寂寞、很孤独)有两位老人他们也住在敬老院里,你们看看他们在那里过得怎么样?

2. 儿童观看情景剧:敬老院的老人们。

情景内容:有两个老人住在同一个屋子里,一个老人家人经常来看望,日子过得很幸福,

① 夏力:《回归生活:幼儿园教育活动案例及评析》,复旦大学出版社 2012 年版,第 108—110 页。

精神状态也很好；另一个老人则相反，无人照顾，相对来讲少言寡语，精神状态就差很多。

讨论：小朋友看看这两位老人过得怎么样？为什么？（一个很幸福、快乐，因为有家人来照顾；一个不幸福、很孤单、很可怜，因为没人照顾他）

谁有好主意好办法能让这位孤独的老人，像另一位老人一样过得幸福快乐呢？（我们可以去照顾、关心她）

3. 儿童根据自己的想法和心愿讨论如何关心和照顾老人。

讨论：小朋友想一想，平时爸爸妈妈，还有你们是怎么照顾自己的爷爷奶奶的？如果换作是敬老院这些不认识的爷爷奶奶，你们愿意像照顾自己的爷爷奶奶那样去照顾他们吗？

谁想去关心和照顾刚才的这位老奶奶，想一想可以为她做些什么事？

4. 引导儿童主动关心、照顾和帮助老人。

第一组：引导儿童回忆已有经验，帮老人做一些简单的事情。

师：小朋友，想想你们平时是怎样照顾爷爷奶奶的，今天也来像照顾自己的爷爷奶奶那样照顾这位孤独的老人好吗？谁来试一试？（室内活动：洗水果、倒水、聊天等）

第二组：在生活上帮助老人。

师：这次请上来的小朋友要仔细看看老人的屋子是否干净整齐，如果不干净整齐你会怎样做呢？（室内活动：整理床铺、清扫地板、整理衣物等）

第三组：在生理上帮助老人。

师：有时候老人年纪大了，做起很多事情来不太方便，小朋友该做些什么事情呢？（室内活动：帮老人梳头、洗脸、润肤、捶背、按摩及喂药等）

第四组：在心理上关心老人。

师：老人也有不开心的时候，小朋友平时在幼儿园学了很多本领，你们也可以把这些本领表演给爷爷奶奶看，他们一定会很高兴的！谁愿意去？（情感交流：讲笑话、跳舞、唱歌、说儿歌等）

第五组：请老人到户外散心、锻炼身体。

师：刚才的小朋友在屋子里帮老人做了很多事，如果老人在屋子里待太久会很闷的，想一想还可以带老人去哪里？做些什么呢？（室外活动：到小花园散步、锻炼身体等）

5. 结束活动：集体舞“快乐的啰唆”。

师：今天小朋友帮敬老院的爷爷奶奶做了很多事，都是很有爱心的好孩子，还有这么多小朋友想照顾这位老奶奶，这样吧！你们还记得以前我们跳的舞蹈“快乐的啰唆”吗？我们表演给老人看，以此表达我们的心意吧！请一个小朋友把老人请过来！

活动反思：

这次活动真切地体现了敬老院老人的生活状况，能让儿童在观看情景剧的过程中直接调动其愿意帮助和照顾老人的想法和情感。整个活动过程儿童兴致较高，参与率也很高。根据大班儿童愿意与同伴合作及愿意帮助和照顾年弱者的特点，让儿童在情境中大胆运用已有经验去照顾敬老院的老人，充分展现了儿童的爱心和情感。并运用了两种形成鲜明对比的音乐，让儿童在比较舒缓、悲伤的音乐声中，感受敬老院的老人孤独的心情；在欢快、积极的音乐声中感受帮助别人的快乐，以及老人在小朋友的照顾下的情绪变化。

评析：

情感教育最忌平铺直叙，直白的灌输往往会造成儿童认识上的粗糙，知行的不统一。本次活动中，教师创设情景，引导儿童多方面的自行感知，引起儿童内心的共鸣。教师充分考虑儿童的活动心理和活动特点，给儿童提供了多种实践活动的机会，在活动过程中教师能自然地与儿童一起讨论敬老院老人的生活状况，并就如何帮助、关爱老人的问题展开热烈讨论，同时快乐地实现了假想情境中的感情表达，贯彻了愉快教学的理念，直接问题导入流畅，并有效地激发儿童的独立思考。此外，在儿童分组表演的过程中，活动安排紧凑有序，儿童参与表演和讨论的热情很高。不过，活动中，儿童的情感体验可以再丰富一些。例如，限制儿童行动，让其扮演行动不便的老人，切实感受作为弱势群体需要人们给予方方面面的照顾和关爱。通过强烈的行为和体验对比加深儿童对活动的印象，触动儿童的情感。①

（三）社会技能活动案例及评析

【案例一】

活动名称：标志（中班）

活动来源：

“汽车”是本班孩子最喜欢的玩具之一，他们不仅知道各种类型的汽车，还知道汽车的许多功能。为了使孩子们对汽车知识更广泛、更深入地了解，教师特别开设了主题活动“小汽车博览会”。在这个主题活动中，孩子们通过动手、动脑、实际操作等活动，拓展了关于汽车的知识，特别是其中的社会实践活动“我是小司机”，更把本次主题活动推向了高潮。在实践活动中，孩子们为了当好小司机，开始到马路上实际观看成人是怎样做司机的，并收集了各种交通标志，如左转弯、右转弯、限速、慢行、禁止鸣喇叭等。因此，“标志”成了儿童讨论最多也最感兴趣的话题。于是，教师以此为契机，设计了这个活动。

活动目标：

1. 认识生活中常见的标志，初步了解常见标志的用途，并能对其进行分类。

2. 大胆设计生活中的标志。

活动准备：

1. 布置场景（各类标志的展览）。

2. 白纸、水彩笔、透明胶带。

活动过程：

一、参观标志展览

师：今天，老师带你们去参观一个展览。参观前，要观察从哪里进入展览区？从哪里出去？（入口处和出口处都有明显标志）参观中，请小朋友不要大声喧哗、拥挤；参观后，请大家自行回到座位。

二、根据参观内容进行讨论

1. 你看到了什么？

教师重点介绍儿童不熟悉的几种标志。

① 夏力：《回归生活：幼儿园教育活动案例及评析》，复旦大学出版社 2008 年版，第 196—197 页。

2. 你在哪里见过怎样的标志?

3. 儿童猜想标志用途,之后教师讲解。

4. 对标志进行分类活动。如交通类、文体类、安全类、天气类等。教师根据儿童分类活动进行总结,并调整不正确的分类。

三、儿童标志设计

1. 儿童创意设计(分组讨论),可以给什么地方设计标志?设计出什么样的标志?

2. 自己创作标志。

3. 展示自己创作的标志。

4. 儿童到实际场所(幼儿园内)粘贴。

活动延伸:

利用社会实践活动观察和了解更多的标志;开动脑筋设计生活中常见处所的标志,并通过自己的了解或设计来开展一个小型标志展览,提高并巩固儿童标志方面的常识。

活动反思:

本次活动前,孩子们主动要求父母带自己到各种场所去寻找标志,并用相机拍摄或用图画记录或用文字描述下来。在活动中,孩子们通过与教师、同伴的互动,积极主动地探索和寻求答案,并能创造性地表现和表达自己所知的各类标志,开阔了儿童的视野,使儿童的经验得到提升。在活动后,孩子不仅巩固了原有的知识经验,还养成了观察周围事物、关注图标的好习惯。有一位妈妈说:每次超市都是她带着孩子去货架寻找需要的东西,现在不同了,孩子总是拉着她去找东西,原因是孩子学会看超市的吊牌和图标。这真正体现了"生活就是教育,教育就是生活"的儿童教育理念。

评析:

儿童生活中随处可见标志,这些图像标志比抽象的文字更易引起孩子的兴趣,活动中问题设计是循序渐进的,能提高儿童的推理、判断能力,对标志的分类又能发展儿童的思维。最后展示粘贴标志增强了儿童动手操作的积极性。

在活动延伸中,让儿童利用社会实践活动观察和了解更多的标志;开动脑筋设计生活中常见处所的标志,并通过自己的了解或设计来开展一个小型标志展览等,这都能达到提高、巩固儿童标志方面的常识作用。①

【案例二】

活动名称:玩具大家玩(中班)

活动来源:

我班孩子在升入中班后还是不太会与小朋友交往,在玩的过程中经常会出现争抢和推打的现象。经过一段时间的观察后我发现,孩子们出现这些问题的原因在于:(1)遇到自己喜欢的玩具经常是独占,不愿与他人分享。(2)没有与其他小朋友一起玩的意识,或者不知道应该怎样一起玩。(3)不懂得友好地与同伴一起玩玩具。基于以上几点我设计了此次活动,让孩子们在与同伴一起玩玩具的过程中,体会交流、分享和合作的快乐,并从中激发孩子

---

① 夏力:《回归生活:幼儿园教育活动案例及评析》,复旦大学出版社2008年版,第103—104页。

友好交往的愿望，初步学习和同伴共同玩、轮流玩与交流玩的方法，以增强儿童的交往能力。

活动目标：

1. 通过体验游戏，初步学习和同伴共同玩、轮流玩与交流玩的方法。

2. 体验与同伴轮流玩、共同玩与交流玩的乐趣。

活动重点：

学习和同伴共同玩、轮流玩与交流玩的方法。

活动难点：

能用语言清楚地表述自己与同伴玩的方法及感受。

活动准备：

与儿童班级人数一半相当的玩具、摄像机。

活动过程：

一、玩具引路，体验游戏

1. 教师介绍玩具，激发儿童的活动兴趣。

师：今天，陈老师给小朋友们带来了一些玩具，可好玩了，有电动小汽车，有变形金刚，还有芭比娃娃，你们想不想玩呀？

2. 请儿童体验游戏，感受参与活动的快乐情绪。

师：那现在大家一起来玩这些玩具吧！

二、展现问题，合作探究

1. 儿童玩玩具，教师用摄像机记录儿童的活动表现。

（让儿童在自由愉快的玩耍中主动地尝试与同伴交往。为促进儿童萌发分享和合作的意识，所以提供的玩具数量较少）

2. 玩玩具活动结束，教师将问题呈现，请儿童观看录像。

师：玩玩具是一件非常高兴的事情，刚才有的小朋友玩得特别高兴，可是有的小朋友不高兴，这是为什么呢？

3. 引导儿童进行讨论，帮助儿童掌握共同玩、轮流玩、交流玩的具体方法，并一起讨论出进一步的活动规则。

(1)理解“共同玩”。

师：当玩具很少，大家又都很想玩的时候，他们应该怎么玩呢？（引导儿童说出：大家一起玩，就是共同玩）

(2)理解“轮流玩”。

师：当玩具只能一个人玩的时候，他们应该怎么玩呢？（引导儿童说出：可以一个人先玩，一个人后玩，一个一个地玩，就是轮流玩）

师：那大家都想先玩，怎么办呢？（引导儿童说出：可用石头剪刀布等方法来决定赢的人先玩。同时鼓励儿童学会谦让，让对方先玩）

师：那玩玩具的人玩得太高兴了，一直玩，让后面的小朋友等着急了，这时候该怎么办呢？（引导儿童说出：和他商量一下，你玩一会儿，我玩一会儿；你玩五分钟，我玩五分钟，要轮流着玩）

(3)理解“交流玩”。

请儿童说说自己是如何和同伴玩玩具的，教师引导儿童从中发现、总结出交流玩的方法。

师：刚才在玩玩具时，你玩了几样？你是用什么方法得玩的？

请儿童讨论想玩别人的玩具时，应该怎么办？用什么方法可以玩到更多的玩具？（引导儿童说出可以用商量的方法先征求别人的同意，让他自愿地和你交换玩、轮流玩或大家一起玩。鼓励儿童在玩玩具时可以向同伴介绍自己玩的玩具和操作方法，还可以大胆地说说自己和同伴共同玩、轮流玩与交流玩后的心情怎么样）

(4)教师小结：小朋友们在一起玩玩具的时候，要团结友爱，学会商量着玩。当好玩的玩具很少时，小朋友要学会和大家一起玩。当玩具只能一个人玩时，就要和别人轮流玩，你玩一会儿，我玩一会儿。

三、情境实践，升华明理

师：那现在我们再玩一次，陈老师来看看小朋友们会不会自己想办法，和别人商量，一起友好地玩，轮流地玩玩具？

1. 儿童再次体验玩玩具，教师启发儿童体会与别人分享、合作玩的乐趣，并巡回观察和指导儿童学习与同伴商量着共同玩、轮流玩与交流玩的方法。

2. 活动结束后，请儿童说说自己是怎么样和别人一起玩的。

3. 鼓励儿童说说和大家一起玩的感受。

师：你在和小朋友们共同玩、轮流玩、交流玩后的心情怎么样？

四、教师总结，深化目标

在与同伴玩玩具时要互相谦让，不要争抢。小朋友们可以商量着玩，你玩一会儿，我玩一会儿，大家轮流着玩，也可以大家一起友好地交流玩和共同玩。

活动反思：

本次活动来源于儿童存在的“问题”，从孩子的需要和兴趣出发，选择了孩子们最喜爱的玩具为主要内容来设计，因此活动过程中，孩子们自始至终兴趣很浓，都能积极、主动地参与到活动中去。

活动的设计共有三部分：玩具引路，体验游戏；展现问题，合作探究；情境实践，升华明理。第二部分是活动的重点，体现了发现问题、探究问题和解决问题的过程。让孩子从体验游戏，感受情绪—探究问题，和同伴玩—形成理念，让大家在这三个环节中感受到了轮流玩、一起玩、交流玩的乐趣，并能用语言、动作等多种途径与同伴进行商量式的轮流玩。另外，在活动过程中，利用录像的形式使孩子比较直观地发现自己在交往中存在的问题，比较准确地、有针对性地说出自己的感受和想法，从而在下一次的玩玩具活动中，来调整自己的行为。

评析：

儿童的社会性发展，是在不断地体验—发现—修正的过程中发展起来的，而绝非教师的说教。教师善于在日常生活中观察、发现儿童在社会交往中存在的问题，并能通过教育活动使儿童在体验游戏中学会交往、分享和合作。

“玩具大家玩”这个活动,目标明确,设计思路清晰。三个步骤循序渐进,层层推进,并采用实录的方式,真实记录和展现了孩子们的活动情况,让儿童自己去发现问题,激发儿童积极探索解决的办法,符合孩子的身心特点,有效地运用了多种教育手段,教育的效果也是高效的。

通过真实展示儿童的现场情况,激发儿童探讨问题,并要求儿童用语言表达自己的感受和看法,在理解共同玩、轮流玩和交流玩的基础上遵循一定的游戏规则,对内化儿童交往行为规范起到了积极的作用。①

【案例三】

活动名称:最佳倾听者(大班)

活动目标:

1. 了解倾听的重要性,培养儿童良好的倾听习惯。

2. 体验倾听带来的成功感。

活动准备:

录音机录好的有关健康的一首儿歌,三种颜色的星星,三块黑板,录好的四种动物的声音(马、猫、狗、鸡)和四种生活中的声音(火车声、电话铃声、雷声、笑声),三幅生活中的声音的顺序图,笔、纸、头饰人手一个,录好的一则故事,数字“1 和 2”的标志牌各一个,一个小铃铛,不干胶的小星星若干。

活动过程:

1. 导入。

教师:小朋友,你们知道怎么预防感冒吗? 我们来听一首儿歌,听听里面是怎么说的。(录音机播放儿歌,教师控制音量从响逐渐到很轻)

教师:刚才最后一句讲了什么? 这么轻的声音,你们是怎么听出来的,用了什么好办法?

教师小结:你们说的认真听、仔细听可以用一个更好的词来代替,就是“倾听”。只要我们能做到仔细倾听,我们就一定能够听清楚。你们有信心成为最好的倾听者吗? 那我们就来试一试。

2. 基本部分。

(1)游戏:谁的声音。

听四种动物的声音。根据声音提问,儿童做出选择。获胜的儿童取一颗星星。

听生活中的四种声音。从三幅声音的顺序图中选择正确的那张,获胜的儿童取一颗星星。

(2)游戏:记苹果。

教师:我现在开始讲故事,在故事中出现一次“苹果”这个词,请你就在纸上画一个圈,再出现一次,就再画一个圈,最后看谁数对了。(儿童游戏)

再听一遍故事,儿童自己检验游戏结果。

(3)游戏:开火车。

介绍游戏,做准备:请两名儿童做火车头。儿童自由分成两组,教师交代注意事项“这个游戏需要每个小朋友认真听,合作好,火车才能顺利到站”。

---

① 夏力:《回归生活:幼儿园教育活动案例及评析》,复旦大学出版社 2012 年版,第 110—112 页。

儿童根据教师的指令进行游戏:例如,火车听到快的铃铛声,往前开,听到慢的铃铛声往后开等。

获胜的小组取小星星一颗。

3. 结束部分。

询问儿童的游戏成绩,鼓励儿童继续努力,成为真正的倾听者。

活动延伸:

将游戏材料投放到区角,在自选游戏时间继续游戏。

评析:

倾听是一种社会交往技能,学会安静而礼貌地倾听体现了一个人的修养。在这个活动中,教师非常重视直接经验的获得,通过直接学习使儿童获得直接的倾听感受,儿童行为所产生的积极或消极的结果决定着儿童是否重复这些行为。教师将游戏贯穿于整个活动过程,使儿童在有趣的游戏中学习倾听技能,增强了学习的效果。活动中运用了强化手段,可以使儿童学会控制自己的行为,通过赢取小星星使儿童感受到成功的喜悦。

(四)社会实践活动案例及评析

【案例一】

活动名称:参观食品店

活动目标:

1. 产生参观食品店的兴趣,尊重营业员的工作,形成礼貌待人的品质。

2. 会对食品进行简单分类。

3. 了解食品店里的主要商品,了解营业员的工作与我们生活的关系。

活动准备:

选择好参观地点;制订好参观路线。

活动过程:

1. 通过谈话,引起儿童对参观食品店的兴趣,并提出参观要求;参观食品店里卖什么东西,营业员是怎么卖东西的。

2. 带儿童参观食品店。

(1)引导儿童参观食品店的食品,告诉儿童每种食品的名称。

(2)引导儿童观察食品店除了卖糖果、糕点还卖什么,从而知道食品店是卖吃的东西的地方,建立食品店的正确概念。

(3)引导儿童观察食品店里营业员和顾客的活动,他们之间的对话是怎样的,他们在干什么,营业员是怎样卖食品的,他们是怎样对待顾客的。

(4)请儿童观察营业员是怎样放置食品的,使儿童知道不同类的食品要分开放置,建立初步的分类概念。

3. 儿童在教师带领下进行购物活动,感受营业员对大家的热情服务。

4. 参观结束后,儿童与营业员礼貌道别。

5. 回园后组织谈话活动。

(1)请儿童回忆食品店里卖什么。

(2)没有食品店会怎样。

活动延伸:

收集与食品有关的东西,各种包装袋,在活动区开展“食品商店”游戏。

评析:

本活动是一个真实场景的实践活动,设计者较好地利用了社区资源。通过引导儿童参观、观察、谈话、购物、讨论等活动,较好地了解了食品店的全貌,知道了食品店的基本设置,店员的工作情况,也体验到了自己购物的愉快,可以说通过活动给儿童带来了新奇的社会生活经验。活动前的准备工作和活动后的讨论、延伸活动都为活动的顺利开展和提升活动效果发挥了很好的作用。①

【案例二】

活动名称:我的东西我做主

活动来源:

当孩子们到了四五岁的时候,我们发现,他们私下很喜欢互换物品,如文具、玩具、贴画、书刊等等。活动都在私下进行,给我们的一日生活带来了一定的麻烦,也正由于孩子们这种自发的互换活动,也正由于没有老师的引导,滋生出了诸如不守信用等一些不好的习惯。我们曾经禁止过,但是却屡禁不止。于是,我们为班上的孩子量身定做了“我的东西我做主”的系列活动。

活动目标:

1. 能有礼貌地使用协商性语言友好地与人交往,表达交往愿望。
2. 会与同伴协商、分享、谦让,会自己解决与同伴交往中的纠纷。
3. 了解关心周围的同伴,初步理解他们的需要和情感。
4. 能正确、恰当地评估自己所交换物的价值,并做出合理的交换。

活动一:快乐交换

活动目标:

1. 体会与同伴互换玩具、书本、学具时的快乐。
2. 在交换活动中,学习通过运用与同伴协商、换位思考等方法来实现互换成功。
3. 知道一诺千金的道理,即物品在交换后不能反悔。

活动过程:

1. 全方位了解观察别人的物品,在心中初步确定哪些可以同自己所带的物品进行交换。
2. 分组展示自己的物品,尝试进行交换。
3. 交换成功后在老师处进行公证登记。

家长工作:每周四下午是我们班固定的玩具交换时间,在这之前,家长可先做两件事,第一,听:听孩子打算拿什么去参加交换,想和谁进行交换,最想换什么。第二,说:听了孩子的想法后,再告诉他自己带去的玩具的价值,建议可以换什么。如果你不赞成孩子带某种玩具去交换,一定要先听孩子说他为什么要带去的理由,然后再说你的理由。

---

① 高杰英:《幼儿园教育活动设计与指导》,河北大学出版社2012年版,第5页。

活动二:新年义卖

活动目标:

1. 愿意关心孤残儿童,体会关心、帮助他人会让自己感到快乐。

2. 体会自己生活的幸福,对他人更有爱心。

3. 知道物品的价值可用钱表示出来,并有以钱换物、等价交换的意识。

4. 有一定的社会交往能力和技巧。

活动准备:

儿童同家长一起选择义卖物品,并注明价格及卖主。

活动过程:

1. 观看市儿童福利院的录像。

2. 孩子拿着自己义卖的物品对市儿童福利院的小朋友说句新年祝福的话。

3. "开心义卖"现场实录:

新年义卖活动,除了有小朋友参加外,部分家长和班上的老师一起,见证了孩子们在活动中的快乐和收获。可以这样说,这个半天孩子们是最愉快的。用邱鸿宇小朋友的话说:"今天我好开心,因为我买了许多自己很喜欢的东西。"最有意思的是,在义卖接近尾声时,由于有的东西没卖完,我们就临时增加了拍卖活动。拍卖时,孩子们一边仔细听老师的报价,一边在心里盘算着,这样东西我喜欢吗?我兜里的钱够吗?等等。陈昀如小朋友好几次看见自己喜欢的东西都想买,可一看自己兜里的钱还差一块,只好打消了这个念头;邱鸿宇小朋友看见了自己比较喜欢的玩具小车,但他一见要两块钱,就等到老师在拍卖时说:"两样东西一共需要一块钱"时,便果断出手,用最低的价格把它买了下来。还有,当两个小朋友都想买同一样东西时,划"石头、剪子、布"最公平,无论输赢,双方都很开心。

4. 教师总结。

活动延伸:

1. 以书信形式告知市儿童福利院本班小朋友的心意,并将义卖后的钱汇到市儿童福利院捐赠户头。

2. 以班级名义,同家长及儿童代表到儿童福利院进行拜访。

活动反思:

现在的交换活动已成了全班孩子共同的爱好。每到玩具交换日,孩子们就特别开心,大家用自己曾经最爱的玩具和别人进行交换的同时,也体会到了别人曾经的快乐。交换成功后,孩子们最喜欢、最迫不及待的是摆弄自己新换的玩具或书籍等。这时,不用老师去做任何指导,孩子们享受着自由交换后的乐趣。有的孩子甚至说,以后我上了小学,还要去和别人交换东西。交换就这样走进了孩子们的生活,并渐渐成为一种习惯。现在小朋友之间会商量着解决身边的问题,虽然也有争论,但事情解决后,大家仍和好如初,表现得非常讲道理。孩子们在生活中的进步,说明这个主题对孩子的成长是有价值的。打开班级博客,我们还看见家长的留言,了解到孩子交换背后感人的成长故事。

评析:

唐老师和傅老师善于观察儿童,并紧紧抓住教育契机,生成了一个完全来自儿童生活实

际的有意义的主题社会活动，提出了全面、具体、明确、符合儿童实际发展水平的活动目标。同时采用了“快乐交换”和“新年义卖”的活动形式，给儿童创造丰富的机会，让全体儿童主动参与、主动发展，体现儿童的自主性。儿童在实际参与中学会与人交往，发展了社会性，充分达成了活动预设的目标。本次活动还注重了幼儿园、家庭和社会的密切合作、协调一致，共同促进儿童良好社会性品质的形成。①

第二节　学前儿童社会教育区域活动的设计

一、学前儿童社会教育区域活动的特点

区域活动是指把活动室划分为若干各可供儿童自由选择的活动区，教师通过控制区域材料的投放来引导儿童活动，儿童则通过自主选择区域和材料在自主活动过程中获得知识和经验。社会教育区域活动就是在区域所开展的社会性教育活动，使儿童在活动中增长社会知识，丰富社会情感和体验，并习得相应的社会技能，学会与他人友好沟通和相处，促进社会性的发展。学前儿童社会教育区域活动具有以下特点：

(一)社会教育可以渗透在各个类型的区域活动中

区域活动是一种比较开放、自由的活动方式，儿童可以在区域活动中与他人进行自主、自愿的沟通和交流，需要主动与他人分享材料、合作游戏、协调空间。因此儿童要不断调整自己的行为，要具备更多的社会适应和协调能力，要具备相当的人际交往技能。无论在角色游戏区、表演游戏区、阅读区，还是在建构游戏区、科学区、美工区，儿童都可以通过与同伴共同游戏、协作、协商、分享，从而不断提高自己的交往能力，建立良好的同伴关系，习得更多的人际交往经验，从而促进自身社会性的发展。教师应有意识地在各种区域活动中渗透社会教育的目标，观察儿童的社会行为，提出有针对性的教育要求，使儿童在区域这一社会实践活动中获得更好的发展。

(二)材料是区域活动中影响儿童社会性发展的重要手段

在区域活动中，教师可以通过材料投放来对儿童进行间接的指导。例如，教师给建构游戏区只投放一套积木，如果有多名儿童想同时玩积木，就需要进行分工合作。给美工区多投放一些需要合作才能完成的材料，那么儿童之间的横向交流就会多起来。因此，教师可以根据儿童人数以及区域活动的开展情况，通过投放恰当的材料来对儿童的行为进行间接的、隐性的指导，从而帮助儿童发展社会性技能。

(三)自主交往是区域活动的主要特征

儿童的社会性发展离不开人与人之间的交往，在社会性区域活动中，儿童有较多的机会与同伴进行自主的沟通，逐渐学会理解他人、遵守规则、控制自己的情绪、协调自己的行为；学会解决矛

① 夏力：《回归生活：幼儿园教育活动案例及评析》，复旦大学出版社2008年版，第197—199页。

盾、学会正确地评价自己和他人,这些都需要在真实的社会交往实践中获得和发展。社会性区域活动给儿童提供了很好的自主交往的平台,对儿童社会性的发展能起到积极的促进作用。

二、学前儿童社会教育区域活动的设计技巧

社会教育区域活动的设计并没有统一的设计方法,更多的是需要教师关注区域活动的社会教育功能,并将这一功能尽可能多地发挥出来。这就需要教师从两方面着手,一方面要看到现有的区域活动的社会教育价值,将社会教育的因素渗透在各个区域活动中去,充分发挥其社会教育的功能;另一方面要投放相关的材料、设计专门的活动环节,以增强区域社会教育活动的目的性和针对性。具体做法如下:

(一)拟订社会教育活动区域的类型和目标

区域活动的设计与儿童的年龄特点、发展需要、幼儿园和班级的现实条件有很大关系,所以,教师首先应全面考虑班级各类活动区的整体设置,然后确定专门的社会发展活动区域以及如何在其他各类区域中渗透社会教育目标。例如,教师首先应考虑班级空间中能容纳多少个活动区域,场地如何设置,然后考虑在本阶段应该设计哪些区域,是否需要设置独立的社会教育活动区域,还是在某些区域中重点整合社会教育目标,还要思考近阶段儿童社会发展的需求是什么,最后制订各区域中应该设计或渗透的社会教育目标。

(二)合理配置社会教育区域活动的资源

在设计好各个活动区后,教师应有目的地配置社会教育活动区的资源。资源的配置应该考虑如何便于儿童在区域内的交往和区域之间的交往。如把娃娃家和医院放置在靠近的位置,有利于儿童开展两组的互动。在设置专门的社会活动区域时,应尽可能地利用现有资源,如利用建筑区的所有资源设计“公共汽车游戏区”,让儿童通过先共同构筑公共汽车,然后分工模拟司机、售票员、乘客等场景,来进行公共场合秩序和规则的学习。

(三)设计投放社会教育的区域活动材料

社会教育具有潜移默化和隐性影响的特点,因此,材料的投放对于儿童开展社会化学习具有重要作用。教师应该有目的、有计划地策划区域活动目标,并通过投放适宜的材料来引导儿童的发展。比如开展“公共汽车”游戏时,如果仅仅提供各类积木,儿童就可能只是沉浸在合作建构的快乐中。如果教师再投放交警的帽子制服、司机的方向盘、售票架等,儿童就能开展角色游戏,能学习分工、协调、情境再现。如果教师继续投放拐杖、娃娃、玩具婴儿车等,就能引发儿童创造出更多的角色,从而能渗透尊老爱幼的品德教育。

(四)拟订活动计划和观察记录表、评价表

区域活动计划不应该像教学计划那么严密,因为区域活动的过程和发展都更灵活和自由。但是教师还是应该对近阶段儿童在区域活动中的社会性发展进行一定的规划和设计。区域活动的计划可以包括区域活动名称、活动目标、材料投放、情况记录、反思调整等几个方面。区域活动计划更应该重视观察记录和评价环节的设计,使教师能在不断地观察了解过程中及时调整区域或材料,更好地促进儿童发展。

三、学前儿童社会教育区域活动的设计注意事项

(一)区域的设置要体现社会教育的目标

教师在创设区域活动时,要以儿童社会性发展的总体目标为依据,并且要根据近期社会教育教学活动的内容来安排区域活动。要使区域活动与社会教育方面的其他活动保持整体思路上的一致性,使区域活动成为具体教学活动有益的补充。儿童通过在区域进行动手动脑的实践探索,能够将所学到的社会知识、技能灵活运用,在真实情景中获得练习的机会,这必将有利于社会教育活动目标的实现。

(二)区域活动材料的投放要有利于儿童动手操作

区域活动所投放的各种材料,要充分体现动手操作的功能,它们的用途不是陈列、展览、观看,而是需要儿童利用这些材料实实在在地进行动手动脑的操作性活动。因此,教师在投放活动材料时,应将实用性放在首位,认真考虑各种材料可以引发什么样的活动,它们对促进儿童的社会性发展能起到什么样的作用等。

(三)区域活动开展过程中教师要做好观察记录

在设计区域活动时,教师要将观察记录的方式、时间、地点进行详细的考虑,设计制作完善的观察记录表,要将儿童的社会性行为在观察记录过程中真实有效地加以体现,这对了解儿童发展情况,进一步开展活动,会起到积极的推动作用。

(四)及时变换区域活动的主题、内容和活动方式

要使儿童较为长久地保持对区域活动的新鲜感,就必须防止活动主题的陈旧性、活动内容的僵化和活动方式的单一性。应根据教育活动整体规划来安排区域活动,不断变换活动主题、内容和方式,使儿童在区域活动中能够始终保持积极的态度,愿意自觉参与到各种各样的区域活动中去。

(五)做好区域活动的总结、评价工作

开展区域活动要进行整体的构思和规划,这其中就包括了在开展完一个阶段的区域活动后,怎样进行客观的总结和评价工作。教师要根据区域活动开展的整体情况、儿童的参与度、发展水平、观察记录情况等设计合理的评价标准和评价方式,对区域活动的开展情况以及儿童通过区域活动所获得的发展情况,进行客观、公正、完整、全面的评价。通过评价得出有效的结论,以便使后续的区域活动能够更好地开展。

四、学前儿童社会教育日常区域活动设计实例分析

以下为某幼儿园“端午节”区域活动计划①：

区域游戏名称		活动准备	主要内容
美工区	好闻的香包	干花、彩色皱纹纸、彩线、小纸条、心愿卡	用彩色皱纹纸将干花包裹好并放入心愿卡，再用彩线将口扎紧
	好看的彩蛋	熟鸭蛋、蛋托或瓶盖、颜料、棉签、彩色纸、即时贴	用棉签蘸颜料绘制彩蛋或用彩纸、即时贴装饰彩蛋后放在蛋托内展览
	彩色的纸粽	剪出粽叶形的卡纸、彩色皱纹纸捻成绳	学习包粽子的方法，用各色纸粽子布置环境
科学区	玩纸船	报纸、彩色打印纸、广告纸等不同材质的纸，装有水的盆	用不同材质的纸折成纸船后将纸船放入水中，观察不同的纸船在水里的变化
	抢香包	儿童自制的香包系上细线(6 人一组，每组 6 个香包)坠于广口瓶内，细线置于瓶口外	在听到口令后将系香包的细线往外拉，看看能否在最短的时间内把香包全部“抢”出来
	蛋宝宝站起来	布、沙子、积木、油泥、雪花片、报纸、空心蛋形玩具等	1. 模仿古人用“午时立蛋”的方法立蛋 2. 尝试用多种方法让蛋宝宝站起来
建构区	造龙舟	清水、积木、小人玩具模型	合作搭建龙舟，表现出龙舟的造型特点，如龙头、船桨等
角色区	食品展销会	各类端午食品的包装盒(咸鸭蛋、粽子、绿豆糕等)，买一赠一宣传画	端午食品特卖——买一赠一
	美食天地	油泥、小粽子、自制菜	包粽子、制作绿豆糕等
	娃娃家	小粽子、艾叶等	吃粽子、插艾叶、看赛龙舟
户外游戏区	赶“五毒”	在各种小纸盒、沙包或小球上贴上传说中五毒的照片，纸棍、终点设置标志物作笼子	用纸棍赶着“五毒”进小笼子

评析：端午节历史悠久，是中华民族传统节日之一。大家包粽子、吃粽子、赛龙舟，寄托了人们对先贤的追思。在天气逐渐炎热、易患湿热疾病的时候，驱五毒、做香袋、插艾草，寄托了古人对生活朴素而美好的愿望。孩子只能被动品尝粽子的味道吗？孩子只能坐在赛龙舟的观众台上吗？传统节日带给孩子哪些有价值的信息，可以用何种方式让孩子将节日形式内化，进而将节日文化吸纳进心灵。该活动给了我们很好的答案。

活动通过各种形式鼓励儿童亲自体验、动手操作。孩子们自己准备包粽子、做香包、绘

---

① 蔡萍，丁卫丽主编：《幼儿园节日课程》，江苏教育出版社 2010 年版，第 65—66 页。

彩蛋的材料,参与制作;了解端午节的来历、习俗知识。使孩子与成人一起重拾身边传统习俗的瑰宝以营造丰富完整的环境,感受中国传统节日特有的韵味。

拓展阅读

【阅读一】

社会教育日常区域活动设计内容举例

1."打电话"

在区域内放置仿真电话若干,贴大幅纸张。请幼儿在纸上记录自己家的电话号码,相互认读记忆。引导幼儿用仿真电话给好朋友打电话,学习打电话的方法和礼貌用语,并鼓励幼儿回家用真电话慰问生病请假的小朋友。

2."故事角"

在区域中投放各种有关社会发展的人物、物品、情境图片,如穿各类工种服装的人、各种行业需要运用的工具、各种危急情况的图片或各种公共场所对错行为的图片等,引导幼儿描述或创编故事,观察了解幼儿社会性的发展状况。

3."节日礼品吧"

请孩子收集自己或家人旅游带回的有意思的纪念品,在教室开辟一个小区域陈列这些纪念品,从中体会浓浓的亲情、友情和爱心。

4."礼物箱"

在手工角和孩子一起准备一个小的"礼物箱",按他们的心意简单装饰一下。在日常生活中收集各种各样的小礼物,或者制作一些精美的手工物品,放置在"礼物箱"中。当节日来临时,幼儿可以在其中选择一份送给好朋友,让孩子有机会获得分享喜悦的感受。

5."生日大转盘"

在班级利用废旧的蛋糕盒等物品做个大转盘,贴上每个月份的标记和每个幼儿的照片,让大家记住彼此的生日,在生日那天互相给予真诚祝福。也可以鼓励幼儿在家中设置生日转盘,把家庭的重要朋友、亲戚的生日加入转盘,在相应的日子和父母一起准备简单的礼物,邀请朋友参加生日会或给朋友送去祝福。

6."家庭纪念日"

请家长和孩子一起确定家庭中的一些纪念日,如父母结婚纪念日、父母生日、孩子断奶的日子、孩子第一颗牙齿换牙的日子、第一天上幼儿园的日子等。鼓励家长和孩子一起设计家庭纪念日的庆祝方式,共同感受过节的快乐,交流彼此的感受。[1]

【阅读二】

角色游戏是儿童最喜爱的游戏之一,在角色游戏中可以很好地培养儿童的社会交往能

① 甘剑梅:《学前儿童社会教育》,中央广播电视大学出版社2007年版,第191—192页。

力。幼儿通过角色的扮演、通过用适当的角色语言与同伴交流，可以直接感受到与他人交往的乐趣，并学会协调自己的语言和行为。在角色游戏中，幼儿的交往能力、交往技巧，以及相应的情感体验都可以得到很好的锻炼和培养。教师可以通过设置角色游戏区，引导幼儿积极参与到角色游戏中去，以游戏的形式开展社会教育，促进幼儿的社会性发展。在开展社会领域的区角活动时，教师也要制定相应的活动计划和完整的活动方案，如下面的例子。

中班区角游戏活动“小医院”

活动目标：

1. 增进儿童对医院的了解，知道医生和护士的工作很重要。

2. 学会关心照顾别人。

3. 乐意参与游戏，愿意与同伴合作。

活动准备：

创设“小医院”区角。

活动过程：

1. 导入部分：通过谈话，引出游戏主题。

小朋友生病的时候要去哪里看病呢？医院是什么样子的？医生、护士是怎样给病人看病和照顾病人的呢？

2. 基本部分：交代游戏规则，儿童参与游戏。

(1) 帮助儿童分组，引导儿童分配游戏角色。

(2) 教师带领部分儿童示范医护人员的工作，其他儿童观察。

(3) 交代游戏规则：小朋友要扮演好自己的角色，要按照小医院里各种物品的使用方法去使用它们，不能做有危险的动作。

(4) 儿童自主游戏，教师观察。

(5) 教师可扮演病人的角色参与游戏。

(6) 儿童互换角色，继续游戏。

3. 结束部分：请儿童说一说玩游戏的感受，教师总结评价儿童在游戏中的表现。

思考与练习

一、选择题

1. 幼儿园社会教育要将各个方面的教育因素整体考虑，有机结合，全面地对儿童施以教育，这是幼儿园社会教育活动设计的(　　)。

A. 目标性原则　　B. 整合性原则　　C. 活动性原则　　D. 生活性原则

2. 能引起幼儿注意，吸引幼儿参与活动，激发幼儿的主动性，具有此作用的是活动过程的哪一部分。(　　)

A. 导入部分　　B. 基本部分　　C. 结束部分　　D. 活动延伸

3. 下列关于区域活动的说法中错误的一项是（　　）。

A. 材料是区域活动中影响儿童社会性发展的重要手段。

B. 区域活动是一种比较开放、自由的活动。

C. 区域活动不需要设计专门的活动计划和方案。

D. 社会教育可以渗透在各个类型的区域活动中。

二、填空题

(1)学前儿童社会教育活动设计的基本原则是________、________、________、________、________、________。

(2)活动目标包括三个维度：________、________、________。

(3)活动延伸的形式可以是________、领域渗透、区角活动、游戏等。

三、简答题

(1)学前儿童社会教育活动设计的基本程序是什么？

(2)学前儿童社会教育活动设计应注意哪些问题？

(3)学前儿童社会教育区域活动有哪些特点？

四、案例题

评析下列活动设计方案，并提出相应的修改建议。

活动名称：认识维吾尔族

活动目标：

1. 了解维吾尔族主要的风俗习惯，欣赏维吾尔族音乐、舞蹈风格。

2. 知道新疆是维吾尔族集居地，那里盛产葡萄、哈密瓜等。

3. 能从服饰上辨认维吾尔族，尊重少数民族并学会与之相处。

准备活动：

1. 维吾尔族服装两套，图片两张，背景图一张，粘贴材料若干份。

2. 西瓜、葡萄、哈密瓜若干。

3. 幼儿具备简单的维吾尔族音乐舞蹈技巧。

活动过程：

1. 幼儿伴随音乐《我们新疆好地方》的旋律进入课堂。

教师出示维吾尔族图片，提问："你们知道他们是哪个民族的吗？"

引导幼儿观察他们的服饰，戴的帽子、衣服、鞋是什么样子的。边观察，边讲解，启发幼儿思考并回答。

2. 提问："谁知道我国维吾尔族人最多的地方是哪儿？"（新疆）

(1)"新疆有许多好吃的水果，你们知道有什么水果吗？"出示哈密瓜、葡萄等实物，请幼儿品尝。

(2)新疆还有大草原，可养牛羊，维吾尔族人喜欢吃牛、羊肉，呈现羊肉串。

3. 欣赏维吾尔族音乐、舞蹈、体验与维吾尔族人相处。

(1)今天来了几位维吾尔族客人，要热情招待。

(2)两位维吾尔族人随音乐跳舞入场。

请客人介绍自己的音乐、舞蹈,幼儿欣赏并模仿,然后与客人交流。

4. 动手制作。

“新疆是维吾尔族的家乡,是个非常美丽的地方,现在我们一起来粘贴一幅‘美丽的新疆’好吗?”

“老师给你们准备了很多图片,有维吾尔族小朋友,还有葡萄、哈密瓜、大草原、牛、羊等。你喜欢粘贴什么都可以。”(教师巡回指导)

请两个小朋友讲一讲自己粘贴的“美丽的新疆”,引导幼儿总结本次活动。

活动延伸:

1. 把幼儿粘贴的维吾尔族图片放在语言区供幼儿讲述。

2. 在美工活动中,引导幼儿制作民族娃娃。

五、实践题

1. 设计一个幼儿园社会教育活动方案,主题及年龄班自定,要求目标明确、方法恰当、结构完整。

2. 围绕“春节”设计幼儿园社会教育区域活动计划。

第七章　学前儿童社会教育评价

学习目标

1. 了解学前儿童社会教育评价的内涵、意义及原则。
2. 掌握学前儿童社会性发展评价和社会教育活动评价的内容。
3. 掌握学前儿童社会教育评价的方法并能运用其对学前儿童社会教育进行评价。

评价是价值判断，它是人类有目的活动的一种普遍特性。学前儿童社会教育评价是对学前儿童社会教育的社会价值和个人价值作出判断的过程。

第一节　学前儿童社会教育评价概述

一、学前儿童社会教育评价的内涵

学前儿童社会教育评价是指评价者根据学前儿童社会教育目标以及与此相适应的学前儿童社会性发展目标，运用教育评价的原理和方法对学前儿童的社会性及社会教育进行价值判断。

学前儿童社会教育评价最重要的依据就是学前儿童社会教育的目标，《幼儿园教育指导纲要》中关于幼儿园社会教育的目标如下：

1. 喜欢参加游戏和各种有益的活动，在活动中快乐、自信；
2. 乐意与人交往，礼貌、大方，对人友好；
3. 知道对错，能按基本的社会行为规则行动；
4. 乐于接受任务，努力做好力所能及的事；
5. 爱父母、爱老师、爱同伴、爱家乡、爱祖国。

这些社会教育目标为评价指明了正确的方向，在具体的评价中还需根据幼儿的年龄阶段特征、评价的具体内容将总目标逐层分解，形成科学的、具操作性的评价方案，运用合理的评价方法客观地实施评价。

二、学前儿童社会教育评价的意义

学前期是学前儿童社会性发展的关键时期，学前儿童的社会性发展是否达到目标的要求，社会教育的效果如何，这都需要通过评价来判定。学前社会教育评价是促进每一个幼儿

社会性发展,提高社会教育质量的必要手段。

(一)有助于提高学前儿童社会教育的质量

诊断、反馈和改善是评价的三大功能。通过评价,教师可以对学前教育活动的整体质量、幼儿的发展情况、教育目标的达到程度等教育活动的各个方面进行科学的鉴别,了解制订的社会教育目标、选择的内容和方法是否符合学前儿童的年龄特点、已有的知识经验和现有的知识水平,幼儿园教师实施的教育是否达到了预期的效果等。同时,还可以通过评价了解教育教学过程中存在的问题,并对这些问题进行分析,找出改进的方法,为下一阶段的教育活动提供科学的指导,选择有效的社会教育方案和模式,从而提高学前儿童社会教育的质量。

(二)有助于了解学前儿童社会性发展的水平及个体差异

评价的首要功能就是了解现状。学前儿童社会性发展评价运用多种方式和方法,对学前儿童的社会性发展水平进行客观的评价,首先可以帮助教师和家长系统地观察学前儿童社会性发展的过程,全面了解学前儿童群体的社会性发展水平,以及具体的学前儿童社会性发展的特点,了解幼儿在活动中掌握了哪些知识,发展了哪些能力,还存在哪些能力有待发展;其次为教师拟订具体的班级社会教育目标提供依据,教师和家长可以根据学前儿童社会性发展水平和具体特点选择合适的社会教育内容、方法和形式,以提高社会教育的质量,促进学前儿童社会性水平的发展;再次可以指导教师根据幼儿社会性发展的特点有计划、有目的地观察和了解幼儿,如哪些幼儿对需要掌握的内容掌握得比较好,哪些幼儿掌握得不够好,从而为教师和家长的个别辅导和有针对性的教育提供依据。

(三)有助于改进教师的教育工作

改进工作是评价的最终目的。通过评价,教师不仅可以反思自身的教育活动及效果,也可从评价者那里得到重要的反馈信息,哪些社会教育活动比较好,哪些社会教育活动还存在问题,从而找到自身教育中的薄弱环节,做好补救工作,增强自己的教育能力。在评价过中,教师运用学前儿童发展理论、学前教育原理等专业知识审视教育活动中存在的问题。另外,评价的结果也为教师和家长更好的沟通、配合做好准备。评价不仅可以提高教师的教育水平,也可以改进教师的家长工作,从而使家长和教师协调合作促进幼儿更好地发展。

三、学前儿童社会教育的原则

学前儿童社会教育评价原则是人们对学前儿童社会性发展评价规律的认识,是指导、规范评价行为的准则。在对学前儿童社会教育进行评价时,必须明确评价原则,以避免评价工作的盲目性、主观随意性,使评价工作真正起到促进学前儿童社会性发展,提高幼儿教师的专业指导水平。在对学前儿童社会教育进行评价时,应遵循以下原则。

(一)目的性原则

目的指明了评价的方向,引导和制约学前社会教育评价的实施。目的性原则是指在进行评价时,必须有明确的目的。学前儿童社会教育评价的主要目的:一是促进每个幼儿社会性的发展;二是提高教师的专业化水平;三是提升幼儿园社会教育的质量和效果。因此,评价工作的全过程应紧紧围绕了解孩子、促进孩子的发展为宗旨,树立正确的评价目的,不能为了评价而评价,为了其他目的而评价。

(二)客观性原则

客观性原则是指在进行社会教育评价时,要采取实事求是的科学态度,依据客观标准评价教师和幼儿,不能凭主观意愿或个人的好恶,随心所欲地进行评价。坚持客观性原则是保证评价结果真实、有效的前提。遵循客观性原则,教师首先应选择可靠的评价指标体系,即经过反复验证且被证明是有效的评价工具;其次应采用客观科学的评价方法、途径收集评价信息,避免单一使用,或通过一次评价活动就对幼儿发展进行主观判断;最后教师要使用统一的标准对所有幼儿进行评价,应多层面、多角度地收集评价信息,公平、公正地分析评价结果。

(三)全面性原则

全面性原则是指评价学前儿童社会教育活动目标的全面性,即幼儿社会认知、社会情感和社会行为技能的协调统一。不能只注重对幼儿社会认知的结果评价,只注重幼儿获得了哪些知识,应将认知、情感、行为和能力的发展协调起来,全面地评价幼儿的发展。另外,在收集学前儿童社会教育的有关信息时,应综合使用各种方法,在不同场合通过不同途径全面收集资料,还应注意评价主体的多元化,可邀请管理人员、教师、幼儿、家长等参与到评价的活动中。

(四)静态评价和动态评价相结合的原则

静态评价是按照评价标准,对学前儿童已经达到的社会性发展水平进行判断,考察学前儿童在某一时间或阶段内发展的现实状况,便于横向比较,但对学前儿童的进步情况和未来的发展可能缺少综合分析。动态评价是对学前儿童发展、变化状态的分析与判断,主要考察学前儿童发展的进步情况,以及今后的发展潜力,便于纵向比较,但难以发现学前儿童的现实发展状况与评价标准之间的差距。由此可见,两种评价方式各有优缺点,只有综合起来使用,做到扬长避短,才能对学前儿童社会性发展的各个方面进行全面了解,做出客观的判断。

(五)定量评价和定性评价相结合的原则

定量评价是综合各种信息进行量化统计的过程,所得结果比较精确,但是学前儿童社会教育的很多内容无法准确量化,比如学前儿童的社会情感、道德感等很难用数据来表现,况且教育的机会稍纵即逝,等结果统计出来,已错失教育的良机。定性评价是用非量化的手段,即描述性的语言对所收集到的信息进行总结分析,或针对评价的某项内容制订评价标准。这种评价随机性强,一般可给予及时的评价,但做出的评价一般较粗略。因此,在评价过程中,只有将两者结合起来使用,才能保证对学前社会教育的水平做出科学、准确、客观、全面的评价。

第二节　学前儿童社会教育评价的内容

学前儿童社会教育评价主要包括对学前儿童社会性发展的评价和学前儿童社会教育活动的评价两大部分，前者有利于了解学前儿童社会性发展的情况，以便为开展学前儿童社会教育提供依据；后者有利于了解学前儿童社会教育活动的科学性、适切性，以探索有效的教育方法和途径。

一、学前儿童社会性发展评价

学前儿童社会性发展评价的内容是根据学前儿童社会性发展的目标制订的，一般包括以下几个方面：

（一）社会认知

社会认知是指个体对他人、自我、社会关系、社会规则等社会性客体和社会现象及其关系的感知理解的心理活动。社会认知的内容很广泛，从其对象看，社会认知包括对自己、他人、社会关系、社会群体、社会角色、社会规范和社会生活事件等的认知；社会认知还包括对人的情感、意图、直觉、思维、态度、动机、行为等心理过程或特征的认知。

（二）社会情感

社会情感是人们对社会生活中客观事物的态度体验，是社会认知的产物和功能，同时对认知活动的组织有动机作用。学前儿童的社会情感主要包括其对集体和周围关心自己的人的爱的情感表现，以及控制、表达和交流情绪情感的欲望和能力等。

（三）社会行为

社会行为是指人们在社会活动和交往中对他人和事情表现出的态度、言语和行为反应。主要指在与人交往和参与社会活动时所表现出来的行为技能，如分享、谦让、合作、助人等。

（四）个性

个性是一个人全部心理面貌的总和，是人们行为的内部倾向，表现为人们在思想、情感和行为上较稳定的个别差异，也表现为个体独特的行为模式。因此，对学前儿童的自尊心、自信心、成就感、坚持性、自制力等各种个性特点的评价，也是评价其社会性发展水平的重要指标。

因此，对学前儿童的社会性评价应包括对其认知、情感、行为和个性的评价四个方面。下面从《幼儿发展评价手册》中选取幼儿社会性发展评价量表的内容以供参考借鉴（见表7－1），此份量表在等级划分上有三个标准，分别对应幼儿园小、中、大班三个年龄阶段。在使用本量表时，教师和家长只需对照评价体系，对幼儿达到标准的情况进行“是”或“否”的判断。教师可以根据本园、本班的教育计划和幼儿的实际情况与个人的工作风格、习惯等进行选择和修改。

表7-1 幼儿品德与社会性发展评价量表

项目	内容	等级标准		
		一	二	三
自我系统	自我认识	知道自己的姓名、性别和年龄	知道自己的爱好	知道自己的优缺点
	自信心	完成简单事情或任务时有信心	完成稍有难度任务时有信心	完成没有做过或有较大难度任务时有信心
	独立性	在教师的鼓励和要求下能独立做事	自己能做的事不请求帮助	喜欢独立做事情和独立思考问题
	坚持性	能有始有终地完成一件事	能坚持一段时间完成稍有难度的任务	经常能在较长时间内主动克服困难，实现活动目标
	好胜心	在感兴趣的活动中努力做好	在竞赛情境及与他人同时进行的活动中努力争取好成绩	做任何事都争取好结果
情绪情感	表达与控制情绪情感	情绪一般较稳定，经劝说能控制消极情绪	一般情绪状态较好，能用较平和的方式表达情绪，一般能自己调节与控制消极情绪	一般情绪状态良好，能用恰当的方式对不同情境做出适宜的情绪反应
	爱周围人	热爱尊敬父母	亲近班里的老师和小朋友	关心父母、老师和小朋友，喜欢帮助他们做力所能及的事
	爱集体	喜欢幼儿园，愿意参加集体活动	在教师的引导下能关心班里的事，为集体做事情	能主动关心班里的事，为集体做好事，维护集体荣誉

续表

项目	内容	等级标准		
		一	二	三
文明行为	礼貌	在成人的提醒下能使用礼貌用语	能主动使用礼貌用语	能在不同情境下主动使用礼貌用语，举止文明
	诚实	不说谎话，不随便拿别人东西	做错事能承认，拾到物品能主动归还	做错事能承认并努力改正，不背着成人做被禁止的事
	合作	能与小朋友一起游戏	喜欢与小朋友合作游戏和做事	能成功地与小朋友合作游戏和做事
	遵守规则	经提醒能遵守规则	能自觉遵守规则	能自觉遵守并维护规则
交往行为	与教师交往	对教师的主动交往能做出积极反应	有时能主动与教师交往	常主动发起与教师的交往
	与小朋友交往	对小朋友的主动交往能做出积极反应	有时能主动与小朋友交往	经常主动发起与小朋友的交往
	与客人交往	见到客人不害怕、不回避	对客人的主动交往有积极反应	能主动与客人交往
	解决冲突	与小朋友发生冲突经教师帮助能和解	能用适宜的方式自己解决与小朋友的冲突	能帮助解决其他小朋友之间的冲突

二、学前儿童社会教育活动评价

学前儿童社会教育活动评价就是对社会教育活动各个要素进行价值判断。一般来说，社会教育活动的基本要素包括活动目标、活动准备、活动过程、活动延伸和活动效果，活动评价就是对以上各要素分别进行价值判断。

（一）评价活动目标

学前儿童社会教育活动的目标包括学前儿童的社会认知、社会情感和社会行为习惯三个方面。对活动目标的评价主要包括：活动目标是否完整、是否以学前儿童社会性发展水平等因素为依据、是否落实在活动内容和活动过程中、是否适当地确定了本次活动的重难点、是否表述明确有层次、是否易于操作和是否可以检验。

如大班社会活动“微笑”将活动目标设计为：(1)懂得微笑能给人带来快乐，知道关心他人；(2)掌握多种使大家快乐的方法；(3)培养爱心，拥有快乐的心境。本活动的目标从社会认知、情感、行为三个方面来考虑，比较具体可行，重点突出，以认识到微笑能给人带来快乐

为基础,着重引导幼儿探索多种让大家快乐起来的方法,从而培养幼儿的爱心。

(二)评价活动准备

评价学前儿童社会教育活动准备包括评价教师的物质、环境创设准备和学前儿童的物质、知识经验准备,因此,评价者主要评价活动开展前,教师活动方案、教学用具、环境创设准备的充分程度和适用程度,学前儿童有关本次活动的知识经验丰富程度,以及参与到本次活动的精神状态准备程度。

如在大班社会活动"认识国旗"中,教师的准备有:(1)多媒体影音课件:《中华人民共和国国歌》《义勇军进行曲》及由刘媛媛演唱的歌曲《五星红旗》;(2)实物五星红旗一面。幼儿准备一面纸做的小国旗。在此次活动中,教师从教学课件到有关国旗的歌曲,以及实物国旗的准备相当充分,幼儿除了纸做的小国旗,当然也有幼儿以往的升国旗经验,这些准备保障了活动的顺利开展。

(三)评价活动过程

评价活动过程是学前儿童社会教育活动评价的最重要的内容,也是活动质量和教师教育能力的集中体现。在评价活动过程时,评价者应首先考虑活动过程是否完整,在保证环节完整的基础上,对每一个环节分别进行评价。其中导入部分是最先出现的,主要评价导入的形式是否合理新颖有趣,是否能调动幼儿参与活动的兴趣。在基本过程中,主要评价教育过程中教师是否面向全体幼儿,是否尊重幼儿的个别差异,是否尊重和考虑了幼儿的意愿,是否得到幼儿的信任和依恋,幼儿在整个活动中是否处于主体地位,是否有机会自主考察、体验、表达和操作,教育方法是否生动多样,是否寓教于游戏,整个活动的开展是否有层次性和条理性。在结束部分中,评价主要看教师是否进行总结,或者看教师是否引导幼儿进行恰当总结。

如小班社会活动"我会穿脱鞋袜"的活动过程如下:

1. 猜谜语,关于鞋、袜的谜语导入。

2. 节奏《小鞋子》。

3. 引导幼儿认识鞋袜各部分的名称,学习脱鞋袜。

(1) 教师引导幼儿指出鞋的各部分在哪里,引导幼儿做各种动作:摇摇鞋、踏踏脚等。

(2) 引导幼儿摸摸鞋尖、鞋后跟、鞋底、鞋面。(可拟人化。如给鞋尖洗脸、给鞋后跟刷牙等)

(3) 教师示范讲解脱鞋:手放在鞋后跟向下脱。幼儿练习脱鞋。

(4) 脱鞋后,引导幼儿摸摸袜尖、袜后跟、袜筒。

(5) 指导幼儿脱袜:手放在袜筒,向下脱。

4. 游戏:"郊游"。

师生共同光着脚丫去郊游,即手拉手,边走边唱歌曲《郊游》,并体验光着脚踩石头的感觉。

5. 学习穿鞋袜。

(1) 请幼儿谈谈光着脚丫踩石头的感受。

(2) 学习穿袜:先把袜子放平,手拿袜筒,套在脚尖上,向上拉。

(3) 学习穿鞋:手拿鞋底,脚伸在鞋中,提上后脚跟。

(4) 幼儿穿上鞋后,边走边唱,体验穿上鞋踩石头的感受。

6. 游戏:"印鞋印"。

在"我会穿脱鞋袜"活动过程中,教师采用谜语导入,既能引起幼儿参与活动的兴趣,又能直接进入活动主题。在活动过程的基本部分,教师的讲解和示范相结合,让儿童了解并帮助其掌握正确穿脱鞋袜的方法,同时还采取了游戏的方式,寓教于乐,整个活动过程流畅、衔接紧密,层次清晰。最后,教师以游戏结束此次活动,在轻松的氛围中帮助幼儿巩固了穿脱鞋袜的方法。

(四)评价活动延伸

活动结束后,先评价教师是否想到了活动延伸,再评价教师活动延伸的方式和方法是否恰当,是否具有可操作性,是否对幼儿的长期发展起到连续的作用,当然,也不是每个活动都必须有延伸部分,这要根据活动本身的需要而定。

(五)评价活动效果

活动效果是一次社会教育活动优劣的关键之处。评价活动效果是对活动的总体印象进行总结,评价者可从教师和幼儿两个角度进行评价,主要考虑教师是否表现出较好的语言表达能力和活动组织能力,活动目标是否完成,幼儿是否有积极愉快的情感体验,是否表现出良好的学习习惯,教师、幼儿之间是否进行了充分的互动,课堂气氛是否活而不乱等。评价者也可针对活动设计和组织中的不足及其原因进行分析,提出更好的改进建议,为教师以后的活动设计和组织提供参考。

第三节　学前儿童社会教育评价的方法

在明确了学前儿童社会教育评价的原则和内容之后,要对学前儿童社会教育的效果做出恰当而合理的价值判断,最重要的一环就是对评价资料的收集和处理。收集信息的常用方法主要有观察法、访谈法、问卷法和社会测量法;社会教育结果的评价方法主要有指标体系法和教育行动反思法。

一、学前儿童社会教育评价中收集信息的常用方法

(一)观察法

观察法是指评价者有目的、有计划地运用感官或仪器对教师和幼儿的行为表现进行考察的一种评价方法。由于观察法使用起来较方便,能快捷、真实地收集资料,在学前教育评价中也是使用范围较广、频率较高的一种收集信息的方法。

在学前社会教育评价中,观察法主要用于了解幼儿的社会行为发展评价。观察法一般

分为自然观察法和情景观察法。

1. 自然观察法

自然观察是指评价者在日常生活的自然状态下，有目的、有计划地对学前儿童的行为进行直接观察、记录，从而获得学前儿童社会性发展信息的方法。根据观察取样的标准，一般分为以下两种类型：

（1）时间取样观察法。时间取样观察是评价者在固定的时间间隔内（如5分钟、10分钟），每隔一段时间做一次行为表现情况记录的一种评价方式。时间取样观察法，可以直接按时间顺序记录行为出现的具体情况，也可以设计表格作为观察的记录工具。如希望了解学前儿童在幼儿园交往行为的表现情况，可以设计如下表格进行时间取样观察（见表7－2）。

表7－2 学前儿童交往行为情况观察表

学前儿童姓名：________ 观察时间：________ 观察者：________

时间	交往行为情况		
	与同伴交往的行为	与教师的交往行为	无交往行为

对学前儿童交往行为的观察，教师可以连续观察学前儿童几天的交往行为表现情况，对其类型及持续时间进行判断，并记录在观察表中，在一段时间的观察之后，可对观察记录结果进行分析，总结被观察幼儿在幼儿园的交往情况，并得出结论，提出相应的建议。

（2）事件取样观察法。事件取样观察法是对特定的行为或事件进行观察记录的方法。它主要关注事件是如何发生、如何变化、结果如何等问题，侧重对事物进行定性描述，主要记录事件发生的背景、具体情况等，对特定行为中的相关信息收集较全面。如观察学前儿童的攻击性行为就可以采用事件取样观察法，可以记录攻击性行为的起因、具体表现、指向对象、语言和动作表现、结果如何等，这样能全面地了解学前儿童的攻击性行为，并找出攻击性行为发生的原因，对症下药。

2. 情境观察法

情境观察法是指评价者创设一定的情境，对所有评价的学前儿童的某种行为加以诱导，并进行观察、记录与分析的一种方法。如为了对幼儿的责任感进行评价，可以创设如下情境：教师在活动室墙壁上布置一颗光秃秃的树干，告诉幼儿需要做一些树叶和花贴在树上，装饰班里“美丽的春天”，如果不想做，可以玩其他游戏，如果有些幼儿没有参与，教师可以再

提醒一遍,观察幼儿的表现。幼儿的可能表现有:玩其他游戏;经提醒参与制作;主动参与制作。从幼儿的不同表现中就可以得出其责任感的强弱情况的结论。

运用观察法收集评价资料时,应注意不论是自然观察还是情境观察都应创造自然的氛围,避免被评价者察觉,记录时应简明扼要,适当运用一些符号帮助记录,避免记录内容中掺杂过多的主观情感。

(二)访谈法

访谈法也叫谈话法,是指评价者通过与被评价者进行面对面的交谈搜集信息的方法。运用这种方法时,评价者需要对访谈的问题提前设计好,然后对访谈内容进行记录,最后再对访谈记录进行分析。访谈法一般用于搜集学前儿童有关动机、态度、自我认识等方面的信息,如教师为了了解学前儿童自我意识的发展水平,就可以在交谈时问“你叫什么名字?你几岁了?”“你的好朋友都是谁啊?”“你的优点有哪些?”等等。通过访谈,根据学前儿童回答的情况,教师就可以了解其自我意识发展的情况。

运用访谈法收集评价信息时,注意访谈内容要围绕一定主题进行,与幼儿交流时,注意语言的生动性和可理解性,时机的恰当性,要做好访谈记录。

(三)问卷法

问卷法是由评价者根据评价目的和内容,选择或自编问卷向调查对象发放,以广泛收集资料的一种方法。学前儿童社会教育评价中,调查问卷一般是面向教师和家长发放的。如了解学前儿童的自尊心发展情况,就可向家长发放问卷。问卷设计如下:

学前儿童自尊心状况调查问卷①

1. 他(她)经常向父母报告在幼儿园受到老师表扬吗?

A. 很少　　B. 有时　　C. 经常

2. 他(她)经常给父母看自己做出来的东西吗?

A. 很少　　B. 有时　　C. 经常

3. 他(她)受到表扬(夸奖)时表现高兴吗?

A. 很少　　B. 有时　　C. 经常

4. 在别人面前挨批评时他(她)会觉得难堪吗?

A. 不会　　B. 有点　　C. 非常

5. 不是他(她)做的错事,如果被大人批评(责怪)时会申辩吗?

A. 不会　　B. 稍微申辩　　C. 极力申辩

问卷法可以在短时间内同时调查很多人,简便易行,但也会由于被调查者对所调查问题的理解偏差或者某些顾虑,有可能造成收集信息的不真实性。运用问卷法收集资料时,问卷题量不能太长,答题时间控制在半小时内完成,问卷问题要表述清楚、明确。评价者可在发放问卷时或问卷导言中强调调查以不记名的形式,调查结果只做相关研究使用,以此消除被调查者的心理顾虑,使收集到的信息更真实。

---

① 刘俐敏:《幼儿发展评价研究》,人民教育出版社2004年版,第206页。

（四）社会测量法

社会测量法是心理学家莫里诺（J. L. Moreno）于1934年提出的一种研究方法。它是指研究者通过某种特定方法以了解某一特定团体的社交结构以及该团体内人际交往模式的方法。社会测量法运用于学前儿童社会性发展评价中是指通过同伴的判断，测定学前儿童在同伴团体中的人际关系的一种方法。社会测量法有很多种，用得最多的是同伴提名法、配对比较法和同伴评定法。

1. 同伴提名法

同伴提名法要求儿童根据研究者提供的某种标准选择符合这种标准的同伴。例如，请儿童说出3～5名最喜欢和最不喜欢在一块玩或学习的同伴的名字。学前儿童必须同时进行正提名和负提名。正向提名得分越高，表明同伴接纳度越高，在同伴群体中的地位越高；负向提名得分越高，表明同伴拒斥度越高，在同伴群体中的地位越低。

2. 配对比较法

配对比较法是向学前儿童提出某种标准，并将同伴团体成员配对呈现在被试面前，可以是同伴的名字，也可以是同伴的照片，让被试对每一对同伴做出比较和选择。例如，在这两位同伴中，你最喜欢和谁玩“找朋友”的游戏？通过配对比较，可以计算出某一儿童被同伴接受或拒绝的次数、分值。

3. 同伴评定法

同伴评定法是指通过较直观的方法，让儿童对同伴的被欢迎和被拒绝程度做出评价。具体做法是：提前准备好三个盒子，每个盒子上面贴上不同表情的脸谱（快乐的、中性的、悲伤的），它们分别代表不同的分值，如3、2、1，让儿童把自己最喜欢的、一般的、最不喜欢的朋友分别放入相应的盒内，最后统计出每个儿童在班集体中受欢迎和受拒绝的分值，测定每个儿童在集体中的地位。

社会测量法可以在短时间内得到较多儿童同伴关系、同伴交往情况的信息，且信息比较真实可靠。但不能了解儿童与同伴交往的具体技能和行为，难以查明儿童受欢迎和受拒斥的具体原因，应结合观察法、访谈法等方法了解儿童与同伴交往的具体技能和行为，查明人际吸引或拒斥的原因，并提供相应的帮助。

二、学前儿童社会教育结果评价的主要方法

学前儿童社会教育结果评价就是对社会教育的结果进行价值判断的过程。也就是说，通过对学前儿童进行社会教育，其社会性发展的程度和结果如何，教师的社会教育效果如何，都需要通过一个价值判断过程才能得出结论。从而为学前儿童社会教育提供改进意见，更好地促进学前儿童社会性的发展。学前儿童社会教育结果的评价方法主要有指标体系法和教育行动反思法。

（一）指标体系法

指标体系法是指将学前儿童社会性发展的总目标进行逐级分解，确立各项具体评价指标的等级以及分值，编制评价方案或直接选用已经编制好的评价方案对学前儿童社会性发

展的结果进行评价的方法。一个科学完整的社会教育评价方案的完成需要经过以下步骤：一是分解评价目标形成指标体系；二是界定各指标的尺度并形成标准体系；三是按照不同指标在指标体系中的贡献大小给它们分配其重要性程度的权重值。下面提供一份完整的5岁幼儿品德与个性发展的评价方案以供参考(见表7-3)。

表7-3 5岁幼儿品德与个性发展评价方案参考表

一级指标	二级指标	评价标准			
		Ⅰ级(5分)	Ⅱ级(4分)	Ⅲ级(3分)	Ⅳ级(2分)
B_1 品德行为(0.30)	C_1 文明礼貌(0.30)	会用礼貌用语,会主动、有礼貌地待客、做客、回答问题	懂礼貌,会礼貌地待客、做客、回答问题	礼貌用语掌握得不够好,礼貌地待客、做客、回答问题的能力差	不会使用礼貌用语,不能礼貌待客
	C_2 爱惜物品(0.30)	能够爱惜花草树木,爱护公物,玩具、学具完好,不浪费粮食、水、电,保持环境整洁	能够较好地爱惜花草树木及公物,玩具、学具基本完好,不浪费粮食、水、电,能较好地保持环境整洁	不能很好地爱惜物品,包括玩具、学具和粮食、水、电,不能很好地保持环境整洁	不能做到爱惜物品,学具和玩具保存不好
	C_3 遵守规则(0.20)	能够自觉遵守生活常规及游戏规则,遵守公共规则和秩序	能够自觉遵守生活常规及游戏规则,遵守公共规则和秩序,偶尔违反	懂得规则,往往做不到,常有违反规则现象	不理解规则,也不能按规则去做
	C_4 是非判断能力(0.20)	能分辨明显的对与错,知道应该学习好的榜样,能初步正确地评价他人和自己的言行,能控制自己的行为	能分辨明显的对与错,知道应该学习好的榜样,能初步正确地评价他人和自己的言行,控制行为能力较差	基本能分清明显的对错,评价能力差,控制自己行为的能力差	不能分清明显的对错
B_2 情感(0.20)	C_5 基本情感(0.60)	情绪情感积极愉快,会适当表达自己的基本情感(喜、怒、哀、惧、恶等)爱护小动物、爱周围的人,关心病人、老人,热爱劳动者	情绪情感积极愉快,会适当表达自己的基本情感,爱护小动物、爱周围的人,关心病人、老人,热爱劳动者	情绪情感积极愉快,在情感表达方式上欠妥,如撒娇等,爱小动物,爱周围人	情绪情感低落,不能恰当地表达自己的感受
	C_6 高级情感(0.40)	有一定的道德感,爱祖国、爱家乡,为自己是中国人及家乡祖国的成就而自豪,有初步的感受美、表现美的情感	有一定的道德感,爱祖国、爱家乡,有初步的感受美和表现美的情趣	能做到爱祖国、爱家乡,道德感较差,表现美的能力较差	没有形成一定的道德感,感受和表现美的能力差

续表

一级指标	二级指标	评价标准			
		Ⅰ级(5分)	Ⅱ级(4分)	Ⅲ级(3分)	Ⅳ级(2分)
B_3 社会交往 (0.20)	C_7 社会交往 (1.00)	能积极、主动、愉快地与人交往,会合作游戏,尊重别人,能自己解决和同伴间的纠纷,会分享	能积极、主动、愉快地与人交往,会合作游戏,尊重别人	与人交往时比较被动	不愿也不能与人交往
B_4 个性发展水平 (0.20)	C_8 自我意识 (0.60)	知道自己的姓名、性别、年龄、所上的幼儿园的名称,会写姓名,了解自己突出的优缺点,做事有信心、有独立性	知道自己的姓名、性别、年龄、所上的幼儿园的名称,会写姓名,了解自己突出的优缺点,能独立地有信心地做事	知道自己的姓名、性别、年龄、所上的幼儿园的名称,会写姓名,不知道自己突出的优缺点,做事依赖他人	对自己缺乏信心,做事独立性差
	C_9 性格 (0.40)	活泼、开朗、大方,兴趣广泛,求知欲强	活泼、开朗、大方,兴趣较广泛,有较强的求知欲	比较任性,兴趣不广泛,求知欲较差	任性、执拗,求知欲差
B_5 特长 (0.10)	C_{10} 特长 (1.00)	有一定的专长(琴、棋、书、画等),在区级以上比赛中获得奖励	有一定的专长(琴、棋、书、画等)	无专长,但有自己特别的爱好	无专长,也没有特别的爱好

(二)教育行动反思法

教育行动反思法是指教育者自身通过对学前儿童社会教育的过程以及结果进行总结和反思的评价方法。在这种评价方法中,教育者既是实践者,又是评价者,在教育的过程中进行反思,在评价的过程中进行教育,教育和评价统一于对学前儿童的社会教育过程中。教育行动反思评价是与教师日常教育工作同时进行的,也是教师运用幼儿发展知识、学前教育原理等专业知识于教育实践,分析问题、解决问题的过程。这种针对教育活动过程的评价具有明显的独特性,既有目的性又有随机性,既要追求科学性又要体现灵活性。既要关注之前的计划又要重视之后的反思,既是为达到既定目标又是为改进具体目标。下面是一篇娄塘幼儿园张佩华老师的教育活动反思。

【案例】

反思幼儿行为 调整教育理念

刚开始准备午睡,某午睡室里打闹声、嬉笑声就开始传出,望着三三两两说笑着脱衣的幼儿,做教师的气不打一处来:“快点,动作快,自己脱完衣服、裤子的小朋友可以睡下去了。”收到老师生气信号的孩子们纷纷开始快速地脱自己衣裤,只见俊俊还拉着磊磊的衣服不放,

想着平时乖巧的俊俊这时竟无视自己的威信,仍拉着磊磊的衣服不放,为了挫挫他的锐气,于是教师对着俊俊严厉呵斥道:"俊俊,还不快睡下去。"谁知俊俊不但不理会教师反而振振有词地回答道:"我在帮磊磊脱衣服。"俊俊的反驳似乎引起了教师的极大愤怒,教师再次加重语气道:"睡下去,谁都不用帮忙的,以前不是学过怎么穿衣和脱衣嘛,都那么大了应该学会脱衣了。你自己管牢自己,磊磊自己会脱的。"在教师的一通理论下,俊俊极不情愿地缩回了自己的手,并在嘀咕声中睡了下去。

分析:

一、幼儿方面

从孩子来看,他们虽小,但也是社会成员之一,他们的学习与生活无不与社会相连,他们需要与社会其他成员进行交往,为了能让每位幼儿都能融入社会,生存于社会,成为一个合格的社会人,我们的教育也渗透了许多社会性情感的教育。大班孩子自身是好动的,他们在与同伴打闹、谈笑中不但能满足自身好动的本性,也能满足对于社会交往的需求。案例中的俊俊是好动的,年龄决定了他的特点,死板、规律的脱衣程序显然不适用于他。俊俊已具备了一种分辨是非的社会能力,他能在教师下达错误命令后进行辩解,在好动的行为中他与人交往,与人合作。从中看出俊俊的社会性能力已达到了一定的高度与深度,这一合作意识的自觉产生已突显出了孩子对于合作的一种需求。

二、教师方面

作为幼儿教师我们有义务和有责任将幼儿培养成为一个合格的社会人。案例中的俊俊在他的教师以往的教育下可说是具有了一定的社会交往需要,这时教师应该做的就是让他们的这种需要得到满足。当然,作为教师从幼儿的年龄出发,对大班幼儿进行独立生活能力的培养是十分可行的,这一点我们从案例中教师的言语里也不难发现,教师不让幼儿间互相帮助是想培养他们的独立自理能力。独立性的培养固然是幼儿的一种社会需求,但教师也要考虑到孩子是不能用整齐划一的标准去衡量的,对于俊俊这样已具有了合作意识与要求的孩子我们就要调整自己的教育理念。新《纲要》中就曾指出:"尊重幼儿在发展水平、能力、经验学习方式等方面的个体差异,因人施教,努力使每一个幼儿都获得满足与成功。"调整理念后的教师应该让俊俊这样的孩子得到合作的愉悦感与成功感,满足俊俊的社会需求。可教师却在这时呵斥俊俊不准帮助别人,这不但模糊了幼儿们对于"助人"一词的理解,更混淆了幼儿对于是非观念的认识,也扼制了俊俊合作意识的发展,更是阻碍了幼儿成为一个优秀社会人的发展过程。

反思:

合作是指两个或两个以上的个体为了实现共同目标而自愿结合在一起,通过相互之间的配合和协调(包括言语和行为)而实现共同目标,最终个人利益也获得满足的一种社会交往活动。这种社会交往活动是幼儿未来发展,适应社会,立足社会不可或缺的重要素质,幼儿的合作是一个带有主动构建性的过程,是成人不可替代却能施加强有力影响的过程,作为幼儿生活中重要人物的我们更应为幼儿创设机会。新《纲要》中指出:"幼儿与成人、同伴之间的共同生活、交往、探索游戏等,是其社会学习的重要途径,应为幼儿提供人际间相互交往和共同活动的机会和条件,并加以指导。"这是对我们教育工作的指导,也是对我们教育工作的要求,这要求教师多为幼儿提供交往合作的机会与条件,同时用适当的方法加以引导和指导。

一、为幼儿树立合作的榜样

幼儿是极具有模仿性的个体，他爱模仿教师、模仿同伴，所以在平时教育教学及幼儿的生活中，教师要不忘以身作则。除了教师能给幼儿树立榜样，同伴也照样能给幼儿树立榜样作用，可能同伴间的榜样效果不如教师自身来得醒目，这时教师就要不失时机地将同伴的榜样行为进行夸大和表扬。如案例中的俊俊与磊磊，他们自主地进行了合作，这时教师就可以及时抓住他们的闪光点进行表扬，为幼儿树立榜样。

二、为幼儿创设合作的机会

机会是偶然的，如果每次都以偶然的机会来进行合作的教育，相信孩子的年龄特点也使他们忘却了合作的一切，所以教师就要将这少数的偶然性变为多数的必然性，在幼儿日常的生活中，幼儿一同游戏、学习的机会是很多的，就如案例中的脱衣服就是一次很好的学习合作机会，除了这些偶然，教师还要想办法为幼儿创造合作学习和游戏的机会，让幼儿在实践中学会合作，比如在组织幼儿合作搭一幢小屋，合作作画，这当中幼儿必须学习相互协商，互相配合，分工合作，因为只有这样他们才能协调一致地创作出美丽的作品。作为教师，既不要放过每一个让幼儿合作的机会，现时还要有意识地为幼儿创造提供合作的机会。

三、让幼儿体会到合作的积极效果

合作的结果是带来共同利益的满足或目标的达成，孩子们的合作也常常会带来愉快的结果。活动的成功，事情的做成，增进友谊等，这对幼儿巩固、强化合作行为进而产生更多的合作行为是极为重要的，如案例中的俊俊与磊磊，他们的衣服都太小了，自己十分难脱，互相帮助着脱反而能更快地达到睡觉的目的，所以他们选择了合作，这时只要教师稍微加以表扬然后进行适当引导，他们就会感到合作的快乐，从而进一步激发幼儿合作的内在动机，使合作行为更加稳定和自觉化。

四、及时对于幼儿的合作进行鼓励、引导

当幼儿做出合作行为，能较好地与同伴一同合作学习或游戏时，教师要及时地给予肯定、鼓励。案例中，教师应该做的就是在俊俊与磊磊合作时适时地鼓励，给他们增加信心，从而让他们起更好的榜样作用。在教师积极的鼓励和适宜的引导下，幼儿的合作意识与合作能力会逐步而有效地得到培养。①

拓展阅读

幼儿教师日常评价行为及其类型特征

一、幼儿教师的日常评价行为及其特征

幼儿教师的日常评价行为是指在幼儿园日常活动中，幼儿教师对幼儿行为所做的即时性的言语和非言语的评价行为。其特征如下：

① http://blog.163.com/jingyuxiaoxue@126/blog/static/12939985820102217221594 9/。

（一）自然而即时

一些正式的、有目的有计划进行的评价，如过程评价、结果评价、发展性评价、档案袋评价等，往往需要系统地收集资料并进行深入的分析判断，最终进行教学和发展的监控和调节。与这些专门的、正式的评价活动不同，幼儿教师的日常教学评价行为是在真实自然的情境中进行的，它没有周密的计划，没有预先的控制设定，也不必进行客观的资料收集，教师凭着自我的感觉和经验，下意识或有目的地对幼儿进行评价，“你真行！”“怎么又是你！”这样的评价自然、随意、即时，是教师的主观判断，也受到教师当时心态、情绪的影响。因此，这种评价又称为非正式评价(informal evaluation)或即时评价。

（二）融于教学

这种评价是师幼互动的方式，来自教学双方中的教师，属于内部评价，教师的评价语言是教学语言也是班级管理语言。首先，幼儿教师的日常评价行为不是一套孤立于教学之外的评价“工具”，其本身就是教学的一部分，是一种发生在师幼之间的“内部评价”，通过这种内部评价达成教学目的。其次，这种内部评价所用的语言均为教学语言，评价与教学是同步发生的，对幼儿的言语和非言语评价，如点头摇头、赞赏批评皆是教学不可分割的一部分。再次，幼儿教师的日常教学评价行为也是班级管理的方式，通过这种评价，维持正常的教学秩序，帮助幼儿建立规则意识进行个人管理。最后，幼儿教师的日常评价行为也是师幼互动的方式，幼儿的表现引起幼儿教师的关注和反馈，这些关注和反馈又反过来影响幼儿的反应和发展，然后再作用于教师的评价行为，这种师幼之间的互动推动着教学过程也影响着幼儿的发展，其间的情感性、互动性贯穿整个教学过程。

（三）言语与非言语兼备

已有研究多从言语评价行为进行研究，但非言语评价行为对幼儿的影响可能更大。有研究表明，互动双方的互动效果有55%来自于非言语行为。所以，我们忽视的非言语评价行为也许对幼儿产生着巨大和决定性影响。教师的举手投足、一颦一笑、一个抚摸、一个摇头都可能激励或摧残着幼儿。因此，我们在认识幼儿教师的评价行为时，必须从言语和非言语两个方面去认识，单纯关注言语性评价是片面而难以奏效的。已有研究认为，教师日常评价行为的特点是非正式性、主观性、即时性，真实性、个人性和波动性，在方法方面具有去规范性、在标准方面具有多重性等。笔者认为，这种描述是有失妥当的，因为像“结论的模糊性”等并非这种评价行为的必然的特点，如果能够着力改善教师的日常评价行为，结论的模糊性是可以避免的。

二、幼儿教师日常评价行为类型分析及问题探究

已有的研究大多是从经验入手探讨幼儿教师日常评价行为及其类型。本研究采用客观的研究方法对幼儿教师日常评价行为进行分类，而且对不同类型的评价行为进行了全面立体的实证考察，既验证了已有研究的经验认识，以事实揭示了幼儿教师日常评价行为的现状，也获得了一些新的发现：(1)幼儿教师日常评价行为尽管表现各异，但仍存在着四种不同类型：“具肯型”“具否型”“泛肯型”“泛否型”；(2)幼儿教师的评价类型是以泛泛评价为主流的，“泛否型”评价行为最多，“泛肯型”评价行为其次，“具肯型”和“具否型”评价行为比较少见；(3)除类型差别以外，幼儿教师日常评价行为具有一些共性：以言语评价为主，评价

是当众、远离评价对象进行的，评价时情感投入严重不足。这些研究表明，幼儿教师的日常评价行为存在诸多问题，值得警醒和改善。

第一，“泛否型”评价居多。泛泛评价成为主流并不意外，例如，提及幼儿教师的日常评价，熟悉幼教实践的人都会回响“你最棒！”“嘿嘿，你真行！”的声音，浮现出教师像天女散花一样分发贴纸和小红花的情景。但意外的结果是，“泛否型”评价远远多于“泛肯型”评价。如果说泛泛评价对幼儿发展的利弊尚可讨论，泛泛再加上否定，其利弊关系却是毋庸置疑的。其一，泛泛评价看起来可以增强幼儿的自信，表现教师的关注，但容易让幼儿感到困惑，“我棒在哪里？”“老师是不是在敷衍我？”研究表明，具体评价比泛泛评价更有利于幼儿的发展。同时，程式化的泛泛评价会逐渐变成口号，失去其反馈调节的应有效力。像“谁最聪明？”“谁最能干？”之类的横向比较型泛泛评价还经常会伤及大多数幼儿。其二，否定性评价对幼儿的危害更大，由于幼儿自我概念尚未得到很好发展，其自我概念的建立需要外界尤其是幼儿教师的反馈。如果他们经常接收到的是否定之类的负面评价，这不仅会影响他们的发展和幼儿园适应，还会给他们的自信和积极自我概念的发展带来负面影响。其三，泛泛而否定的评价兼具泛泛评价和否定评价的弊端，两者结合更可能放大两种评价的缺陷。

第二，情感投入严重不足。研究表明，幼儿教师的日常教学评价行为大多是不投入感情的。其原因很多，比如，幼教工作压力大任务重收入低，师幼比不合理，教师疲于应付秩序和管理成为教学关注的重点等。但是，这种情感淡漠的评价行为却具有诸多的危害。

第三，评价的程式化。幼儿教师的日常教育行为呈现出单调、程式化的共同特点。其程式化表现有二：其一，评价语言的程式化。幼儿教师日常教学的评价行为频繁发生于幼儿在园的一日生活，但其评价的言语和非言语行为却单调重复，教师有“以不变应万变”的评价倾向，表现为整齐划一、单调僵化的程式化特点。其二，评价场合的程式化。观察发现，所有观察对象均是以当众评价的方式进行评价的，大部分教师的评价是远距离进行的。如此一致的评价特点，说明教师还没有走进幼儿的心灵，评价的主要目的不是发展而是控制。其实，同样的泛泛评价，当众的“你真棒！”和私下给幼儿说的“你真棒！”对幼儿是截然不同的感觉，私下近距离的评价更能体现教师的真诚和实实在在的关注。①

思考与练习

一、选择题

1. 学前儿童社会性发展的评价对象为（　　）。

A. 教师的教学水平　　B. 家长的关心

C. 幼儿园领导的重视　　D. 学前儿童的品德

① 叶平枝，陈立秋：《幼儿教师日常评价行为及其类型特征》，载《教育导刊》（下半月）2011 第 8 期。本文为该文的第一、三部分。

2. 研究学前儿童同伴关系的最常用的定量化方法是(　　)。

A. 问卷法　　B. 指标体系法　　C. 观察法　　D. 社会测量法

3. 最适合用于评价学前儿童的社会行为发展水平的研究方法是(　　)

A. 观察法　　B. 问卷法　　C. 谈话法　　D. 测验法

4. 观察法主要适用于哪种情况？(　　)

A. 了解幼儿的社会认知　　B. 态度情感　　C. 道德认识　　D. 社会行为

二、填空题

1. 学前儿童社会教育评价是指评价者根据__________,运用教育评价的原理和方法对学前儿童的社会性及社会教育进行价值判断。

2. 学前儿童的社会性评价应包括对其________、情感、行为和个性的评价四个方面。

3. 学前儿童社会教育活动评价就是对社会教育活动的基本要素活动目标、活动准备、________、活动延伸和活动效果分别进行价值判断。

4. 学前儿童社会教育评价收集信息的常用方法主要有________、访谈法、问卷法和社会测量法;学前社会教育结果的评价方法主要有指标体系法和________。

三、简答题

1. 简述学前儿童社会教育评价的意义。

2. 学前儿童社会教育评价应遵循哪些原则?

3. 学前儿童社会教育评价的方法有哪些?

四、案例题

中班社会教育活动方案——参观食品店

活动目标:

1. 产生对参观食品店的兴趣,尊重营业员的工作,形成礼貌待人的品质。

2. 初步形成给食品分类的能力。

3. 了解食品店里的主要商品,知道食品可以分类,了解营业员的工作与我们生活的关系。

活动准备:

1. 选择好参观地点。

2. 制订好参观路线。

活动过程:

1. 通过谈话,引起幼儿对参观食品店的兴趣,并提出参观要求;参观食品店里卖什么东西,营业员是怎么卖东西的。

2. 带幼儿参观食品店。

(1)引导幼儿参观食品店的食品,告诉幼儿每种食品的名称。

(2)引导幼儿观察食品店除了卖糖果、糕点还卖什么,从而使幼儿知道食品店是卖吃的东西的地方,建立食品店的正确概念。

(3)引导幼儿观察食品店里营业员和顾客的活动。请幼儿记住营业员和顾客之间的简单对话。食品店里有什么人?他们在干什么?营业员是怎样卖食品的?她们是怎么对待顾客的？

(4)请幼儿仔细观察营业员是怎么放置食品的，使幼儿知道不同的食品要分开放置，建立初步的分类概念。

3. 幼儿在教师带领下进行购物活动，感受营业员对大家的热情服务。

4. 参观活动结束后，幼儿与营业员礼貌道别，组织幼儿回园。

5. 参观后让幼儿进行谈话活动。

(1)请幼儿回忆食品店里卖什么？

(2)“没有食品店会怎样？”

活动延伸：

收集与食品有关的东西，各种包装袋，在活动区开展“食品商店”游戏。

根据本章所学知识，试对以上活动方案进行评价。

五、实践题

设计一份评价大班幼儿社会行为的评价方案，并选一所幼儿园的大班幼儿进行评价。

第八章　学前儿童问题行为及其干预

学习目标

1. 了解学前儿童问题行为的含义与分类，掌握学前儿童问题行为的表现特征及其成因。
2. 掌握学前儿童问题行为的教育心理及其干预策略。
3. 学习设计学前儿童问题行为的干预方案，并能正确实施。

第一节　学前儿童问题行为的分类及其成因

在学前儿童的成长过程中，相当一部分的儿童会出现一些令人烦恼或讨厌的问题行为，如说谎、任性、焦虑、咬指甲、多动、攻击性行为、胆怯、偷窃、不遵守规则等。这些问题行为，有的属于发展过程中的问题，有的是由于生理缺陷或心理障碍造成，也有的是受环境和教育的影响而产生。对于已经出现的问题行为，进行系统的分类，并分析其产生的原因，有助于针对性地开展问题行为的干预工作。同时，对早期预防学前儿童问题行为的发展也具有积极的意义。

一、学前儿童问题行为的界定

（一）学前儿童问题行为的含义及其特征

1. 学前儿童问题行为的含义

学前儿童的问题行为是指在学前儿童身心发展过程中，受生理机能失调、环境适应不良或心理冲突等因素的影响而表现出的在严重程度和持续时间上都超过了相应的年龄所允许的正常范围的异常行为。

【案例】

爱拿别人东西的欢欢

“欢欢拿走了我的小球！”妞妞叫喊道。欢欢把手深深插进她的口袋里说：“我没有拿！”张老师开始询问欢欢，她轻声地问：“让我看看你在你的口袋里放了什么好东西，欢欢。”当张老师强迫欢欢把手从口袋里拿出来时，欢欢很抗拒并开始哭。最后，张老师从欢欢的口袋里掏出了一个红色的小球。妞妞马上说：“就是我的小球。”“不，不是，那是我的。”欢欢哭了起来。张老师把球还给了妞妞，而欢欢还是眼泪汪汪地坚持说那个小球是她的。欢欢几乎每天都会有这样的行为发生，比如她拿了别人的一个玩具却说是她自己的。张老师很困扰这

个问题，不知道该怎么办，因为即使证据就摆在面前，欢欢也总是否认自己拿了别人的东西。

问题行为的界定既要考虑到问题行为的程度和结果，也要考虑到问题的类别和标准。因为几乎所有的学前儿童，都会由于其年龄较小、发育未成熟、是非判断能力薄弱而随时发生一些使成人为难、不易解决的问题，然而我们不能说所有的儿童都有问题行为。因此，作为教师和家长，首先要准确识别儿童的异常行为是否属于问题行为，再进行进一步的正确干预和引导。

2. 学前儿童问题行为的特征

学前儿童的问题行为虽然有各种不同的表现，但又表现出以下共同特征：

(1)儿童的社会适应有持久性困难。任何儿童都有可能由于身体不适等原因偶尔出现异常的行为，如敏感、易怒、烦躁等，但当身体恢复正常、外部压力消失后儿童便可自动恢复正常。但当儿童的某种特殊行为(如胆小、烦躁、易怒等)长期存在时，就应该给予特别关注。

(2)儿童的社会行为不受普通方法的限制。具有问题行为的儿童往往不理会教育者的引导，在活动中不受成人的控制，我行我素，行为过度或不符合要求，自控能力差。例如，在户外活动结束时，孩子们开始把各种玩具摆好，走向教室。几分钟内，户外游戏区就被清理干净了，几乎所有的孩子都回到了教室。只有5岁的强强好像没有听到老师的话，反而在秋千上荡得更起劲儿了。老师喊道："强强，快回教室了，就剩你一个人了。"强强没有反应。"强强，快点，别人都已经进去了。"老师又喊道。强强继续荡秋千。老师走过来强行停住秋千。"我不想回去!"强强大声叫道，然后跑到滑滑梯上去了。老师花了好几分钟时间才抓住了强强并把他强行带进了教室。强强这种反复拒绝老师提出的合理要求的行为就属于问题行为。

(3)儿童对周围环境和社会现实不理会。如果儿童对正常的社会环境缺乏恰当的情绪和行为反应，忽视周围环境，出现不合时宜的情绪反应，或不理会周围现实情境，不能和周围人群建立交往关系等，都表明儿童的行为可能有一定问题。

(二)学前儿童问题行为的表现

学前儿童的问题一般表现在三个方面：

(1)行为不足。是指人们所期望的行为在某一儿童身上很少发生或从不发生。例如儿童很少主动讲话或者不愿和同伴接触，不喜欢参与集体活动、生活不能自理等。

(2)行为过度。是指儿童的某一类行为发生的次数太多或持续的时间太长，超过正常反应。例如上课时小动作太多，经常随便走动、扰乱别人；经常为一点儿小事就大喊大叫，吵闹不休等。

(3)行为不恰当。是指期望的行为在不适宜的情境中产生，但在适宜的条件下却不发生。例如，儿童将喜爱的好吃的东西放进垃圾桶里；或者在欢乐时大哭，在悲伤时反而大笑等。

（三）几种常见的学前儿童问题行为

1. 攻击性行为

【案例】

我要玩

户外活动场上，老师正在讲活动的规则，刚刚眼睛直勾勾地盯着一只大球。选择运动器械的音乐刚一响起，刚刚就朝大球飞奔过去。刚刚和乐乐同时拿到了这个大球，两个人互不相让，都要先玩球。老师走过去对他们说："你们商量商量，想个办法一起玩球或者轮流玩。"于是，乐乐用商量的口气对刚刚说："要不，我先玩，等会交换的时候给你玩，好吗?"刚刚松开了手，老师以为他同意了乐乐的方法，正准备表扬他，没想到刚刚猛然抓住乐乐的胳膊狠狠地咬了一口。乐乐疼得立刻松开了抱着大球的手，哭了起来。刚刚立刻抱起大球跑了。

案例中刚刚的行为属于攻击性行为，这种行为在学前儿童身上非常普遍，尤其是男孩子。攻击性行为又称侵犯性行为，是指个体有意对他人进行身体上的进攻或言语上的攻击，且不为社会规范所许可的行为。不同于成人，学前儿童的攻击性行为更多的是身体的攻击，而非言语的攻击。如一旦他们正在玩的玩具被别人拿走，他们立刻会产生敌意，并用抓、咬、打的方式来抢夺玩具，而不会用言语来攻击对方。同时，学前儿童的攻击性行为还存在明显的性别差异。通常情况下，男孩比女孩的攻击性行为多。相同性别的儿童受自身不同气质的影响，行为也会有差异，那些精力旺盛、身体强壮、易哭闹的儿童更容易出现攻击性行为。

2. 说谎行为

学前儿童的说谎行为在生活中具有一定的普遍性。儿童心理学家研究发现，几乎所有的学前儿童都有说谎的经历，但从儿童心理发展的角度来看，学前儿童的说谎行为不只是简单的道德问题，并不一定都是不诚实的品质问题，还有许多更加复杂的原因。如儿童有时会把想象的东西当成事实，来满足自己的心理需要。当他把自己的想象当作真实的东西说出来时，自己还沉浸在其中，成人听起来就成了说谎；有的儿童为了逃避成人的批评和惩罚也会表现出说谎行为；还有的儿童为了得到成人的赞许或炫耀自己，也会出现说谎的行为等。总之，学前儿童说谎的原因是多方面的，性质也各不相同，成人不可一概而论，将其都视为一种恶劣的品质问题，需要区别对待，具体问题具体分析，针对不同情况采取不同的措施。

3. 破坏性行为

【案例】

淘气的超超

超超今年刚上幼儿园，短短两个月的时间里，超超做了很多让老师气愤的事情，把玩具放到水里、把毛娃娃塞进马桶里、在活动室的墙上乱涂乱画……老师对超超进行了无数次的说教，采用了许多阻止方式，但收效甚微，超超的破坏行为一如既往。

案例中超超的行为属于破坏性行为。破坏性行为是指经常故意损坏物品，并以此为乐的行为。学前儿童的破坏性行为可以分为无意破坏和有意破坏两种类型。无意破坏性行为常常出现在年龄较小的儿童身上，如递给儿童一件新玩具，他刚接过去就把手一松，结果玩具"啪"的一声掉在地上摔坏了。这种破坏性行为是由于儿童反应协调技能较弱，注意力不集中等生理原因造成的。而有意破坏性行为是指带有主观破坏性动机的破坏性行为，这类

行为可能是由于儿童情感上的困扰或焦虑引起的情绪发泄性而导致的。需要特别注意的是,认清学前儿童的破坏性行为必须与其有建设性的貌似破坏的行为相区别。如有的儿童把闹钟拆开,是想了解它是怎么响的,这种行为从表面上看是破坏性的,但儿童真正的目的却是想认识和探究事物。因此,对于学前儿童的破坏性行为,成人不要一味地指责儿童或视而不见,而是要耐心地寻找他们破坏性行为背后的原因,切忌主观臆断、想当然地对儿童进行批判教育。

4. 依赖性行为

【案例】

我要妈妈

丫丫上幼儿园已经快两个月了,但从进幼儿园的第一天开始,丫丫每天早上都搂着妈妈的脖子不肯松手。妈妈离开后她便号啕大哭:“妈妈快来接我,我要妈妈!”在老师安慰之后,她自己拖着小椅子坐在窗户旁边,手里抱着自己的衣服,嘴里不停地自我安慰:“妈妈马上就来接丫丫了。”午睡时,丫丫又流着眼泪喊:“妈妈快来,我要妈妈!”

案例中丫丫的行为属于依赖性行为。学前儿童自出生后在家庭中与父母朝夕相处,建立了稳固的感情纽带,看到亲人,无比快乐;离开亲人就号啕大哭,这是学前儿童依赖心理的正常表现。依赖性行为是指学前儿童过分依赖父母或看护人,并且表现出与其年龄不相符合的不良行为。依赖是学前儿童身上的正常现象,但有的儿童独立生活能力特别差,过分依赖父母就属于依赖行为了,学前儿童的依赖性行为是其独立性差的表现。学前儿童的依赖性行为常常表现为缺少主动性、经常处于被动、退缩状态,需要自己拿主意时,总感到一筹莫展,总想依赖他人做决定。造成儿童依赖性行为的主要原因是家长的教养方式有误,没有有意识地培养儿童的独立性,对儿童的生活起居完全包办代替,对儿童的行为方式干涉或保护过多,致使儿童饭来张口、衣来伸手,没有机会学习和锻炼自己的独立性,因而造成儿童的依赖性行为。

5. 退缩性行为

【案例】

喜静的月月

月月在家是一个很乖巧的小女孩,她平时不喜欢去任何地方,家里来了小朋友,月月也不和他们玩,她甚至也不太愿意与父母去亲戚家。月月在幼儿园里也总是一个人,不喜欢和其他小朋友一起玩,总喜欢一个人静静地玩玩具或看书。

案例中的月月在日常生活中不愿主动与同伴交往,沉默寡言,宁愿一个人玩也不愿意与小朋友一起玩,这种行为属于退缩性行为。退缩性行为会阻碍学前儿童对外界环境的探索,影响其社会化和认知的发展。有退缩性问题行为的儿童一般都胆小、害怕、羞怯、孤僻、不合群、难以适应新的环境,而且对客观环境常常采取被动或逃避的行为方式。在识别儿童退缩性行为时要和儿童在特殊情况下表现出的害怕、恐惧与冷漠区分开,如在刚入园的孩子中,大部分儿童在开始时都会不同程度地表现出拘谨、害怕、不与人交往等行为,但正常儿童一般在一个月左右就能很好地适应,变得活泼、大胆,主动找小朋友说话和游戏,所以这些行为是一时性的,属于儿童正常的生理防护反应。但有退缩性行为的儿童则会长时间表现出退缩性行为,他们即使在没有特殊原因的情况下,也经常表现出特别胆小、害怕、羞怯、孤独等

行为。学前儿童产生退缩性行为的原因是多方面的,既有父母教养方式不得当、家庭关系不正常,也可能有儿童自身先天素质问题、后天身体状况不佳和性格等因素,是各种消极因素的综合体现,成人要善于关注儿童的心理成长,在他们的成长中多提供一些快乐的体验,尽量避免一些消极的心理体验。

二、学前儿童问题行为的分类

学前儿童的问题行为是一个很复杂的问题,长期以来,人们的认识可谓仁者见仁、智者见智,如果从问题行为的内容着手,可以将学前儿童的问题行为分为以下四类:

(一)发育过程中的问题行为

这类问题行为与儿童的身体成熟程度密切相关。儿童在学前期的某一阶段可能会发生吮吮手指、咬指甲、发脾气、退缩等行为,但是随着年龄的增长,在后期适当的教育训练下这类问题行为可以得到缓解、好转或消失,因此,这类问题行为一般都是暂时性的。

【案例】

吮吸手指

丫丫不到3岁就入园了,在幼儿园里已经有两年的时间了。刚入园时,丫丫吮吸拇指的行为老师们是允许的,因为在那时这个行为是正常的。现在她已经快5岁了,可还在吮吸手指,一有空就吮吸手指,怎么制止都没用,只要两只手空着就开始吮吸手指,奖励惩罚都对付不了。老师们就开始担心了,因为丫丫只知道吮吸手指而不参加班里的任何活动。

吮吸手指通常是儿童从婴儿早期就开始形成的习惯,每个婴儿都有吮吸的需要。但如果一个已经上幼儿园两年的儿童还经常吮吸手指,那么她的行为就不仅是一个长期的习惯问题,它可能已经成了这名儿童应对未知事件甚至常规事件的方式,属于问题行为。如果家长和成人能够为儿童提供适当的教育和训练,是完全可以慢慢停止这种行为的。

(二)心理发育障碍性问题行为

这类问题行为主要是由儿童的心理障碍而引发,如言语障碍、多动症、进食障碍、学习困难等,这类问题行为一般需要专业的教育训练和指导才能克服。

【案例】

不爱说话的佳佳

“你想要干什么,佳佳?”老师对5岁的佳佳的行为感到很困惑,因为佳佳拽着她的衣服不放手。最后,佳佳成功地将老师拉到了书柜旁,然后指着上面。“你想要书柜里的什么东西吗,佳佳?”佳佳使劲点了点头。最后,经过几次猜测之后,老师终于知道,原来佳佳想要订书机。老师将订书机拿给佳佳时问他:“你为什么不告诉我你想要什么东西呢,佳佳?”佳佳仍然一言不发,他径直走到桌子旁,将自己的几幅画订在了一起,然后小心翼翼地在封面上写上自己的名字,并将它交给了老师。“啊,画得真不错!”老师边看画边发出赞叹声。佳佳站在旁边,面带微笑地看着老师,仍然没有说话。老师知道佳佳的语言表达能力是没有任何问题的,因为她听到过佳佳和他妈妈聊天。然而当他在幼儿园时,他却拒绝说话。

学会与他人进行交流是儿童在学前阶段要学习的一项非常重要的技能。案例中5岁的

佳佳已经完全具备了语言表达能力但却没有说话的意愿，拒绝说话或者不像其他处于同一发展水平的儿童那样运用语言进行交流，佳佳的这一行为就属于问题行为，教师和家长应认真对待这一问题。

（三）心理性问题行为

这是指由于心理问题而造成的问题行为。不同的心理问题会引发不同的问题行为。有由于矛盾心理引起的神经性行为，如神经性厌食、歇斯底里行为、强迫性行为等；还有由于不良情绪引发的问题行为，如过度敏感引起的神经质、多疑、过于依赖别人；还有性格方面的问题行为，如胆怯、退缩、粗暴、性格偏执等；还有学习方面的问题行为，如拒绝上幼儿园等。

【案例一】

在教室里乱喊乱叫

“啊……”一声尖叫穿透了教室上空，盖住了班上其他孩子发出的声音。

“别喊了，亮亮！”老师冲着亮亮大喊了一声。亮亮朝着老师笑了笑，然后继续玩他的游戏。过了几分钟，亮亮又突然发出了简直能让人耳鸣的尖叫。老师走到亮亮身边，严厉地对他说：“亮亮，不许再叫了，听到了没有！”亮亮无辜地看看老师，没有说话。亮亮3岁了，和其他小朋友一样身体发育正常，他很爱说话。入园两个月以来，亮亮不停地制造噪声扰乱活动。他的这种行为经常在老师组织集体教学、讲故事或游戏活动时出现。亮亮的捣乱行为让老师很是困扰，也扰乱了班级正常的活动秩序。

【案例二】

角落里的小姑娘

甜甜是个5岁的小姑娘，出生后父母十分宠爱，奶奶更是视为掌上明珠。上幼儿园前，甜甜有奶奶照顾。父母上班后，甜甜和奶奶很少出门，除了听奶奶讲故事，总是一个人待在家里玩玩具。时间久了，甜甜养成了温顺、胆小、孤僻的性格。家里一来客人，甜甜都会显得很紧张，很少跟别人说话，也不敢和客人一起吃饭。上幼儿园以后，甜甜经常一个人躲在角落里，很少和其他小朋友一起玩，也不敢参加集体游戏活动。老师对甜甜进行过多次的鼓励和劝慰，可并没有得到多少改善。

一般来讲，外向开朗的男孩子都会偶尔恶作剧式的发出很大的声音，但案例中的亮亮在不适当的时间把声音拔高到令人难以忍受的水平，制造出巨大的、不必要的噪声，则属于问题行为。小姑娘甜甜胆小、退缩、不愿与小朋友交往、不愿到陌生环境中去，而宁愿一个人独自待着，这种行为在心理学中被称为“儿童退缩性行为”，属于问题行为的一种。亮亮和甜甜的行为都是由于某种心理问题而引发的问题行为。

（四）品德性问题行为

这是由于不良教育原因导致的问题行为，如说谎、说脏话、不遵守规则、偷拿别人东西、攻击性行为等。

【案例一】

爱说谎的当当

当当4岁了，上幼儿园中班，他聪明机灵，活泼大胆，是小朋友们游戏中的中心人物。可

是，最近一段时间，老师好几次发现当当有说谎现象。明明是他做的一些事情，却怎么也不认账，教育起来大费脑筋。当当的爸爸也反映说："当当这些天总爱说谎，同样一件事情一会这样说，一会那样说，不知道哪句话是真的，真急人。"

【案例二】

总是伤害他人的洛洛

洛洛是个调皮的小男孩，上幼儿园半年时间了，被老师称为幼儿园"最有攻击性的儿童"。他很容易被其他儿童激怒，然后他就会用各种方式来攻击其他儿童：打人、咬人、踢人、抓别人头发、推人等。班里的其他小朋友都不喜欢和洛洛玩。活动时，洛洛通常都是一个人玩。即使这样，洛洛还是会和别人发生争端。有时，洛洛走到某个小朋友旁边，一把拿起那个小朋友正在玩的玩具，说："我想玩这个。"如果那个小朋友不给，洛洛就开始打人。

由于学前儿童还不能把想象与现实截然分开，因而往往会把各种零碎的经验以及听到的童话、神话故事杂乱地编造在自己的生活中；或者当儿童在遭遇困难或遇到难堪的处境时常常会说一句小小的谎话来掩饰自己，这些说谎对于学前儿童来说都不足为奇，但如果儿童经常说谎、屡教不改，说谎就变成了一种问题行为。对于这类说谎，教师和家长应当给予足够的重视，努力寻找儿童说谎背后的原因。用各种攻击性的行为伤害其他儿童的洛洛，确实存在有严重的问题行为，成人应认真审视洛洛的成长环境，反思给其提供的教育是否有不当之处。

三、学前儿童问题行为的形成原因

分析学前儿童问题行为形成的原因，是有效干预儿童问题行为的关键。有关学前儿童问题行为形成原因的研究表明，影响儿童问题行为产生的原因是多方面的，主要包括生物因素、家庭因素和幼儿园教育因素。

（一）生物因素

生物因素主要包括遗传、围产期损害、疾病感染和身体发育状况等。

1. 遗传

遗传是人类心理发展的生物前提和自然条件。人类行为遗传学的研究表明，儿童性格外向或内向、行为攻击或退缩、情绪抑郁或焦虑等问题行为有一定的遗传倾向，但一致率并不高。相对于环境因素对于人类行为的影响，遗传可能只是个体获得了某些心理和行为特征的遗传潜质，但只有在极大压力的环境下，才可能真正激发个体的问题行为。

2. 围产期损害

围产期指从胎儿期第28周到出生后7天。围产期的危险因素包括异常胎动、早产、过期产、剖腹产或难产、低出生体重儿、缺氧窒息等。现有研究发现，相对于正常出生的儿童，早产、难产、过期产、剖腹产以及低出生体重儿的问题行为的发生率较高，他们更容易出现多动、抑郁、退缩、攻击性行为等。

3. 疾病感染

疾病感染会使学前儿童的健康水平下降，心理受到影响，从而引发问题行为。同时，一些疾病如流脑、乙脑等的感染还会影响婴儿中枢神经系统的发育，使儿童的情绪和行为问题增多,易出现退缩、被动、任性等问题行为。

4. 身体发育状况

研究表明,身体发育状况也是影响儿童行为正常发育的重要因素之一。膳食结构的变化常常和社会心理活动相一致,摄取食物的不同会影响人的情绪和行为。长期的营养不良,可能引起儿童问题行为的出现。

(二)家庭因素

家庭是影响学前儿童产生问题行为的重要环境因素之一,是学前儿童最早生长、生活时间最长的场所。儿童最初的社会生活技能、道德规范和行为准则都是在家庭这一环境中逐步学会的。家庭教养方式、父母行为方式以及家庭教育环境等都可能成为引发学前儿童产生问题行为的因素。

1. 家庭教养方式

家庭中父母的教养方式直接影响着儿童的行为和社会性的发展。不同的家庭教养方式会对儿童的行为产生不同的影响。我国对家庭教养方式的传统分类方法将父母的教养方式分为专制型、溺爱型、放任型和民主型。专制型的家庭教养方式与儿童问题行为的发生有较高的相关,在家长高压、专制的家庭教养中,儿童容易发展成为懦弱、顺从、缺乏自信、孤独、自卑、性格压抑的人,或者走向另一个极端,表现得异常反抗、冷酷和残暴。溺爱型的教养方式多见于独生子女家庭,家长过分的宠爱、关心和对儿童要求的一味满足,容易使儿童表现出依赖、任性、懒惰、自私、骄傲等不良行为。在放任型的家庭教养中,由于儿童缺乏父母的教育和指导,常会出现性格内向、对人冷淡、情绪消极、自由散漫和社会适应能力差等问题行为。而民主型的家庭教养方式中,家长能够尊重和理解儿童,为儿童的发展提供最大的自由,这种教养方式可以给儿童带来安全感,增强儿童的自信心,儿童易于形成健全的人格和良好的行为习惯,其常常会表现为性格开朗、坚强自信、感情丰富、精力充沛、能与人友好相处。

2. 父母行为方式

模仿是儿童的天性,父母的行为方式、言谈举止,会在潜移默化和耳濡目染中影响儿童的行为。在日常生活中,父母不适当的行为方式,在不知不觉中会影响儿童的行为。如具有攻击性行为的父母,常常会养育出更加具有攻击性行为的孩子;而过于情绪化的父母更容易教养出同样情绪化的孩子;父母的撒谎、自私等不良行为必然会引发儿童也产生此类问题行为。总之,在每一个儿童身上总能看到其父母的影子,父母的行为方式对儿童的行为具有重要的影响作用。

3. 家庭教育环境

家庭是学前儿童接触社会的第一个场所,也是他们了解社会准则和建立行为规范的第一个课堂。作为人类发展生态理论中微观的系统,家庭对儿童的行为发展影响最为深刻。长期以来,人们普遍的共识是,家庭环境尤其是家庭中营造的精神环境氛围,与儿童的行为发展有着密不可分的关系。良好的家庭道德观念和和谐的家庭氛围是促进儿童社会行为健康发展的条件。而良好的家庭物质环境则能够满足儿童生存的基本需要,是儿童得以健康成长的基石。如果家庭的居住条件有限,儿童活动空间狭小,整日以电视为伴,必然会使得儿童的交往机会减少，不利于儿童建立良好的人际关系，影响儿童的社会化发展。

（三）幼儿园教育因素

幼儿园是儿童正式步入社会的第一个场所，是儿童除家庭之外接触最多的社会环境，幼儿园为儿童的社会交往提供了一个平台。在幼儿园里，儿童与教师以及同伴的交往，能够有效地促进儿童社会化的进程。但是，幼儿园教育中的教师教育方式、师幼关系以及同伴关系也有可能成为引发儿童产生问题行为的温床。

1. 教师教育方式

儿童的健康成长不只是身体的健康发育，还应该包括心理的健康成长。但在教育实践中，教师较多地关注儿童躯体的、生理的健康，极少注意儿童精神的、心理的健康。在幼儿园里，当儿童出现一些不正常的举止和不良的行为习惯时，教师常常会表现出不恰当的教育行为。如面对某一儿童不顾多次警告依然在排队时打打闹闹，教师警告说："如果你再不好好排队，我就马上让你出去。"但是，教师对儿童的威胁并没有奏效，反而会激起该儿童的逆反心理，因为没过一会儿，儿童又故技重演。因为对于儿童来说，威胁是对其自发行为的挑战，儿童为了向自己和别人表明他并不胆小，他多半会再次抗拒警告和威胁。除了威胁，面对儿童的问题行为，教师还常常会使用引诱、乱许诺或讥讽等不恰当的教育方式。如我们经常会听到教师这样的冷嘲热讽："你说，这件事我说过几次了？你是不是脑子有问题？像你这样将来能有什么出息！"无论教师是有意还是无意地说出诸如此类尖刻的讥讽语言，都会挫伤儿童的心灵，还有可能引发儿童产生自卑、退缩、攻击或报复等不良的问题行为，严重影响儿童的心理健康。因此，教师的教育方式是影响儿童行为的重要因素之一。

2. 师幼关系

大量研究表明，师幼关系的质量对儿童的全面发展具有重要的影响。在儿童的发展中，认知和情感是两个不可分割的部分，而建立安全融洽的师幼关系既是师幼情感交流的过程，也是儿童发展认知能力的保证。同时，安全融洽的师幼关系使儿童产生安全感，有助于儿童形成乐群、合作、友爱的良好个性，对儿童社会化和个性的发展至关重要。因此，建立良好的师幼关系是预防和应对儿童问题行为的关键。

3. 同伴关系

对于儿童来说，较之于亲子关系和师幼关系，同伴关系更直接、更平等、也更为丰富和复杂，它对于儿童社会价值的获得、社会能力的培养以及健康人格的发展具有独特而无法替代的重要作用。在同伴交往中，儿童逐渐学会社会交往的技能和策略。良好的同伴关系，能够使儿童产生安全感和归属感，满足儿童归属感、爱和尊重的需要，有助于儿童积极情感的发展。同时，良好的同伴交往还可以促进儿童社会适应能力和自我意识的发展。同伴的行为就像一面镜子，为儿童提供自我评价的参照，能够帮助儿童更好地认识自己，从而对自己的行为进行积极的自我调控。如打人常常会招来同伴的拒绝或逃避，而微笑则能换回友好和合作，根据同伴的不同反应，儿童可以了解自己的行为是否为他人所接受，并对自己的不良行为进行调节和控制。

第二节　学前儿童问题行为的干预策略

学前儿童的问题行为会妨碍个体的情感发展、社会交往的学习能力，情况严重的还可能会影响儿童未来的发展和一生的幸福。因此，成人必须选择恰当有效的策略，对学前儿童的问题行为进行及时的干预，以促进儿童的健康成长。

一、后果法

（一）后果法定义

通常情况下，成人面对儿童的问题行为时或正面引导，讲明道理；或严厉制止，实施处罚。毋庸置疑，正面教育，循循善诱是培养儿童良好行为的有效措施，但对于道德观念尚未完全形成的学前儿童，仅仅采用这种方法往往效果并不佳。禁止和处罚的方式虽然可以从反面告诉儿童问题行为的严重后果，但处罚尤其是体罚容易使儿童形成谨小慎微的个性，不利于儿童个性的自由发展。因此，当儿童出现问题行为、采用正面教育的方法效果不佳而又不宜于实施处罚措施时，不妨运用“后果法”来对儿童的问题行为进行干预。

后果法又称自然后果法，是18世纪法国教育理论家卢梭最先提出的一个观点。卢梭认为，儿童必须通过自身体验来认识周围事物和现象，通过亲自感知来认识活动和活动结果的意义。因此，成人在面对儿童的问题行为时，不必告诉儿童过多的道德原理或强迫儿童遵守一定的道德规范，只是让儿童自然地承受行为过失或错误直接造成的后果，让儿童在承受后果的同时感受到不愉快的情绪体验，从而引起他们自我悔恨，改正缺点和错误。

【案例】

爱撕书的琪琪

随着响亮的“刺啦”一声，琪琪又撕下了一页书。3岁多的琪琪刚上幼儿园不久，总喜欢在阅读活动时撕书。老师常常一边批评她一边又递给她一本书。可是批评教育往往没什么效果。一天，琪琪又一次撕下好几页书，原本只有8页的小书只剩下两页了。这次，老师没有再给她一本书，琪琪无聊地翻着只有两页的小书，眼睁睁看着其他小朋友在尽兴地看书，有点儿失落。过了一会儿，琪琪主动走到老师跟前，对老师说：“老师，我以后再不撕书了，能给我一本新书吗？”看来，琪琪已经意识到随意撕书所造成的后果了。

学前儿童的心理特点是先做后想，而不是想好了再做。儿童凭借自己的直接经验体会自己所犯错误的直接后果，从而接受教育。因此，运用自然后果法干预和改正学前儿童的某些问题行为是一种行之有效的方法。

（二）后果法的使用方法

1. 让学前儿童感受自然的后果，体会到自然后果“惩罚”的滋味

当学前儿童产生错误或过失行为时，成人不必过多地加以斥责或予以安慰，或者急于替

他解决问题，弥补损失，而应该提供充足的时间让儿童自己充分感受由于他的不良行为所造成的不良后果，这是儿童获得直接感性经验的过程。在这个过程中，成人要尽量减少对儿童行为的干涉，如果必须做出适度的反应的话，那也只是恰如其分地向儿童表明你的态度：自己做的事情自己负责。

2. 对儿童在体会"惩罚"过程中做出的微小进步应及时予以表扬、鼓励和强化

当儿童体会到自己的不良行为所带来的不良后果之后，常会做出一些积极行为想要摆脱这种"惩罚"。这些或许很微小的积极行为正是儿童对自己不良行为反省之后的结果，是儿童想要改正不良行为的开端，成人要及时地进行引导、表扬和鼓励这些积极行为，有时还需要给予适当的帮助和指导。切忌讽刺挖苦或正话反说："你看你干的好事，要不是你，就不会有这些麻烦事儿了！"

3. 在儿童自然感受到自己行为的不良后果的同时，成人应耐心清楚地告诉儿童正确行为的方法

当儿童对自己的不良行为有所认识和反省的时候，正是其旧的心理遭到破坏的时候，这时必须形成良好的行为习惯来建立新的平衡。只有当儿童既知道什么是不良的行为，又明白怎样做才是正确的时候，前期的自然后果所带来的"惩罚"才能真正发挥作用，良好的行为习惯才能自然而然地形成。

4. 灵活应用，掌握好分寸

后果法也有其局限性，因此在运用时要把握好分寸，在具体操作中需要注意两个问题。第一，后果法并不适用于所有的儿童。对有的儿童来说，这种方法教育效果良好；但对于一些生性顽劣的儿童，其教育效果并不明显，因此要因人而异，根据儿童个体的心理特点灵活使用，做到有的放矢。第二，后果法并不是对儿童的所有问题行为都适用。成人应把握一个基本原则，即只有当让儿童承受的不良后果不会损坏其身心健康的时候，成人才可以让儿童自己体验这种后果带来的惩罚，如果不良后果可能给儿童带来心理上的挫伤或折磨，成人应放弃选择这种方法，因为儿童的身心健康是第一位的。

二、强化法

（一）强化法定义

强化法是儿童问题行为干预中常用的策略之一。强化法以操作学习理论为基础，有机体自发做出的行为与其随后出现的行为结果之间的关系，控制着该行为以后的发生频率。也就是说，如果个体自发做出的某一行为得到强化，这个行为以后有可能再次发生；如果没有得到强化或得到了惩罚，那么该行为发生的概率就会减小。

【案例】

强化的妙用

妈妈正忙着打扫卫生，3岁的彤彤在哭叫，想要得到妈妈的注意，妈妈忙着手里的活儿，没有理会彤彤。5分钟后，彤彤停止哭叫，拿出布娃娃玩了起来。妈妈忙完后马上坐下来和彤彤一起玩了一小会儿，并表扬彤彤能在妈妈忙的时候自己玩。以后彤彤又有两次哭着让正在忙的妈妈陪自己玩儿，妈妈都以同样的办法处理。再后来，彤彤看到妈妈正忙时也不哭

闹,自己在一边玩。

(二)强化法的种类和使用方法

根据学前儿童的身心发展特点,常用的强化法有以下四种:正强化、惩罚、负强化和消退。

1. 正强化

正强化法也称阳性强化法,是指在一种行为出现后及时继之以正强化物来增加这种行为发生的频率的方法。心理学家将特定事件能够增强条件刺激从而引发条件反应的趋势这一事实称为强化,这些特定的事件被称为强化物。强化物在强化过程中起着举足轻重的作用,如可以培养儿童的兴趣与爱好,能够促进儿童主动学习及建立积极的行为等。

(1)强化物的分类。强化物种类多样,一般可以分为五类:

①消费性强化物,如饼干、糖果、水果、饮料等一次性消费物。

②活动性强化物,如郊游、过生日、看电视(电影)、看图书等室内外的活动。

③操作性强化物,如画画、玩玩具、跳绳、游戏等。

④拥有性强化物,指在一段时间内儿童可以拥有并享受的东西,如有机会穿上自己喜欢的衣服,可以和邻居家的小狗玩一会等。

⑤社会性强化物,指儿童个体喜欢接受的各种语言刺激和身体刺激,如口头表扬、微笑、点头、拥抱、甚至仅仅是注视一下等。

(2)正强化的使用方法:

①准确选择要强化的行为。应该选择那些具体的、可观察、可控制、可评价的行为进行强化,而不是一般的行为,如微笑等。

②合理选择强化物。正强化物的选择要因人而异,应根据个体对强化物的喜好差异来选择强化物。通常情况下,用来增加行为的正强化物必须具备以下特点:简单易用,便于操作;即时体现效果;不易随便满足;不需花费大量时间。

③正确实施正强化。首先,在实施正强化之前,成人应准确、清晰地告知儿童强化计划,以取得儿童的积极配合。其次,在期待行为出现后应立即予以强化,不要拖延很长时间。再次,给予儿童强化物时,应向儿童准确描述被强化的具体行为,而非笼统概括的语言表述。如在表扬儿童时应说:“你今天把玩具整理得真整齐!”而不是“你真棒!”准确、清晰的行为表述能够让儿童明确自己哪些行为做得好,今后该怎么做。最后,应结合其他奖励(如口头表扬、拥抱、微笑等)分配强化物。

④适时脱离强化程序。当儿童预期行为的发生频率达到预计目标时,成人应逐渐减少可见强化物的使用,较多采用社会性强化物来继续维持这一行为,帮助儿童逐渐脱离强化物的使用,从而真正建立良好积极的目标行为。

2. 惩罚

惩罚法是指儿童在一定刺激或情境下产生某一不良行为后,及时使之承受厌恶刺激(又称惩罚物)或损失其正在享用的正强化物,将儿童的不良行为与某种不愉快的或者惩罚性的刺激结合起来,这样多次重复配对出现,使得儿童以后在类似情境下该不良行为的发生频率逐步降低,甚至消除。

使用惩罚法一定要慎重，大多数情况下要与其他强化法相结合运用，通常是在正强化法、消退法等方法无效的前提下，迫不得已时才使用。首先，强烈的惩罚会引起儿童不良的情绪反应，或导致儿童模仿成人的惩罚行为来对付别人，使用不当容易对儿童造成不良影响。因此，惩罚法的使用应以穷尽其他方法为前提，不能轻易使用。其次，频繁使用惩罚法容易让人上瘾，不利于儿童的身心健康发展。相关研究表明，经常使用惩罚法会让施罚者获得一些快感，从而滥用惩罚法，使儿童产生较强的恐惧心理，给其身心健康带来危害。

(1)惩罚的类型：

①体罚。体罚是指在儿童出现不良行为时，及时施予一种厌恶刺激或惩罚物，从而收到阻止或消除这种不良行为发生的功效。这里的厌恶刺激主要指能够引起痛感或其他感官的不舒适感的刺激。体罚对于儿童和家长而言，都会感到不愉快，而且会对儿童的身体造成伤害，因此应禁止使用。

②谴责。谴责是指当儿童表现出不良行为时，及时给予强烈的否定的言语刺激或警告语句，以阻止或消除不良行为的出现。也可以使用肢体语言进行谴责，如瞪眼睛、用力抓住儿童等动作都可以起到谴责的作用。通常在谴责行为或语句后面应跟随其他惩罚刺激，否则谴责会失去其惩罚的作用。

③暂停。暂停是指当儿童表现出不良行为时，及时暂停其正在享用的正强化物以阻止或削弱此类不良行为的再现，或把儿童移到正强化物较少的情景中去。如儿童正在饶有趣味地参与一项活动时表现出了不良行为，成人可及时停止其活动，等到儿童表现良好时，再让其继续参加。

(2)惩罚的基本方法：

①选择被惩罚的行为。选择的被惩罚行为应为具体行为，如站在椅子上乱跳等，而非一般行为，如吸吮手指等行为。

②选择有效的惩罚物。一般来说，儿童对惩罚物的厌恶程度存在着个体差异。如有的儿童特别是女孩，只要给予批评训斥就能令其改变不良行为，而有的顽皮的儿童对训斥根本不当一回事，此时必须有较强的惩罚物跟上，惩罚才会有效果，而且惩罚物应在不良行为出现后立即出现，效果会更好。

③做好惩罚前的准备工作。在实施惩罚之前必须确保做到以下几点：首先要最大限度地引导和强化替代行为的产生；其次应尽量控制产生不良行为的情境出现，消除或避免引起不良行为的环境因素，使不良行为的诱发程度降到最低；最后应保证执行惩罚的成人态度一致，防止不一致的态度和标准对儿童造成混乱的影响，从而导致其不良行为不能真正得到改变。

④正确合理地实施惩罚。首先，惩罚必须及时。在儿童出现不良行为后立即实施惩罚，惩罚越及时，效果越明显。其次，应保持冷静、求实的态度实施惩罚，避免由于情绪激动而加重惩罚的强度，造成不必要的伤害；最后，应结合对替代行为的强化进行惩罚。成人在使用惩罚时务必应找出与不良行为相对抗的良好行为，并对替代的良好行为给予大量的正强化，从而加速不良行为的自然消失。如对于喜欢在地上乱打滚的儿童，成人除了要对其不良行为给予惩罚外，还应设法强化其坐在椅子上听故事、玩玩具等良好行为。

3. 负强化

负强化是指当儿童发出某一行为,结果可以避免厌恶刺激(或称负强化物),则以后在相同情境下,该行为的出现频率就会增加。如某大班儿童有吸吮大拇指的不良行为,在征得其家长的同意后,教师在其大拇指上涂上少量黄连粉,当儿童一吸吮拇指就会尝到苦味,为了避免这个厌恶刺激,他只好不把大拇指含在嘴里,若干次以后,儿童知道不吸吮拇指可以避免苦的感觉,并形成了回避条件反射,从而改掉了吸吮拇指的不良习惯。由此可见,负强化法对于消除儿童不良行为表现有一定的效果,但由于负强化物都会不同程度地引起儿童不适宜感的刺激,包括强烈的否定性言语、警告、瞪眼等,严重情况下甚至可能威胁儿童的心理健康,因此在使用负强化法时一定要考虑儿童的身心安全和可承受范围。

(1)负强化的基本原理。负强化法通过逃避和回避两个过程来实现其效果。逃避是指儿童在承受厌恶刺激后,只有从事某种特定的良好行为,该厌恶刺激才能终止。经过逃避过程,儿童逐渐知道当某种厌恶刺激的信号出现后,必须立即从事某种良好行为才能免受厌恶刺激的袭击,这便是回避反应。可见。在负强化中,逃避是手段,目的是建立回避反应。

(2)负强化的基本方法:

①确立目标行为。确立的目标行为必须是明确具体的,要说明用何种良好行为来替代不良行为,不良行为最好是可观察或可测量的。

②选择适当的厌恶刺激。所选择的厌恶刺激必须能使儿童产生极大的不适感,如难受的苦味等。选择的厌恶刺激应该在良好行为出现时即可终止。如上例中儿童不吸吮拇指便不会尝到苦味。同时,选择的厌恶刺激应该是学校和社会道德所能容忍的,不会影响儿童的身心和安全。

③选定警告刺激。警告刺激又称为条件厌恶刺激,它是几秒钟后厌恶刺激就会到来的信号。教师注视的目光、皱眉、语言提示等都可作为警告刺激,警告刺激以备回避程序之用,但最终是要被去掉的。

④减少不良行为产生的诱因。在矫正初期,要尽量控制不满意行为的刺激,尽量消除对不满意行为的可能的强化。一般情况下,负强化法比惩罚法更具有积极作用,而且当正强化物强度不够,无法吸引儿童所期望的行为以改正不良行为时,就需要利用厌恶刺激,用负强化法来矫正。如儿童咬指甲、吸吮手指及爱哭等不良行为习惯用负强化法进行矫正都可取得较好的效果。

4. 消退

消退是指通过停止对某种行为的强化而降低该行为的出现频率,最终彻底消除该不良行为的一种行为矫正方法。消退法采用的方式是对不适宜的行为不予注意、不予强化,使之逐渐减弱以至最终消失。如有的儿童故意大哭大闹来使成人满足其各种不合理的要求,如果成人对其苦恼不予理会,儿童哭得没有意思,就会自行停止哭闹行为。消退应和正强化结合使用,这样在消除不良行为的同时,还可以积极地建立所需要的良好行为。

消退的基本方法:

①确定消退行为。在确定消退行为时应注意以下几点:首先,选择的行为要明确具体、单一,在矫正时遵循逐个解决的原则,不要企图一次解决儿童所有的不良行为或指望一次会

产生特别重大的改进，而是选择其中一个具体的特定行为进行矫正，然后再对其他不良行为进行逐个矫正。其次，由于儿童情感抵触性行为及攻击性行为在消退期间时有发生，所以行为在开始变好之前可能会变得更坏。这时如果坚持下去，将会消除不良行为，否则只能加强不良行为的严重性。但当这种行为变得更坏，甚至会对儿童本人或其他人具有破坏性时，必须非常小心，一定要事先考虑到可能产生的各种情况，并要能够控制情景，确保对儿童消退程序的执行。最后，应尽可能选择能够人为控制的强化物，以便必要时随机撤离。

②做好消退前的准备工作。在准备阶段应该考虑的问题有以下几点：了解儿童不良行为在消退前的发生频率，建立一个行为基线；确定不良行为的强化物，以便在处理期间撤销这一强化物；找出儿童能从事的良好的替代行为及其有效强化物；在消退实施前确保所有参与人员都知道将要被消退和被强化的行为。

③按照程序实施消退。在正式开始之前告诉儿童实施计划，对儿童良好的替代行为进行积极强化，一定要做到持之以恒，因为往往在开始实施消退时，情况可能会比以往更糟，如当成人不予理会大哭大闹的儿童时，他可能会以更激烈的方式来吸引成人的关注，此时成人一定要坚持下去，若稍有动摇去注意他，都容易使其不良行为不易消退。

④逐渐脱离消退程序。儿童在消退程序内完全消退的行为可能在另一种情境里再现，也可能在脱离程序后，偶尔旧病复发。如儿童在幼儿园里的攻击性行为消失了，但在小区中与其他儿童玩耍时可能又会出现攻击性行为。成人应对此现象有所准备，一般情况下，再进行几次消退训练后，这种不良行为自动恢复的现象会消失。

【案例】

采用强化法干预儿童“起外号”行为的方案

“佩妮是个‘爱哭鬼’！佩妮是个‘爱哭鬼’！”5岁的艾丽卡对佩妮说。佩妮听到，开始哭起来。这样的情况经常发生，在实施“早期开端计划”的幼儿园中，每次都是这样，艾丽卡总是通过给其他儿童起外号而嘲笑别人。

尽管艾丽卡是一个开朗而受欢迎的儿童，但她还是因为喜欢给其他儿童贴不好的“标签”而越来越不被大家喜欢。最让教师和其他儿童感到郁闷的是，艾丽卡的“标签”常常是基于某个儿童外在的真实的行为而提出来的。比如，佩妮确实很爱哭。约翰尼有语言障碍，很快，艾丽卡就说：“约翰尼说话真搞笑！”兰迪脾气急躁，所以艾丽卡就说他是一个“恶霸”。很多次这些外号都是充满恶意的，比如，“你这个愚蠢的小哑巴！”或者“你这个肮脏的猪头！”

教师们已经告诉过艾丽卡很多次了，这样给别人起外号不好，别人会很生气，但是艾丽卡根本不听。从一名教师的描述看来，艾丽卡对这种行为泰然处之。当教师要求艾丽卡跟别人道歉时，她非常痛快地就道歉了。像往常一样，她好像觉得什么事情都没有发生过，尽管另一名儿童已经非常生气了。

行为表述：

这名儿童通过故意给别人起外号或者贴“标签”惹其他儿童生气。

行为观察：

为了进一步了解这种给人起外号的行为，花一些时间观察这名儿童，获得一些信息。

这名儿童什么时候会叫别人的外号？

…………

是什么引起了这名儿童的这种行为？

…………

这名儿童给谁起外号了？

…………

这名儿童在给别人起外号时有怎样的行为表现？

…………

从这些非正式观察中，你可以获得一些这名儿童给人起外号行为的相关信息。运用这些信息帮助你找到最好的方式来消除这名儿童的问题行为。

…………

目标设定：

目标就是让这名儿童停止故意给其他儿童起外号的行为。

方法介绍：

为了纠正这名儿童的这种行为，教师应该同时展开如下两个步骤：

●尽可能强化积极的行为。

●当这名儿童又叫人外号时，忽略这个行为，同时帮助被叫外号的儿童也忽略这种行为。

概念界定：

给人起外号，是指某个儿童给别人贴上不好的“标签”的任何行为。教师们应该列出大家一致认可的那些作为外号的词和短语。

基准线：

在开始采取措施之前，搞清楚这个行为发生的频率很重要。用三天的时间，统计一下这名儿童恶意给人起外号的次数。这名儿童每叫一次，就在纸上做个记号。每天结束后，把总数记录在频率记录图上。

实施步骤：

连续三天记录了这个行为之后，教师开始使用下面的方法。重要的是，班里的所有教师都要使用同样的策略。

强化这名儿童和其他儿童积极的互动行为，让这名儿童知道哪些行为是可以被他人接受的。只要这名儿童一和其他儿童进行积极的互动就表扬她，让她知道你很高兴。你的表扬还应该包括这样的信息，即让这名儿童知道她做的具体的哪些事情是值得表扬的。例如，假如这名儿童在“娃娃家”和其他儿童一起玩，你可以说：“我喜欢你当妈妈的样子。妈妈让爸爸和娃娃很高兴，就像爸爸和娃娃让妈妈很高兴一样。”或者，假如这名儿童和其他儿童一起在积木区玩，你可以告诉她：“你和保罗搭建的高塔真漂亮啊！你们一起玩很高兴吧？”

当这名儿童又叫人外号时，忽略这个行为，同时帮助被叫外号的儿童也忽略这个行为。叫人外号的儿童正在从成人和目标儿童的反应中获得对这种行为的负面强化。对于成人来说，忽略这种行为相对容易；但是对于被贴上不好“标签”的儿童来说，要忽略这种行为就比

较困难了。所以,成人需要帮助这名被叫外号的儿童忽略这种行为,或者至少要把这名儿童的反应强度降到最小化。

当你听到这名儿童叫其他儿童的外号时,做下面的事情:

(1)尽可能快地走到这两名儿童身边,用你的身体将他们分开。面对被叫外号的儿童,背对叫人外号的儿童。

(2)抱住那名被叫外号的儿童(假设这名儿童能够从与你的身体接触中平静下来的话)。通过这样做向这名儿童表示你的理解,如果可能的话,离开叫人外号的儿童,把受害者带在你的身边。这应该只需要花几分钟的时间。

(3)当你把这名受害者带走以后,跟他谈论一些跟这个事件没有关系的事情。请他帮忙做一些事情,比如喂兔子或者给图画上色,或者给这名儿童看一些他感兴趣的东西。

(4)假如这名儿童抱怨被起外号的事情,对他说:“我知道,这样的外号不好,我们需要帮助艾丽卡学会应该给她朋友起一个更好听的名字。”承认这样的名字让人不高兴,但同时要努力获得受害者的帮助一起来改变这种行为。告诉这名儿童你不会理会这种行为。

(5)如果不能成功地降低被人叫外号的儿童的反应,你能做的就是让受害者远离这名儿童,以便这种行为不会因受害者的反应而受到强化。

(6)让叫人外号的儿童尽可能地只获得最小的强化。几分钟后,关注叫人外号的儿童的行为,并对她的适宜行为给予强化。要向所有儿童传达这样一种信息,就是你不喜欢乱给人起外号的行为,这是一种不适宜的行为,而不只是针对这名儿童。要让这名儿童相信,只有表现出社会能接受的行为时才能得到你的关注。

继续记录这种行为。继续统计这种行为的数量,把总数记录在图上。你还需要继续关注受害者的反应。不过,你只能影响而不是命令那些受到伤害的儿童的反应。由于给人起外号的行为总是会得到一些强化,因此要改变这种行为需要花一段时间。不过只要坚持,最后你就会发现这种行为在逐渐减少直至消失。

保持取得的进展。通过继续表扬这名儿童的适宜行为以及她和其他儿童的积极互动,帮助这名儿童认识到让他人高兴比让他人伤心更有价值。假如这名儿童偶尔还会乱叫他人的外号,使用你前面用到的那些方法。①

三、代币法

(一)代币法定义

代币法是指成人借助条件强化物,来激发儿童改善问题行为的动力,从而达到干预或矫正儿童问题行为的方法。

---

① [美]Eva Essa:《幼儿问题行为的识别与应对(教师篇)》,王玲艳,张凤,刘昊译,中国轻工业出版社2011年版,第79—84页。

【案例】

不爱说话的豆豆

5岁的豆豆是个内向的小女孩,刚上幼儿园。父母工作很忙,她从小在姥姥家长大,整天有姥姥姥爷陪着。眼看快要到上小学的年龄了,父母要送豆豆上幼儿园,学习如何与同龄小朋友相处,姥姥姥爷只好答应。进了幼儿园,新环境让豆豆很不适应,本来就不爱讲话的她讲得更少了。为了鼓励和激发豆豆主动开口,多讲话,老师和家长共同想了一个办法:只要豆豆主动讲话,就奖励她一朵小红花,等小红花累积到一定数量的时候可以获得不同的奖励:精美的故事书、观看喜欢的电影、去游乐园玩等。

案例中老师就是运用代币法来改善豆豆不爱讲话的现象。小红花作为一个介质,来代替豆豆做出期望行为以后可以获得的奖励。行为主义把这种介质称为"条件强化物",即本来不具有强化作用的事物,一旦和强化刺激物结合起来,就具备了强化的功用。小红花本身只是一个普通的事物,对豆豆来讲并没有强化作用,但当小红花可以换取豆豆和成人约定的奖励事物时,小红花就自动具备了约定蕴涵的价值。

成人在代币法中所运用的条件强化物就是代币。在实践中,比较常见的代币有做记号、塑料卡片、手工小作品、各种图像等。在干预儿童问题行为中以代币替代直接的强化物,有很多优点。首先,儿童行为的改进决定着代币的数量,儿童可以清楚直观地看到自己的点滴进步,会激励其继续努力;其次,使用代币可以避免因成人情绪变化等因素引起的麻烦,对儿童更具有说服力;第三,代币可以代表任何儿童喜爱的强化物,从而避免单一刺激长期作用而导致儿童产生厌烦情绪,从而失去强化的功效。

(二)代币法的使用策略

1. 确定目标行为

同其他干预策略一样,实施代币法的首要任务是明确成人所期望的行为在日常生活各环节的具体目标是什么。如改变儿童的攻击性行为,预期发展目标具体表现为能和同伴友好相处,不对同伴进行身体和言语上的攻击。确定了目标行为之后,就要评定儿童目前在这一行为上的具体情况,明确儿童从现状到目标行为之间的差距有多大,进一步详细安排具体进展的节奏。

2. 选择代币

代币代表着刺激物,因此必须可以计数、简单轻便、随时可以发放、但儿童又不容易自行复制。如可以是一种特殊的棋子或教师特有的一支具有特别颜色的笔在记录表上做的记号等。

3. 确定支持强化物

儿童在领取一定数量的代币之后,可以拿它来交换作为报酬的支持强化物。支持强化物的选择方法与选择强化物的方法基本一致(详见正强化法)。支持强化物应当是儿童最感兴趣、最需要的东西,选择时既要考虑其强化价值,又要考虑其经济价值,建议多选用自由支配时间、玩玩具或自主参与成人活动等作为强化物。在代币法使用初期,尽可能提供很快就消耗完的事物,如各种消费性刺激物,从而不断激发儿童要改善不良行为的动力。随着儿童控制能力的逐渐提高,可以考虑提供一些比较昂贵、需要用多个代币才能换取的事物作为支

持强化物，为儿童彻底摆脱外在督促做准备。

4. 制定代币交换系统

代币交换系统应明确指出儿童的何种行为可以获得一个或几个代币；应给所有选定的有效支持强化物确定一个价值，让儿童知道积累多少代币才能换得相应的支持强化物；规定好交换的时间、地点，并监督其交换。

通常情况下，我们可以根据以下问题来检查是否已正确制定了一个代币系统。

(1)是否对全部个体的行为进行了界定；(2)描述的特定行为是否能观察到它的变化；(3)是否把注意力集中在所要增加的良好行为上，同时又避免了消极行为；(4)当个体的目标行为出现时，所确定的代币是否能够立即使用；(5)所选择的代币是否容易管理；(6)所选择的代币是否不易复制；(7)所选择的代币是否无法转为他用；(8)所选择的代币是否容易记录。

如果对上述问题的回答都为"是"，则就可以进入代币系统的制定环节，否则要重新修改。

【案例】

笑笑的代币制

妈妈为6岁的女儿笑笑设计了一个代币制。

笑笑平时很少干家务，妈妈告诉笑笑，每当她完成一件工作之后，就能够获得一定的点数。妈妈在餐厅墙上贴了一张说明，上面列出了所有期待笑笑出现的行为、这些行为的价值以及每日可以换取的支持强化物(见表8-1)。笑笑每完成一项工作就在表上画上记号，并且告诉妈妈她想要交换的点数及内容。妈妈每天晚上回家后都会检查工作表和已完成的工作。笑笑可以每天用点数换取支持强化物，也可以累积起来以换取更大的支持强化物。一般笑笑喜欢每天用3个点数来换取喜欢的电视节目，偶尔也会将点数累积起来以便请自己的好朋友来家里做客。

表8-1 笑笑的代币制内容表

内容	点数
1. 笑笑的日常工作	
整理自己的床铺	2
整理玩具	1
把垃圾扔进垃圾桶	1
晚餐后收碗筷	2
2. 笑笑的报酬(笑笑赚到的点数可以交换以下强化物)	
选择自己喜欢的电视节目	3
去最喜欢的餐厅吃饭	3
请好朋友来家里做客	25
选择一件自己最喜欢的玩具	40
去游乐园玩一次	80

在代币制的使用过程中，一般要通过多次尝试和修正来确定支持强化物。而且，支持强化物最好能种类多样、定时进行变化，使其不至于引起儿童饱厌而失去功效。

5. 严格执行

当儿童出现目标行为时，应立即以代币强化，换取其需要的支持强化物，否则代币奖酬价值将很快失效。

6. 逐步脱离代币法

当儿童的目标行为达到期望的满意程度以后，成人还应帮助儿童脱离代币制，适应自然环境。常用的脱离方法有两种：一是逐渐取消代币，通过逐渐减少获取代币的数量，或逐渐延长目标行为和代币发放之间的时间来实现；二是逐渐降低其价值，通过减少一定数量的代币可换取到的支持强化物的数量，或逐渐延长获取代币和换取支持强化物之间的时间来实现。具体采用何种方法要因人而异。

四、模仿法

（一）模仿法定义

模仿法又叫示范法，即儿童通过观察学习来增加、获得良好行为，减少、消除不良行为的方法。模仿法以班杜拉的社会学习理论为基本原理。班杜拉认为，儿童的许多行为并非通过直接实践或受到强化而形成，而是通过观察、学习产生共鸣，从而增加良好行为、减少不良行为。

【案例】

真的不疼

又到了打预防针的时间，医务室的大夫刚一迈进中班教室的门，里面就炸了锅。“我不打针，我会疼得晕过去的！”“打针会流很多很血，还会死人的！”小朋友们七嘴八舌地议论着。这时候，富有经验的刘老师说：“来，我先打一针，试试疼不疼！”大夫果真给刘老师胳膊上打了一针，刘老师说：“嗯，有那么一点儿不舒服，不过很快就过去了！有没有小朋友敢试一试啊？”刘老师边说边向平时最勇敢的强强投去了期待和鼓励的目光，强强说：“我来试试吧，妈妈说我是男子汉，打针从来都不哭。”强强勇敢地走向大夫，打完针后强强笑着说：“一点儿也不疼，忍一下马上就过去了！楠楠你来打吧！”强强对他的好朋友楠楠说。楠楠将信将疑地走到大夫跟前去打针，打完针后楠楠说：“哈哈，真的不疼。”慢慢地，小朋友们原本非常恐惧的眼神变得温和了许多，最后，在老师的鼓励下，所有小朋友都勇敢地打了针，没有一个人哭。

（二）模仿法的效果

模仿法在干预儿童问题行为时具有一定的效果，它既可以增强儿童行为，也可以削弱儿童行为，其效果具体表现为以下几种：

1. 帮助儿童习得正确的行为方式

具有问题行为的儿童往往因为不知道该怎么做而对问题行为难以改善。模仿法为儿童提供了情况真实发生的他人经验，这个经验可以从一定程度上弥补儿童自身无法亲自获得

的个体经验。如过度依赖家长的儿童在看到其他儿童在面临同样处境时的处理方式后，开始相信依赖对象在离开自己后总会回来，他就会逐渐消除对依赖对象离开时的焦虑情绪。

2. 避免问题行为，获得正常行为

在模仿法中，以他人的间接经验将儿童所缺乏的经验直观呈现，可以起到帮助儿童避免问题行为的作用。如儿童看到另外一个孩子当众撒泼却并没有得到想要的玩具，反而被妈妈严厉批评之后，他在想要得到自己想要的玩具时，一定会考虑避免采用这种方法。

3. 激发已掌握的良好行为

如果儿童能够经常观察到他人的良好行为，便会增加他自己出现这种良好行为的频率。如一个生活在和谐友爱、父母亲经常主动帮助别人的家庭环境中的儿童，总是能够看到周围的人在帮助别人，他的助人行为也会发生得频繁。

（三）模仿法的使用方法

1. 确定要改变的行为

所要模仿的行为应当是可观察和可测量、是儿童有能力模仿，并且是可以并已清楚地分解为一个个小步骤的行为。

2. 确定模仿的楷模

楷模（模仿的对象）的特性、楷模行为本身的性质，对儿童模仿效果的影响很大。通常情况下，两类特征的楷模最容易激发儿童的模仿动力：一是儿童最崇敬的教师、亲人或英雄人物；二是和儿童年龄、性别相似的伙伴。无论哪一类，都应注意紧密结合儿童的生活，模仿行为的内容也应结合实际进行创新。

3. 吸引儿童注意力

在示范某种特定行为时，最好能给儿童语言暗示，以引起其注意观察要模仿的行为。

4. 综合运用多种模仿方法

根据儿童与模仿行为的作用方式，可以将儿童的模仿分为视频模仿、现场模仿、参与模仿和想象模仿。视频模仿是让儿童在反复观看有关的或特意录制的视频的过程中，逐渐学会视频中楷模的行为。如让怕水的儿童观看游泳的视频。现场模仿是让儿童在现实环境中观察楷模的言行，从而改变儿童的行为。参与模仿弥补了前两种方法缺乏真实体验的缺陷，让儿童一边观摩示范者的言行，一边在教师的主导下参与到示范行为中去，实际演练有关动作。想象模仿是让儿童借助想象来模仿一位楷模的行为，以达到改变其行为的目的。这四种方法各有优势，在具体的实践中应根据实际情况综合运用。

5. 模仿行为产生后要及时给予强化

被干预儿童每次正确模仿或与示范行为大致雷同的模仿之后都要立即给予强化。同时，要通过口头赞扬的方式说明行为与强化之间的关系，让儿童明白自己的行为对在哪里。

6. 为儿童创设一致的教育环境

因为只是外在观察和模仿，所以与儿童问题行为相一致的反面“楷模”同样可以影响儿童，成为儿童模仿的对象，从而抵消正面示范的效果。因此，教师与家长应携手共创一致的教育环境，使儿童在幼儿园和家庭的模仿统一一致，帮助儿童消除问题行为，建立良好行为。

【案例】

采用模仿法干预儿童社交退缩性行为的方案

蒙蒙,5岁,女孩,上幼儿园中班。蒙蒙初到幼儿园时长得瘦小、单薄、楚楚可怜,吃饭很少。她从来不与别的小朋友相处,胆子特别小,也从来不大声说话,特别依赖母亲。每次刚到幼儿园门口就紧紧抓住妈妈的衣服开始哭。每次都是老师使劲把她抱起来,强行拉到班里。老师给她安排座位她不坐,给她玩具她不要,就是哭着抱着自己的小书包,独自一人站在教室的角落里。直到一个月后,她才勉强与小朋友坐在一起,但很少讲话,显得格格不入。以后的每学期开学,蒙蒙都很难适应,每次都哭个不停,如果身体不舒服,就要妈妈接回家。否则,就会无任何理由地哭,老师询问只是一言不发。她上课表现得胆怯和退缩,从不积极举手回答问题。平时做游戏,她都是被动地参与,害怕老师向她提问,害怕老师让她讲故事、表演节目。老师想尽一切办法,试图让蒙蒙活泼开朗些、积极主动些,但似乎没有一点效果。①

蒙蒙的表现属于儿童退缩性行为。了解她的家庭,知道孩子从一出生就跟着她的妈妈,她的爸爸在外地工作,很少回来。孩子在家也很内向,她的妈妈也不爱说话。两个人整天待在自己的房子里,从不与任何人交往,蒙蒙也不与同年龄的小朋友玩。妈妈对她特别溺爱,几乎把所有的爱都给了她,不让她受一点儿委屈。

学前儿童社交退缩性是指幼儿在无特殊原因的情况下,由焦虑型情绪所引起的不愿与人交往,更不愿意接触陌生环境的问题行为。通常表现为胆小、害怕、孤独、退缩,不愿意到陌生的环境中去,也不愿和其他人交朋友,经常独来独往等问题行为。蒙蒙退缩性行为产生的原因是多方面的。有父母教养方式不得当,家庭关系不正常,缺乏与同伴联系,也有蒙蒙自身先天素质问题、后天的性格和身体状况不佳等因素。

干预方案:蒙蒙的社会退缩行为缺乏必要的社会技能的掌握,因此,帮助她熟练地掌握社会技能是消除退缩行为的基本途径。在行为干预方面,一般可以采用模仿法帮助其获得基本的社会技能,程序如下:

1. 确定行为目标,即选择好要改变的行为

幼儿的退缩性行为大致可分为“与人交往”和“同环境接触”两大类,且表现的形式和反应程度也不尽相同。因此教师应通过自身观察、向家长调查,充分了解蒙蒙的情况,并在此基础上选择好要分步改变的行为。例如,蒙蒙的性格畏缩,几乎不与其他孩子接触,教师便可把“与教师接触”“与一个小朋友接触”“与小朋友群体接触”定为分步要实现的目标行为。

2. 从实际出发,选定学习楷模

蒙蒙的学习、观察楷模一般应在同班幼儿中选择,年龄相仿,易于学习。为了提高模仿的效果,具体选择时,还应着重考虑蒙蒙的可接受性。例如,选择蒙蒙内心比较喜欢的对象,或者她平时比较注意的对象,或者班级内大家一致公认最佳的幼儿为楷模,易引起蒙蒙的兴趣和注意,使模仿活动能顺利进行。

① 王萍主编:《学前儿童问题行为及矫正》,清华大学出版社2013年版,第254页。

3. 根据幼儿兴趣，设计辅助软件

一般幼儿都喜欢听故事、看图片、录像，但对小动物的喜欢情况可能有异，有的特别喜欢小白兔，有的特别喜欢小松鼠等。教师可以从蒙蒙特别喜欢的小动物入手来编制小故事、绘制图片、编辑录像带，侧重反映它们合作共事、友好交往的情形，已备矫正时使用。

4. 把干预计划告诉幼儿

蒙蒙本身的注意力及学习动机等对于获得模仿效果都起着重要作用，因此教师要把计划告诉蒙蒙，说清道理，激发其内在积极性，争取合作配合。同时，也要讲清如何模仿楷模的行为能得到强化，即获得愉快结果。强化物应按有关法则规定，确保有效性。

5. 建立良好的师生关系

对于蒙蒙的退缩行为，教师应持积极主动的态度，主动给予更多注意、更多关心和更多爱抚，使蒙蒙感到安全、感到温暖、感到可信可亲。例如，教师多与蒙蒙接触，同她闲聊，给她讲喜欢听的故事等。由于教师在幼儿心目中地位较高，一般而言，在教师主动的情况下，易与蒙蒙发生正常交往，并建立起良好的师生关系。这样就使蒙蒙乐意听从教师的教导和指示，为顺利开展干预工作奠定良好的基础。

6. 图片、录像、影视模仿

干预起始阶段可先从图片、录像、影视模仿着手，让蒙蒙反复观看预先制作好的，有关动物之间或儿童之间友好相处、互相友爱的图片或短片。教师特别要指导蒙蒙注意观察它们友好相处、集体玩耍的欢乐情景，让她亲自感受一次又一次积极的情绪体验，以诱发她跃跃欲试。为增强模仿的效果，教师还可将图片展示在教室内，让蒙蒙随时可见，以延长示范行为的呈现时间；也可用生动的语言，绘声绘色地描述或感叹，以烘托气氛，引发其产生更强的情感共鸣。

7. 适时转入现场模仿

经过上一段时间的学习观察后，教师要选择合适的时机将蒙蒙引入现场观摩，让她实际观看儿童与儿童之间相处的现实场景，尤其是选定学习楷模在交往或集体活动中的举止行为和情感反应，以增强真实性和直观性，对她产生更大的吸引力和感染力。在这个阶段，教师要有意识地创设一些这样的情景，要多组织开展一些较能够引起蒙蒙注意的活动，要多让选定楷模处于活动的中心地位，让蒙蒙能更多、更清晰地观察示范行为，深切地感受到楷模在交往、活动过程中的愉悦情绪。

8. 逐步参与交往实践活动

随着情感体验增强，教师要让蒙蒙自己逐步由简单到复杂分阶段地参与社交实践活动，即进行参与模仿。开始，示范者参与其他儿童的活动，仅让蒙蒙陪同，并要求她观察示范者的行为；然后，要求蒙蒙一起参加一些带有比赛性质的游戏，让她与其他幼儿一起共享游戏的快乐；最后，示范者逐步退出，鼓励蒙蒙一个人与其他儿童一起游戏。至于蒙蒙参与活动的程度和进展速度，要视其实际行为反应而定，当模仿行为正确，情绪反应良好时可进入下一阶段。切忌强迫指令、发火训斥，以防蒙蒙产生焦虑不安，影响模仿效果。教师一定要按照“积极诱导、顺其自然”的原则，掌握其参与活动的速率。

9. 适时适度予以强化

蒙蒙在学习、观察过程中，不论在哪个模仿阶段，不论是有意还是无意，只要她做出教师所期望的模仿行为时，都要及时给予有效强化物，并明确告诉她强化的原因，即为何奖赏那个行为。当蒙蒙已学会模仿行为后，教师要改用间歇强化的方式，不规则地给予强化，以增强模仿行为的持续性。然后，再换成社会强化物，过渡到自然状态，让蒙蒙能情绪愉快地独自参加游戏活动，与同伴交往，并参与社交。

10. 注意事项

（1）模仿是蒙蒙在观看示范之后进行的行为，因此教师要掌握有效地运用示范的一般原则，即示范行为的复杂程度应适合蒙蒙的行为水平；要把指导语和示范结合在一起使用；示范难度应有次序地从易到难排列；示范情景应尽可能真实。

（2）蒙蒙本身的注意力、记忆力、动作技能以及学习动机等对于获得模仿效果都起着重要的作用。换而言之，提供一个楷模，并不能保证蒙蒙会受到楷模的影响，教师还应想方设法使蒙蒙注意到楷模的存在，理解、记忆楷模传递的信息，亲身练习、体验并有强烈的仿效动机，方能使模仿法达到理想的效果。

（3）干预蒙蒙的退缩行为，可以从游戏入手，也可以从诱导蒙蒙同一个她比较喜欢的同伴进行交往入手，再拓展到同其他伙伴交往。总之，一切要从实际出发，要因人而异，要以能取得最佳模仿效果、最快实现目标行为为依据来设计和制定干预方案和措施。

此外，正强化法对蒙蒙的退缩行为也有一定疗效。一般采用奖赏引发蒙蒙成功的体验，激发其交往兴趣，从而消除社交退缩性。正强化物可用赞扬、社会性关注、某种奖品、活动机会或者代币等方式进行。要求强化有及时性，当蒙蒙理想行为出现后要尽快给予强化；强化要有经常性，特别在理想行为刚刚发生的阶段。

拓展阅读

【阅读一】

说谎话——儿童社会化中一忌

一个北京某名牌大学的学生，在大学期间成绩优秀，大学毕业前奋力考过了“托福”和GRE，被美国一所大学录取为博士研究生，而且成绩高得令那些招生的美国教授咂舌。到学校不久，有一天下午，导师给他派了任务，让他从2点到3点在实验室里做实验。实验室里刚好有一部电话，可以打美国境内的长途。结果他在从2点到3点的一小时里，共打了40分钟的长途电话，和在美国的同学、亲属聊天。须知，在美国，工作人员是不允许用公家电话打私人电话的，长途电话更不用说。美国人的公与私分得很清，大家都很自觉。

过了几天，导师偶然从办公室记录电话的电脑上看见这位中国“优秀学生”在那个他指定的1小时里打了40分钟长途电话，非常生气，就把他叫来询问：“那天下午2点到3点，你在做什么?”“在按照您的要求做实验。”“除了做实验，还做什么了吗?”“没有，我一直在专心

地做实验。”

几天以后，校方宣布，这个来自中国的“优秀学生”被开除。

【阅读二】

焦虑：多表现为分离型焦虑，尤其是与母亲分离的时候，表现为不愿意母亲离开，不愿意入园，害怕独处。焦虑的儿童喜欢哭闹、烦躁，没有明确理由地生气和害怕。焦虑的儿童在生理上也会产生一定的症状，比如肚子疼、食欲下降、尿床。长期处于焦虑状态的儿童，容易形成自卑、依赖、敏感、胆小等个性特点。对于幼儿焦虑主要通过教育矫治的方法，帮助幼儿控制自己的情绪，建立良好的亲子关系，不溺爱，不苛求。

害羞：主要表现为在一定场合的逃避行为，如在不熟悉的环境下局促不安，在众人面前不敢说话。害羞的儿童不愿意到陌生的环境中，也不愿意主动和不熟悉的小伙伴一起玩。教育中要注意为儿童创设表达的机会，鼓励儿童说话、表演。教育儿童不要担心别人的议论，树立自信心。家长也要注意为幼儿树立良好的榜样。

嫉妒：表现为看到其他小朋友受到夸奖时，就会产生不满甚至怨恨的心理。经常被嫉妒左右的儿童不合群也不被别人喜欢，生闷气，大喊大叫甚至会捣乱。家庭和学前机构要共同为儿童创造友爱、互助的环境；评价儿童就事论事，不要过度；帮助儿童树立正确的竞争与合作的观念。

任性：表现为儿童不顾及他人的感受，一味按照自己的意愿行事，我行我素。家长要特别注意在儿童小的时候，不能迁就其不合理的要求，养成不达到目的不罢休的坏习惯。成人一方面要注意教育的一致性，另一方面还要能够学会一些处理任性的方法，比如通过游戏、故事来转移儿童的注意力。

抑郁：先前可表现为哭闹、激动，之后会出现兴趣减退、反应缓慢、活动量减少、退缩、不高兴、不合群等特点。教育中要帮助儿童与人交往，建立良好的亲子与同伴关系，养成活泼开朗的性格。避免让儿童受到较大的刺激，教会儿童一些合理宣泄情绪的方法。

强迫：更多的儿童会出现一些强迫的动作，但是不影响其生活和学习，比如反复地说同样的话，把自己的碗筷反复地摆放好。但是有些儿童强迫的观念和行为程度较重，比如无法克制地反复数数；总是重复收拾玩具橱等一些刻板的行为；要求成人和他一起重复做事，否则就焦躁、发怒。教育者要注意养成孩子良好的性格，不要强求自己必须做得完美，也不要强迫禁止孩子的刻板行为。

思考与练习

一、填空题

1. 学前儿童的问题行为一般表现在________、________和________三个方面。

2. 学前儿童发育过程中出现的问题行为与儿童的________密切相关。

3. 影响学前儿童问题行为产生的主要因素有:________、________和________。

4. 根据学前儿童的身心发展特点,常用的强化法有________、________、________和________。

5. 强化物一般可以分为________、________、操作性强化物、________和________五类。

6. 模仿分为视频模仿、________、参与模仿和________四种类型,让儿童一边观摩示范者的行为,一边参与到示范行为中属于________模仿。

二、简答题

1. 简述学前儿童问题行为的特征。

2. 简述正强化的定义及其使用方法。

3. 简述代币法的实施程序。

三、案例题

1. 请分析下面案例中莎莎的问题行为,并探寻其原因。

莎莎是个3岁的小女孩,她有一双大大的眼睛,长得可爱极了,可就是脾气大得要命,经常摔东西,并且大哭大叫,每次发脾气不哭上一个小时结束不了。莎莎的妈妈不明白孩子为什么如此情绪化,高兴时乖巧得让人心疼,不高兴时却让全家人都受不了。

经了解发现:莎莎的父母都是特别情绪化的人,两人都是独生子女,结婚时俩人都不到22岁,婚后很快就有了莎莎。莎莎妈妈妊娠反应很严重,莎莎爸爸整天忙着外面的事儿,莎莎妈妈情绪很不好,两人见面就吵。莎莎出生以后,莎莎妈妈辞职在家带孩子,只有爸爸一人工作,家里的经济很拮据。莎莎妈妈在生了莎莎之后体重增加30多斤,原来苗条的身材再也找不回来了,她又气又急,情绪总在波动之中,每天莎莎爸爸下班回家妈妈就找茬跟他吵架,越闹越凶,莎莎就在这样的环境中生活。

莎莎刚生下来时特别乖巧,很少苦恼,可是老听到爸爸妈妈的吵闹声,莎莎的脾气也变了,只要她的要求有一点没有满足,马上摔东西。妈妈知道这一点是跟她学得,她一发火就爱摔东西,手机已经摔坏好几个了,可是莎莎妈妈没有想到这么小的孩子学得这么快。

2. 你同意下面案例中张老师的做法吗?为什么?你觉得应该怎样处理这样的问题更好呢?

一天,张老师正在带领大班小朋友玩影子游戏。突然,传来一声喊叫声:“老师,淘淘打我。”原来是平时就爱攻击别人的淘淘打了悦悦。张老师走过去问淘淘:“你为什么又打人了,你知道被打的小朋友有多疼吗?”淘淘小下巴一扬,一副满不在乎的样子。于是,张老师就叫悦悦过来也打了淘淘一下。园长知道此事后,张老师说:“淘淘是故意打人,而且屡教不改,我让悦悦也打他一下,是为了让他感受一下被打的痛苦,这样以后他就不会再打别人了。”

四、实践题

请分析下面案例中申申的问题行为,并尝试设计一个干预方案。

申申,5岁,男孩。别看申申年龄不大,但在小区里可是个无人不晓的“名人”。有人含

蓄地说:“申申这孩子从来不吃亏”;有人则直接说:“申申这孩子该好好教育,太霸道了!”原来,申申在小区的孩子堆里以爱打人而闻名,经常把小区里的孩子打得哇哇直哭。有一次,妈妈和邻居同时接孩子回来,在院子里的时候两个孩子还有说有笑,上楼梯时忽然传来“啪”的一声脆响,两个妈妈回头一看,申申正得意地笑着,另一个孩子捂着脸撕心裂肺地哭着。因为是邻居,所以被打孩子的妈妈虽然很生气,但也没有多说什么。奇怪的是,申申的妈妈却像没事人一样带着申申进屋了。时间久了,小区里的孩子没人喜欢和申申一起玩,有时候孩子们玩得正起劲,忽然有人喊道:“申申来了!”一群孩子马上消失得无影无踪。即便如此,申申依然我行我素,逮着机会就对别的小朋友动手动脚。

参考文献

[1]国家教委.幼儿园工作规程[Z].1996.

[2]教育部.幼儿园教育指导纲要(试行)[M].北京:北京师范大学出版社,2001.

[3]教育部.3－6岁儿童学习与发展指南[M].北京:首都师范大学出版社,2012.

[4]李生兰.学前教育学[M].修订版.上海:华东师范大学出版社,2006.

[5]徐明.幼儿社会教育[M].北京:中国劳动社会保障出版社,l999.

[6]甘剑梅.学前儿童社会教育[M].北京:中央广播电视大学出版社,2007.

[7]周梅林.学前儿童社会教育活动指导[M].第2版.上海:复旦大学出版社,2009.

[8]黄瑾.幼儿园教育活动设计与指导[M].上海:华东师范大学出版社,2007.

[9]张岩莉.学前儿童社会教育 [M].上海:复旦大学出版社,2012.

[10]张明红.学前儿童社会教育[M].上海:华东师范大学出版社,2008.

[11]冯晓霞.幼儿园课程[M].北京:北京师范大学出版社,2000.

[12]王栋材,彭越.幼儿园教育活动设计与指导[M].长沙:湖南大学出版社,2012.

[13]马娥,闫悦.幼儿园教育活动设计与实践[M].西安:陕西师范大学出版社,2012.

[14]周世华,耿志涛.学前儿童社会教育 [M].北京:高等教育出版社,2011.

[15]乌美娜.教学设计[M].北京:高等教育出版社,1994.

[16]郑健成.学前教育学[M].上海:复旦大学出版社,2005.

[17]朱家雄.幼儿园教育活动设计与实施[M].北京:高等教育出版社,2008.

[18]虞永平.社会[M].第2版.南京:南京师范大学出版社,l999.

[19]施晶晖.学前儿童社会性教育:兼论儿童职业意识培养[M].合肥:中国科学技术大学出版社,2010.

[20]李幼穗.儿童社会性发展及其培养[M].上海:华东师范大学出版社,2004

[21]周兢,陈娟娟.幼儿园活动整合课程指导(上)[M].南京:南京师范大学出版社,2002.

[22]杨旭,杨白.幼儿园教育活动设计与指导[M].上海:复旦大学出版社,2012.

[23]夏力.回归生活:幼儿园教育活动案例及评析[M].上海:复旦大学出版社,2008.

[24]李叶兰.幼儿社会教育活动设计与指导[M].北京:中国劳动社会保障出版社,2006.

[25]叶奕乾,孔克勤.个性心理学[M].上海:华东师范大学出版社,1993.

[26][美]多萝西·劳·诺特,雷切尔·哈里.孩子从生活中学到什么[M].李耘译.

海口:南海出版公司,2008.

[27]杨丽珠,吴文菊.幼儿社会性发展与教育[M].沈阳:辽宁师范大学出版社,2000.

[28]陈世联.幼儿社会教育[M].海口:南海出版公司,2009.

[29][美]Eva Essa.幼儿问题行为的识别与应对(教师篇)[M].王玲艳等译.第6版.北京:中国轻工业出版社,2011.

[30]王萍.学前儿童问题行为及矫正[M].北京:清华大学出版社,2013.

[31]王春燕.中国学前课程百年发展与变革的历史研究[M].北京:教育科学出版社,2004.

[32]唐淑.学前教育史[M].北京:人民教育出版社,2007.

[33]张宗麟.幼稚园的社会[M].北京:海豚出版社,2012.

[34]由显斌,左彩云.学前教育研究方法[M].北京:高等教育出版社,2010.

[35]高杰英.幼儿园教育活动设计与指导(下)[M].保定:河北大学出版社,2012.

[36]蔡萍,丁卫丽.幼儿园节日课程[M].南京:江苏教育出版社,2010.

[37]刘晓东等.学前教育学[M].南京:江苏教育出版社,2004.

[38]李红.幼儿心理学[M].北京:人民教育出版社,2007.

[39]刘雅琴.我国幼儿园社会教育的进展、问题及改进策略[J].教育研究,2008(2).

[40]张文新.儿童社会性发展[M].北京:北京师范大学出版社,1999.

[41]白爱宝.幼儿发展评价手册[M].北京:教育科学出版社,1999.

[42]潘洁.幼儿社会性发展指导[M].上海:少年儿童出版社,1996.

[43]但菲.幼儿社会性发展与教育活动设计[M].北京:高等教育出版社,2008.

[44]廖莉.20世纪80年代以来我国幼儿园社会领域课程沿革[J].早期教育(教师版),2006(10).

[45]李莉.新中国幼儿园社会领域课程的发展历程[J].学前教育研究,2006(2).

[46]周宗奎.儿童社会化[M].武汉:湖北少年儿童出版社,1995.

[47]郑静,曹家正,邵慧玲.幼儿问题行为及矫正[M].上海:华东师范大学出版社,1996.

[48]林炎琴.日本幼儿社会性教育的特点与启示[J].学前教育研究,2008(7).

[49]梁慧琳.浅析影响学前儿童身心发展的主要因素[J].忻州师范学院学报,2002(2).

[50]刘俐敏.幼儿发展评价研究[M].北京:人民教育出版社,2004.

[51]叶平枝,陈立秋.幼儿教师日常评价行为及其类型特征[J].教育导刊(下半月),2011(8).